绩效管理

——战略 业绩 发展

陈 强 彭春芳 黄 波 郑 媛 著

西安交通大学出版社
XI'AN JIAOTONG UNIVERSITY PRESS

内容简介

　　本书提出并践行了教材既是"教"材,更是"学"材,为课堂师生的"教学共同体"服务的理念。全书以目标管理和产出导向为指引,以员工的真实工作场景为布局,基于项目模块全面系统地讲述了绩效管理的具体内容,同时紧密结合企业实践,体现了绩效管理的战略与业绩导向、关注员工发展的特征。

　　本书适用于应用型高等院校,以及职业本科院校人力资源管理、工商管理、公共管理等专业,也可供企业培训使用,还可供人力资源管理从业者学习和研究参考。

图书在版编目(CIP)数据

绩效管理:战略 业绩 发展 / 陈强等著. -- 西安 :
西安交通大学出版社,2025.7. -- ISBN 978 - 7
- 5693 - 2762 - 5

Ⅰ.F272.5

中国国家版本馆 CIP 数据核字第 2024YJ3019 号

书　　名	绩效管理——战略 业绩 发展
	JIXIAO GUANLI——ZHANLUE YEJI FAZHAN
著　　者	陈　强　彭春芳　黄　波　郑　媛
策划编辑	魏照民
责任编辑	魏照民
责任校对	郭　剑
装帧设计	伍　胜
出版发行	西安交通大学出版社
	(西安市兴庆南路 1 号　邮政编码 710048)
网　　址	http://www.xjtupress.com
电　　话	(029)82668357　82667874(市场营销中心)
	(029)82668315(总编办)
传　　真	(029)82668280
印　　刷	陕西奇彩印务有限责任公司
开　　本	787mm×1092mm　1/16　印张 18.75　字数 465 千字
版次印次	2025 年 7 月第 1 版　2025 年 7 月第 1 次印刷
书　　号	ISBN 978 - 7 - 5693 - 2762 - 5
定　　价	49.90 元

如发现印装质量问题,请与本社市场营销中心联系。
订购热线:(029)82665248　(029)82667874
投稿热线:QQ897899804
读者信箱:897899804@qq.com

前言

亲爱的读者：

当您拿到这本与众不同的教材时，相信您一定会感到一股扑面而来的清新！

这是一本具有创新性、前沿性、设计感、轻颠覆特点的应用型本科教材。

我们正面临世界百年未有之大变局，在不确定性增强的营商环境下，如何借助科学的战略绩效管理系统有力促进企业的可持续发展，成为当下企业关注的重大问题之一。企业绩效管理的实践日新月异，新做法、新思路层出不穷，作为培养适应社会的人才的大学，该如何预测并及时响应这种变化？如同企业"敏捷制造"技术一样，这是大学"敏捷培养"方式的迫切需求。

新技术飞速发展。在后疫情时代，经济实体必将加速实现"线上"和"工业互联"为特征的"场景式"变革和数字化转型。随着科技的发展，人工智能必将与人类同处一个工作场景，形成"超级工作团队"，由此我们提出人力资源管理者将面对的是"智能人资源管理"的问题！这给企业的人力资源管理包括绩效管理带来了前所未有的挑战。数字化转型是时代的命题。传统教育方式是灌输知识，新技术将出现越来越多的替代品，甚至教师这个职业也有被 AI(artificial intelligence)替代的可能。在未来的教育中，大学教师应该如何创造和体现自己的价值？

新生代不断崛起。绩效管理的重要职能是促进员工发展。"90 后""00 后"的"Z 世代"的年轻人逐步成长起来并进入企业，他们具有独立思考、数字化习惯和思维、个性鲜明、充满求知欲等特点，这给当下企业如何运用绩效管理系统促进员工的发展，从而为企业健康长远发展提供了优秀的人才资源。

新理念推广应用。建构主义与人本主义教育理论，OBE 教育理念，对话式、质疑式、辩论式课堂教学理念，以及对学生创新、创造、创业能力的培养等都无一不在影响大学教育的方方面面。

新政策加快实施。自 2020 年起，原由国家政府部门认定的人力资源职业资格认证改由社会化的职业技能等级认定,这就要求从业人员要接受市场和社会的认可和检验,也就是说相关职业更加重视从业人员的实践能力。这从另一方面也倒推出,应用型本科在培养方式上要更加注重学生走入社会、进入企业的"真材实料":"用基本理论武装头脑,用扎实技能武装双手。"

为迎接以上多方面的现实挑战,我们在写作本书的过程中,用心、用力,体现了创新意识。

1.写作理念上创新

没有先进的教学理念作指引,教学实践就会盲目。

遵循"两性一度"(高阶性、创新性和挑战度)的"金课"标准,用心、用力打造一款爆款教材产品。

本教材内容以 MBO(management by objective,目标管理)和 OBE(outcome-based education,成果导向教育)理念为指导,将"研究型教学"思路融于其中,基于"真实工作场景",坚持"以老师为引导"的"以学为中心"、以培养目标回溯课程内容、手段和评价的思路写作,以培养学生的素养、能力、技能等为目标,配合恰当的教学内容、教学手段和学习评价,从而使教与学双方以教材为媒介打造有效、有趣、有益的课堂"教学共同体"。

2.写作思路上创新

时代需要大胆、务实、创新,甚至颠覆性的创新。

为更加贴近企业实际,以绩效管理在企业的"工作生命周期"为本教材的写作思路。

一方面,在不确定性日益增强和客户不断个性化的时代,以及新生代不断涌现的背景下,人力资源管理者不仅要做好传统的职能,并且更重要的是要成为业务伙伴、战略参与者、变革推动者或发起者、员工赋能者。具体到绩效管理职能上,本书结合作者多年的企业高管实战、咨询与创业经验,跳出目前仅以"人事角度"编写绩效管理教材的传统视角,创新性地融合了公共部门管理、管理会计和人力资源管理专业的"三视角"。本教材强调产学结合,以组织绩效管理之"真实工作场景"为写作主线,以学生的"学"为主调,以适应日益变化的需求。另一方面,本教材整体结构上以"项目"为大类,以真实场景的模块化为学习内容进行布局,很好地切合企业的实际需要,体现了绩效管理的组织战略导向、聚焦业绩、注重员工发展的新时代特征。

本书框架为四个项目,以项目安排内容,每一个项目相对独立。重点是"实务基础"和"项目实务"两个项目。项目中每个模块皆列明"实际工作过程与理论学习情景",目的是将实际工作过程与课堂理论学习对应结合起来,创造一个理论链接实践的有机场景。

3.写作内容上创新

课堂教学改革核心就是要转变老师的教学方式和学生的学习方式,二者必须兼得。但是,没有"适宜"的教学内容,教与学的方式转变就成了无源之水、无本之木。

参考国家职业技能标准以及本科质量国家标准的要求,编写本教材时,在OBE目标的指引下,以"真实工作场景"设计知识课程,使工作场景课程化、课程内容"工作化";增加了最新案例,如作者自身的企业实战案例和真切工作感悟,以及全国获奖的管理有关案例等。这样使本教材既符合应用型本科人才培养目标,在理论与实操内容及程度方面又把握得当,同时加强了课程思政。下面是全书知识框架图。

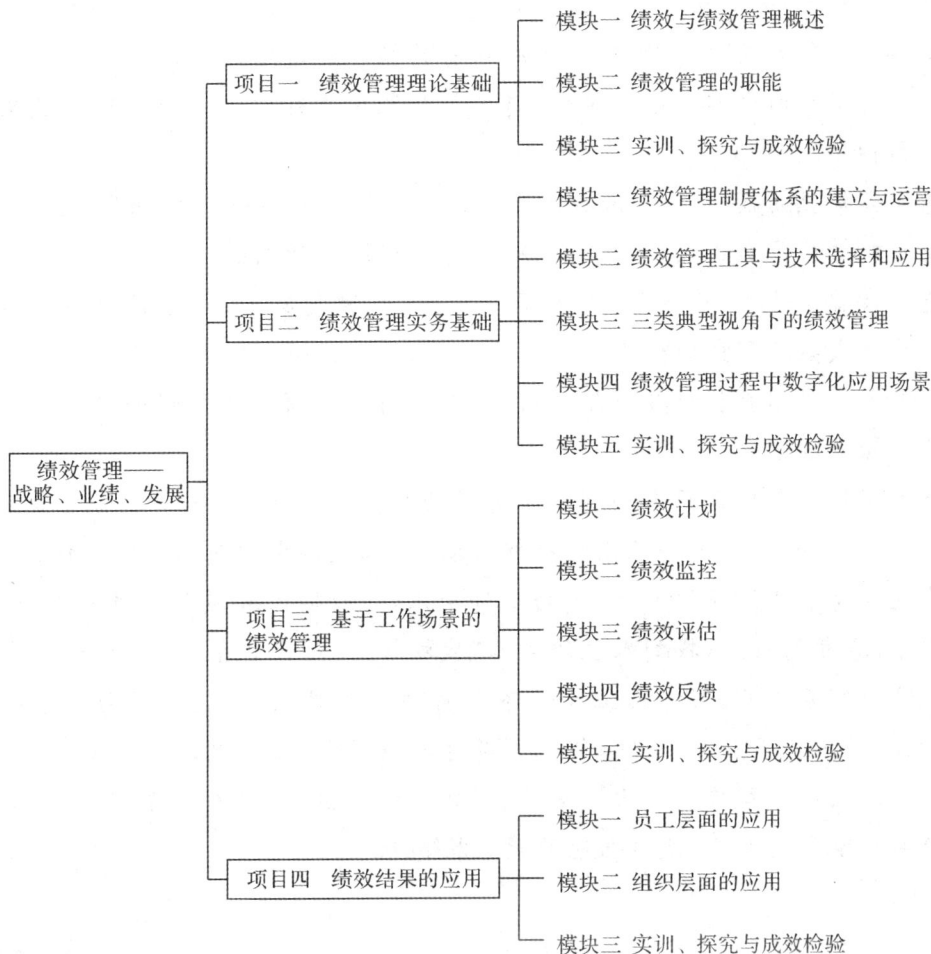

```
绩效管理——
战略、业绩、发展
├─ 项目一  绩效管理理论基础
│           ├─ 模块一 绩效与绩效管理概述
│           ├─ 模块二 绩效管理的职能
│           └─ 模块三 实训、探究与成效检验
├─ 项目二  绩效管理实务基础
│           ├─ 模块一 绩效管理制度体系的建立与运营
│           ├─ 模块二 绩效管理工具与技术选择和应用
│           ├─ 模块三 三类典型视角下的绩效管理
│           ├─ 模块四 绩效管理过程中数字化应用场景
│           └─ 模块五 实训、探究与成效检验
├─ 项目三  基于工作场景的绩效管理
│           ├─ 模块一 绩效计划
│           ├─ 模块二 绩效监控
│           ├─ 模块三 绩效评估
│           ├─ 模块四 绩效反馈
│           └─ 模块五 实训、探究与成效检验
└─ 项目四  绩效结果的应用
            ├─ 模块一 员工层面的应用
            ├─ 模块二 组织层面的应用
            └─ 模块三 实训、探究与成效检验
```

4. 写作形式上创新

有人说，当学生没有"问题"时，那你的教学就可能有问题。

独立思考的能力、批判质疑精神、创新创造能力都要求学生具备强烈的"问题意识"。基于"研究型教学"思路，依据 OBE 理念，将"问题意识"创新性地融入教材，使教材在编写形式上力求创新、活泼，适应新时代大学生的特征。

5. 配套资料创新

为适应当前应用型本科教学对老师和学生教与学的新要求，本教材配套了教学大纲、教学设计或教案、课件(PPT)、线上微课资源、教学进度表、模拟试卷等参考材料(见"教师配套教学资料包")。

丽江文化旅游学院副教授彭春芳老师、云南财经大学教授黄波老师、滇池学院副教授郑媛老师参与了项目二和项目三部分内容的写作，黄波老师还提供了其作为项目主持的"全国管理实例共享中心"的精彩案例，我的学生史江宏同学进行了部分资料收集，并参与了校对工作。

本书的写作完成离不开以下单位、人士的指导和帮助。

感谢西安交通大学出版社编辑，特别是魏照民老师以专业与前瞻的视野提供了帮助和指导。

感谢我执教的丽江文化旅游学院，接纳我离开 25 年的"职业圈"回归"教育圈"，使我能够从事自己热爱的教育事业，并完成这本教材。

感谢我曾工作了 10 年的"老东家"——港华燃气集团，是它让我从初级经理人走向较为成熟的职业经理人。

感谢浙江精创教育科技有限公司，为本教材的编写提供了精彩的案例以及前沿的实训操作场景设计。

感谢深圳市合韬顾问咨询有限公司创始人杨尚梅女士，提供了有关最前沿的案例，特别感谢她提供了个性化的教材配图，令本教材生动新颖、趣味横生。

我还要特别感谢我的太太、我的宝贝女儿，是她们让我鼓起勇气转换职业，离开从事了 25 年的行业，找到人生的第二"战场"——站上神圣的大学讲台。

孟子曰："君子有三乐，而王天下不与存焉。父母俱存，兄弟无故，一乐也；仰不愧于天，俯不怍于人，二乐也；得天下英才而教育之，三乐也。"

由于本教材的写作是一次全新的、创新式的尝试，定会存在不妥之处，期待各位读者赐予宝贵意见，以便再版时修改，谢谢！

陈　强

2025 年 6 月 1 日

导　语

致学习的主人：

　　亲爱的同学，当你捧着这本为你精心打造的自带 BGM（background music）的学习"大餐"时，希望你能带着一颗渴望和欣喜的心情进入一个崭新的学习的"世界"，因为你才是学习的主人！这个学习"地盘"属于你！

　　有趣、有效、有料本应是大学课堂学习的景象！

　　"非学无以广才，非志无以成学。"学习永远不可能是轻轻松松的"酷毙"，但也非苦行僧式的"苦逼"。没有使命感的参与，就没有切身的成长"痕迹"。现在，证据掌握在你手里——带着使命来课堂！

　　在你正式享用这本教材"大餐"时，我们会给你必要的学习建议，希望你能最大限度地发挥这套"大餐"的效用，让你享得其所。如下是我们给你提供的学习本书的建议。

　　一、课前预习

　　预习、预习、预习，重要的事情敲黑板说三遍！

　　没有预习，就没有针对性的思考，没有思考就没有问题，没有问题，就会满脑空空地进入课堂。这是超级梦游家的格调啊。你需要另一种格调——带着问题来课堂！

　　好的，本教材已经为你想到啦！在每一个项目开始前都提示有【学习目标】【预习测试】和【带着问题来课堂】，以方便预习和思考，请带着你的独一无二的问题进入课堂，与老师和同学共同探讨。

　　二、课后回顾

　　温习、温习、温习，重要的事情敲黑板说三遍！

　　"学而不思则罔，思而不学则殆。"不温习、不练习、不思考等于没有学。温情提示，每一个项目的最后一个模块就是为你专门打造的温习、练习和思考的"专属地"。其中【实训操作】和【成效检验】由老师主导，【课外修学】和【我的探究】则是你的"专属地盘"。

　　"人生没有过错，只有错过。"相信有智慧的你不会错过每一个精彩的学习与成长瞬间，乐在其中，学有所成！

　　"志合者，不以山海为远。"亲爱的同学，你如有任何关于本教材的建议或意见，请直接"弹"给我们，我们愿意做你学习的真诚伙伴！请开启你奇妙的知识之旅！Enjoy it！

　　邮箱：1968364110@qq.com

目录

项目一
绩效管理的理论基础

【本项目知识图谱】

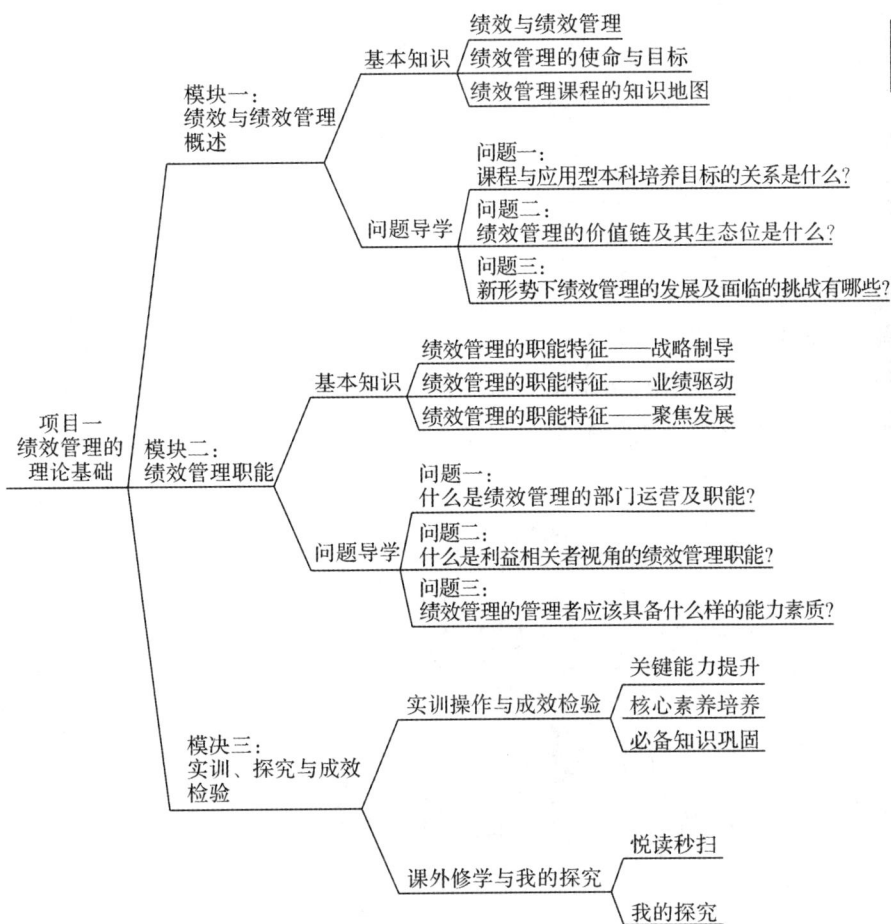

项目一 绩效管理的理论基础

- 模块一：绩效与绩效管理概述
  - 基本知识
    - 绩效与绩效管理
    - 绩效管理的使命与目标
    - 绩效管理课程的知识地图
  - 问题导学
    - 问题一：课程与应用型本科培养目标的关系是什么？
    - 问题二：绩效管理的价值链及其生态位是什么？
    - 问题三：新形势下绩效管理的发展及面临的挑战有哪些？
- 模块二：绩效管理职能
  - 基本知识
    - 绩效管理的职能特征——战略制导
    - 绩效管理的职能特征——业绩驱动
    - 绩效管理的职能特征——聚焦发展
  - 问题导学
    - 问题一：什么是绩效管理的部门运营及职能？
    - 问题二：什么是利益相关者视角的绩效管理职能？
    - 问题三：绩效管理的管理者应该具备什么样的能力素质？
- 模块三：实训、探究与成效检验
  - 实训操作与成效检验
    - 关键能力提升
    - 核心素养培养
    - 必备知识巩固
  - 课外修学与我的探究
    - 悦读秒扫
    - 我的探究

【带着问题来课堂】

在上课前，我自主预习了本章知识。通过我的思考，我发现的问题是

_____
_____
_____
_____
_____
_____
_____

【项目的工作场景】

"小豆"公司是一间中大型民营高科技企业,主营业务是智能终端的研发、制造和销售,目前产品已进入国际市场,甚至远销非洲,发展前景良好。今年,由于公司飞速发展,人员不断增加,组织机构多次调整,公司决定升格原来的人力资源部为人才发展与服务中心,部门经理也提升为总监。

雷某毕业于一所应用型大学的人力资源本科专业,研究生修读工商管理专业。得益于大学扎实的理论学习和应用型实践课程,掌握了一定的技能,并拥有丰富的实践经验,通过"猎头"引荐,他成为"小豆"公司的 HR 总监。

智能终端市场需求大,业务发展迅速。上任以来,雷某认为,公司的绩效管理工作不能紧跟业务的发展,其主要表现为:各级管理人员还是将绩效管理等同于绩效考核;绩效管理的战略制导不精准;绩效考核结果的应用不尽如人意;绩效管理与人才的留用和发展未能有机结合;各级员工将年度绩效考核当成走过场;绩效管理的指标设定容易引起争议……

夜深人静,雷某回到家,一口啤酒扎下肚,默默地思考起来……

问题:

(1)如何实现绩效管理的战略制导,从而支持公司战略发展目标?

(2)如何准确地把握好绩效管理在公司各职能中的定位?如何体现其价值?

(3)在检讨和改革公司绩效管理制度之前需要掌握哪些基础理论?

(4)在公司开展绩效管理变革会遇到哪些挑战?

模块一 绩效与绩效管理概述

【学习目标】

关键能力	通过价值链知识学习与绩效管理实际案例相链接所体现出来的跨专业交叉分析能力；观点的归纳与提炼技能
核心素养	关注组织商业成功的同时,关注人的发展； 绩效管理学习的目标意识与问题意识的培养； 人力资源管理者应具有的变革创新素养
必备知识	绩效管理工作过程与理论学习情景的关系； 绩效与绩效管理的概念及内涵； 绩效管理的地位、目标与使命； 绩效管理的职能特征

一、基本知识

"管理不在于知,而在于行。不在于逻辑,而在于验证。管理的唯一权威就是成果。"

——彼得·德鲁克(Peter F. Drucker)

正如现代管理学之父彼得·德鲁克在《管理的实践》中所说,管理是一门实践的科学,组织的所有管理都要有明确的目的,必须要有成效来验证某项管理制度的实施是否起到了其应有的作用。

本模块学习内容是全书的基础。同学们应以学习目标为指引,通过学习,对绩效管理的基本概念、原理、目标与使命等有所了解,从而为后面的学习打下基础。

(一)实际工作过程与理论学习场景

1.实际工作过程

如同前面所述的雷某同学,作为一名人力资源管理者,在真实工作场所,他的工作思路:明晰、制定、沟通绩效管理的目标和使命,结合行业和组织情况,明确绩效管理的价值链及其在组织中的站位,宣扬绩效管理在组织内的价值,把握绩效管理在新时期的挑战并将此融入战略和制度运作中,制定绩效管理战略、职能,搭建组织,配备人员等,如图1-1所示。

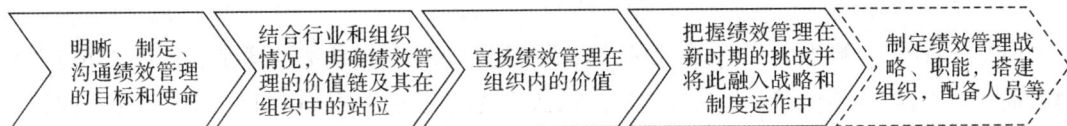

图1-1 项目实际工作过程

2.实际工作过程与理论学习场景

同学们,在学习以下内容的过程中,请注意"工作过程与学习场景矩阵"(见表1-1),它标明了学习内容知识点与工作过程中场景的链接点。

表1-1 工作过程与学习场景矩阵

学习场景	工作过程			
	明晰、制定、沟通绩效管理的目标和使命	结合行业和组织情况,明确绩效管理的价值链及其在组织中的站位	宣扬绩效管理在组织内的价值	把握绩效管理在新时期的挑战并将此融入战略和制度运作中
绩效与绩效管理概述	√	√		
绩效管理的使命与目标	√	√	√	
绩效管理课程的知识地图	√	√	√	√
绩效管理的价值链及其生态位		√	√	
新时期绩效管理的发展及面临的挑战				√

注:"√"表示纵向表格中的知识点支持对应的横向表格中的工作过程场景。请在学习过程中进行思考,并有意识地在社会实践中检验、练习。

(二)绩效与绩效管理概述

1.绩效

1)绩效的概念

绩效是指组织或个人在一定时间内的投入与产出的程度。它被用来衡量既定目标的实现程度与效率的高低。

绩效与业绩不同。一般来说,业绩仅指产出结果,而绩效则包括业绩和行为。态度、价值观、能力、素质等是行为的驱动因素。比如:无法直接判断一个人的价值观取向,但可通过其表现出来的行为来推断,所以绩效包括"业绩、能力、态度"三个维度。这也是当前几乎所有组织进行绩效考核时考虑三个维度的原因。

2)绩效的特性

(1)多因性。一般来讲,影响企业绩效的因素在宏观上包括外部环境因素和内部环境因素两方面。其中,外部环境因素是指政治、经济、法律、社会、文化、市场需求、全球化、生态圈机会与效率等;内部环境因素是指商业模式、产品、专利、品牌价值、员工技能与素质、领导力、组织文化、技术、组织能力、对市场的把握等。

员工实际工作中呈现出来的绩效受多种因素影响。绩效与这些因素之间的关系可用下面公式表示：

$$P = f(K,S,C,M,E,I)$$

式中：P 表示员工绩效；f 表示函数关系；K 表示知识；S 表示工作技能；C 表示能力或素质；M 表示激励；E 表示环境，包括机会、工具；I 表示工作投入度或意愿性。

（2）多维度。绩效考核是从多个维度对组织或个人进行综合评价。一般来说，组织从"业绩、能力、态度"三个维度对员工进行绩效考核。对组织的绩效评价，仅是从业绩维度进行。

课堂思考：以上各因素是如何影响员工的实际工作绩效的？你认为哪些更重要？为什么？

（3）变化性。由于内、外环境存在多变性，管理者在绩效管理的各环节决策中应具备权变意识。这主要体现在绩效管理中的目标设定、过程监控、考核环节和激励政策中。

3）绩效的类型

绩效可分为组织绩效和个人绩效。一般来说，对于组织的绩效评价包括公司级、部门或团队级、个人级三个层次，有些规模较大的公司在公司级和部门或团队级之间还有事业部级等。

2.绩效管理概述

"绩效管理"无处不在、无时不在。从国家、民族，到组织、企业，再到家庭、个人，无不是为了实现一定的"目标"而努力。例如，对"目标"的设定、为达到目标而做的计划与实施、对目标达成度的评价与反馈等就是"绩效管理"。

这里须明确以下两个常见的概念：

一是"绩效考核"或"绩效考评"。这实际上是"绩效管理"的一个环节。绩效管理的一般定义为：应用一定标准对员工的综合素质、工作态度和工作业绩进行定性和定量相结合的全面评价过程。

二是"业绩评价"或"绩效评价"。其原意是指按企业目标设计相应的评价指标体系，根据特定的评价标准，采用特定的评价方法，对企业一定经营期间的经营业绩做出客观、公正和准确的综合判断。

我国财政部会计司对"业绩评价"的定义为：企业运用系统的工具和方法，对一定时期内企业的运营效率与效果进行综合评判的管理活动。业绩评价是公司重要的内部控制机制之一。

目前，人力资源管理类的教材一般重点介绍面向员工层面的绩效考核；财务或管理会计类的教材一般重点介绍对组织层面的绩效评价。其实从以上两者的定义也可以看出它们在绩效管理方面的差异，这也从另一个侧面反映出人力资源管理人员与财务、管理会计或业务人员对绩效管理理解不同，同时提醒作为人力资源管理者在专注自己的专业之外，还必须关注同一领域的不同专业的视角与观点,不能闭门造车,应明白懂战略、懂业务、懂财务是新时期人力资源管理者必须具备的素质。

本书融合了以上两者的观点,在教材架构上综合考虑了组织、部门与个人三个层次的绩效管理问题。

1)绩效管理的含义与特点

(1)绩效管理的含义。

绩效管理是指组织对其自身、下属机构、成员进行绩效计划、绩效监控、绩效评价、绩效反馈和绩效应用的管理过程。

从管理会计角度来讲,绩效管理是指企业与所属单位(部门)、员工之间就绩效目标及实现手段达成共识,并帮助和激励员工取得优异绩效,从而实现经营目标的管理过程。绩效管理的核心是绩效评价和激励管理。

(2)绩效管理的特点包括协同性、系统性、目标性、过程性。

①协同性。绩效管理为组织战略目标服务,组织与业务部门的纵向协同、业务部门与支持部门的横向协同、组织与外部生态链的协同,构成了全方位、多维度的协同体系。

②系统性。绩效管理是人力资源管理的重要职能,它与其他职能共同形成一个完整的闭环系统,为人力资源规划、招聘管理、培训发展、员工关系、薪酬设计提供引导并指明方向。

③目标性。绩效管理以目标为导向,员工完成绩效目标,企业提供相应支持,双方共同协作实现总目标。

④过程性。管理沟通贯穿绩效管理整个过程,包括制订绩效计划、实施计划与监控计划实施情况、绩效考核、绩效反馈与改进、应用绩效评价结果等环节。

2)绩效管理的流程

由上面内容可知,绩效管理是一个不断更新循环的系统工程,也遵循"PDCA(plan,do,check,action)"循环原则。绩效管理的管理运作流程如图1-2所示。

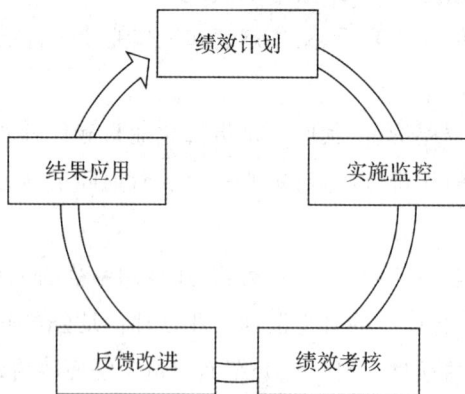

图1-2 绩效管理的运作流程

（1）绩效计划。在理解企业战略和部门绩效计划的前提下，由主管与员工共同制订员工个人绩效计划，双方必须对绩效计划达成一致。

（2）监控实施。部门或员工在日常工作中为实现计划持续努力，对部门的绩效实现情况进行监控、调整，对员工的绩效进行监控与指导以本人发挥主观能动性为主；同时，员工接受主管监督，主管可实时纠偏。

（3）绩效考核。绩效考核是指考核主体对照绩效计划的各项目目标和任务，采用科学的考核方式，评定部门或员工的任务完成情况、员工的职责履行程度和进展情况，并且将评定结果反馈给部门或员工的过程。

（4）反馈改进。反馈改进是指管理者和员工通过沟通，评估者将评估结果告知被评估者，并向被评估者解释评估结果，促使其了解自身绩效水平，同时提供相应改进建议和帮助，这样通过双向交流制定适宜的改进计划和行动方案。

（5）结果应用。结果应用是指组织根据各级绩效评估的结果对被评估者进行物质或精神两方面的奖励或鼓励。

3）绩效管理模式的发展演变

理解了绩效管理的基本含义和类型知识后，学习"绩效管理"就应从三个不同的视角进行。一是从人力资源管理视角，二是从财务管理视角，三是从战略管理视角。但是，绩效管理人员很容易仅从人力资源管理视角来理解绩效管理或者营运绩效管理项目，这是一个误区。

我国企业绩效管理大致经历了企业利润最大化、股东财富最大化和相关者利益最大化等模式。一般而言，基于企业利润最大化的业绩评价模式是财务模式，包括早期的成本模式。基于股东财富最大化的业绩评价模式是价值模式；基于相关者利益最大化的业绩评价模式是平衡模式。这些评价模式的变化体现了业绩评价从利润指标到价值指标，从以财务指标为主到财务指标与非财务指标平衡，从以结果指标为主到结果指标与动因指标平衡，以及从以运营指标为主到运营指标与战略指标平衡的发展变化。

这几种绩效管理模式的相关内容，会在本书后面相关项目中学习。

请思考："作为人力资源管理专业或工商管理专业的学生，学习绩效管理课程不能仅从人力资源管理的视角，而必须从战略管理和管理会计的视角来理解绩效管理。"你认为此说法正确吗？

4）理解"绩效"与"绩效管理"

在当今乌卡时代（volatility uncertainty complexity ambiguity，VUCA）不确定性企业营商环境下，以及新技术、新生代、新业态背景下，理解"绩效"与"绩效管理"概念时要特别注意以下三点：

（1）新生代员工进入社会和组织给"绩效管理"带来了很大影响。这些影响体现在他们对于自身投入与业绩产出、管理权威与工作监管、工作与生活的平衡、领导特征与风格、职业发展成就等的看法都与前辈不同。因此,在管理中需要进行更多的正向考核激励和民主协商式的考核沟通与反馈,绩效考核结果应更多关注其个人职业发展等。

(2)与传统绩效管理不同,组织的绩效管理对象不仅仅限于自己的员工,更要深入企业的"粉丝"、用户、上下游价值链成员,甚至企业"生态圈"的战略伙伴。这是绩效管理职能的跨界整合。传统观念认为的绩效管理职能是内部职能,但随着数字化时代的到来,组织的边界越来越模糊,原有的内部职能向外拓展,以配合组织业务职能的跨界与融合。这是"绩效管理"在新时期的职能演变,也是本书所要强调的。

(3)国际绩效改进协会(International Society for Performance Improvement, ISPI),是从事组织效益提升研究与实践的专业性国际组织。其拥有2万多名会员,遍及40多个国家和地区。该协会于1962年在美国成立,是全球绩效改进领域的专业组织,是深入研究绩效改进技术的专业机构。它提出绩效改进应遵循"关注结果""系统思考""增加价值""伙伴关系"的基本原则。

请思考:如何理解"绩效管理"职能在当今商业世界中的跨界与融合?请举例说明。

(三)绩效管理的使命与目标

吉姆·柯林斯(Jim Collins)曾提出伟大公司的"利润之上的追求"与"教派般的文化"理论。他说,所有伟大的公司都是"务实的理想主义者"。企业使命(enterprise mission)是指企业在社会经济发展中应承担的角色和责任。彼得·德鲁克认为,"企业并非由其名称、规章制度或公司章程来定义,而是由使命定义"。企业只有清晰界定了使命和组织目的,才能制定明确和现实的目标。

同理,作为组织运营绩效管理体系的管理者,应确立组织内绩效管理这一重要职能的使命和战略目标,为组织的可持续发展奠定基础。本书认为绩效管理的使命和战略目标可以如下描述。

1.使命

通过战略制导的绩效管理体系的高效运作,打造优秀的绩效文化,从而提升组织效能,实现组织的业绩目标和可持续发展,同时在此过程中促进成员发展,使组织成长与个体成长相协同。

2.目标

绩效管理目标宏观层面包括三个方面:一是满足企业提升竞争力、实现业绩目标的需要;二是通过绩效管理的激励作用塑造组织文化;三是通过绩效改进满足员工发展、提升职业竞争力的需要。

（四）绩效管理课程的知识地图

请思考：如何理解"绩效管理"的使命和战略目标？试寻找现实中的例子来说明。

1.学习本课程的必要准备

绩效管理既是人力资源管理的核心，同时也是高等学校人力资源管理、工商管理等专业的核心课程。在学习本课程前，应该具备前置课程的相关知识。这些前置课程一般包括经济学、人力资源管理、企业管理或企业战略管理、管理心理学或组织行为学等。同时，对于管理会计、财务管理的学习也是必要的。

2.绩效管理知识逻辑矩阵

结合前面所述"绩效管理的类型"和"绩效管理的管理运作流程"，可以构建本书的知识逻辑二维矩阵，如表 1-2 所示。

表 1-2　绩效管理知识逻辑矩阵

类型	过程				
	绩效计划	绩效计划的实施与监控	绩效考核	绩效反馈与绩效改进	绩效评价结果的应用
组织层面	战略制定 目标确定	定期检讨 适时调整	董事会—经营层	战略检讨 组织改进	战略调整 人事调整
部门层面	承接战略 职能战略	及时检讨 适时调整	经营层—管理层	战略检讨 部门改进	战略调整 人事调整
个人层面	分解指标 量化职责	及时检讨 适时纠偏	管理层—执行层	指标检讨 素质改进	人事决策 职业发展

3.本课程的知识地图

为方便同学们从"框架"上一览本书的结构，特制作了课程"知识地图"，如图 1-3 所示。

本书"框架"从三方面来搭建：一是理论基础；二是实务基础；三是工作实务，包括绩效管理的数字化运用。其中本书重点是"实务基础"和"工作实务"。

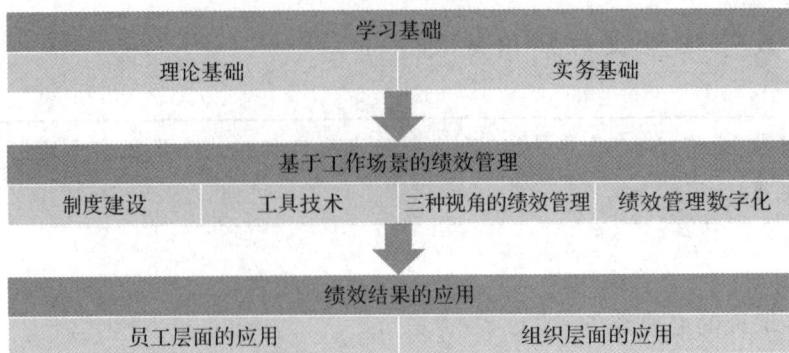

图1-3 本课程"知识地图"

请思考：如何理解"绩效管理是人力资源管理的核心"？

二、问题导学

【看理论与实践前沿】

随着时代的变迁，绩效管理也经历了不断演进和变革。先从传统的关键绩效指标（key performance indicator, KPI），再到如今的目标与关键成果（objective and key results, OKR），最后到近些年的一些趋势变化，如谷歌的 GRAD、IBM 的 Checkpoint、西门子的 Growth Talk 等新方法。绩效管理的核心内容不再局限于简单的绩效评定，而是更加关注员工的成长和发展。这些变化背后反映了对不同时代员工需求的关注和尊重。

在过去，绩效管理主要以 KPI 为核心，强调员工在岗位上的具体表现和结果。这种方式适用于工业化时代，员工在相对稳定的环境下完成固定的任务和职责。然而随着信息技术和知识经济的发展，员工所面临的挑战也随之增多，单一的 KPI 评估已经不能满足对员工全面素质和潜力的考量。

OKR 的提出标志着绩效管理进入了以人为本的时代。OKR 注重设定明确的目标和关键成果，充分激发员工的创造力和主动性，使员工参与到企业目标的实现中。而像谷歌的 GRAD、IBM 的 Checkpoint、西门子的 Growth Talk 等方法更是在 OKR 的基础上，通过持续的绩效辅导和敏捷管理，帮助员工实现个人成长，激发员工的潜能。

（资料来源：https://mp. weixin. qq. com/s? __biz=MzU2MDQyODg5OQ==&mid=2247485710&idx=1&sn=bd30b51acf7a55d821038fe5d0fe4395&chksm= fc096b02cb7ee214ebdcca30840cedb3591579a50b3dde3de6e3d4e7dbcb1b42cdafc722a160&mpshare=1&scene=23&srcid= 1117N1c5Sd7CvWRUXP0bneoP&sharer_shareinfo= b0fa7825e561b41b8743c9082d1b5976&sharer_shareinfo_first=b0fa7825e561b41b8743c 9082d1b5976#rd.）

(一)问题一:绩效管理课程与应用型本科培养目标的关系是什么?

1.绩效管理课程的性质及其蕴含的知识、能力、素养

绩效管理是高等学校人力资源管理、工商管理等专业的必修课程。除了专业知识、专业技能外,在能力方面主要是培养学生将理论运用于实践的能力,包括发现、分析与解决问题的能力,创新能力,人际沟通能力,数据调查与分析能力,协作能力,等等。在素养方面,其主要是培养学生公正严谨、认真负责、服务意识、以人为本等素养。这些能力和素养正是体现当下社会对应用型大学毕业生的要求。

特别地,在本课程思政素养目标方面,学生应该学习并领会以下内容:

(1)企业是国家经济运行最重要的细胞。通过有效的绩效管理工具的应用,最大限度地发挥其"指挥棒"的作用,促使我国企业做大做强,实业报国,在百年不遇的世界大变局中为中华民族的伟大复兴做出应有的贡献。

(2)引导学生不但要关注本课程相关的国际前沿理论,还要关注当地经济管理方面的现实问题,培养学生一定的国际思维和关注本土发展的情怀。

(3)理解当今 VUCA 时代对于各级员工在个人能力上的挑战,学生要把握机会,利用大学四年时间努力提升自己各方面的能力,从而形成主动、积极的职业态度,并努力增强自己的职场核心竞争力。

2.人力资源管理职业国家标准

不同地区、不同专业方向的应用型大学对学生都有自己不同的培养目标,但它们有一个共同点,就是施行成果导向教育,以社会需求为大方向。

2018 年 1 月,教育部正式颁布《普通高等学校本科专业类教学质量国家标准》,其中"工商管理类标准"中对"培养目标"提出了以下要求:

工商管理类本科专业培养践行社会主义核心价值观,具有社会责任感、公共意识和创新精神,适应国家经济建设需要,具备人文精神与科学素养,掌握现代经济管理理论及管理方法,具有国际视野、本土情怀、创新意识、团队精神和沟通技能,能够在企事业单位、行政部门等组织从事经济管理工作的应用型、复合型、创新型人才。

各个应用型本科院校对于不同专业都有不同的专业素质要求,但无论是各院校的"应用型本科专业的培养目标"还是"国家职业标准",其目的都是要满足社会对毕业生的素质需求。国家职业标准中的人力资源管理职业国家标准,从"绩效管理"维度来看,四级和三级人力资源管理师都有三方面的能力/技能和知识要求,工作挑战性有所增加。

表 1-3 是企业人力资源管理师国家职业技能标准(三级和四级)。大学毕业生可以参考最基础的四级要求。

表 1-3 企业人力资源管理师国家职业技能标准(三级和四级)

职业功能	职业认证等级	项目		
		工作内容	技能要求	知识要求
绩效管理	四级	4.1 绩效考评的前期准备表	4.1.1 能够对绩效考评指标及关联要素进行描述 4.1.2 能够利用不同方法计算绩效考评指标的权重 4.1.3 能够应用绩效考评表	4.1.1 绩效的含义和特点,绩效管理的概念、目的和功能 4.1.2 绩效管理系统的构成以及与其他子系统的关系 4.1.3 绩效考评指标及关联要素
		4.2 绩效信息的收集	4.2.1 能够采集绩效信息 4.2.2 能够甄别绩效信息失真	4.2.1 绩效考评的特点和作用 4.2.2 绩效信息来源及采集渠道
		4.3 绩效考评结果的计算	4.3.1 能够计算绩效考评结果 4.3.2 能够归档绩效考评资料	4.3.1 绩效考评得分方法的种类和特点 4.3.2 确定考评等级方法的种类和特点
	三级	4.1 绩效指标与标准设计	4.1.1 能够从不同维度设计绩效考评指标 4.1.2 能够根据指标性质设定绩效考评标准 4.1.3 能够设计绩效合同	4.1.1 绩效考评指标的类型 4.1.2 绩效指标体系的设计要求 4.1.3 绩效考评标准及设计原则 4.1.4 绩效目标设置的原则
		4.2 绩效考评系统的设计与运行	4.2.1 能够设计绩效考评的流程、程序,进行绩效管理职责划分 4.2.2 能够确定绩效考评周期和绩效考评主体 4.2.3 能够提出减小绩效考评误差的方法 4.2.4 能够分析、处理绩效考评中的矛盾与冲突,处理员工的绩效申诉	4.2.1 绩效考评主体的分类与比较 4.2.2 绩效考评周期及其影响因素与考评主体的特点 4.2.3 绩效考评误差的含义和类型 4.2.4 处理绩效考评中矛盾、冲突与绩效申诉的内容和意义
		4.3 绩效考评方法应用	4.3.1 能够运用结果导向型绩效考评方法 4.3.2 能够运用行为导向型绩效考评方法 4.3.3 能够运用特征导向型绩效考评方法 4.3.4 能够运用综合型绩效考评方法	4.3.1 绩效考评方法的分类 4.3.2 绩效考评方法的比较 4.3.3 绩效考评方法的应用策略

资料来源:《企业人力资源管理师国家职业技能标准(2019 年修订)》。

（二）问题二：绩效管理的价值链及其生态位是什么？

1.价值链和生态位的概念

迈克尔·波特（Michael E. Porter）于1985年提出：每一个企业都是在设计、生产、销售、发送和辅助其产品的过程中进行种种活动的集合体。所有这些活动构成了一个创造价值的动态过程，即价值链。在新的技术新的商业时代，这一概念又演化成了"商业生态圈"，但核心仍然是"价值创造过程"。

生态位是指一个种群在生态系统中，在时间空间上所占据的位置及其与相关种群之间的功能关系与作用。

无论是价值链还是当下的商业生态圈，其中的"元素"，即每一个价值活动都可以在价值链或商业生态圈中找到自己的生态位。

2.绩效管理在人力资源管理价值链中的生态位

人力资源管理价值链由价值创造、价值评价和价值分配构成。也就是说，所有人力资源管理活动都应围绕着这三者展开。人力资源管理价值链如图1-4所示。

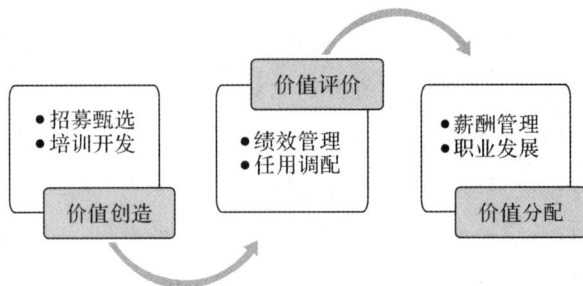

图1-4　人力资源管理价值链

从图1-4可以看出，绩效管理处于人力资源管理价值链中的"价值评价"生态位。绩效管理要全力发挥其应有的作用，管理者就必须十分清楚其是如何产生价值的，需要什么条件，甚至可以在宽度和深度两方面扩大其作用即扩展生态位。

课堂练习与思考：网上查询有关价值链的含义，并且思考绩效管理的价值链是什么。即绩效管理如何为组织创造价值？请写出你的观点并与同学进行讨论。

3.绩效管理在企业管理价值链中的生态位

提出这个问题是为了使同学们今后进入企业或其他机构后，能全面、高位地看待并有效运用"绩效管理"这一强大工具。

其实，任何一个组织的高效运作和可持续发展都是"绩效管理"的过程。同理，一个国家的发展、民族的复兴也是一个"绩效管理"的过程。

从图1-5所示的企业运营过程很容易可以看出，其实质就是"绩效管理"的过程。

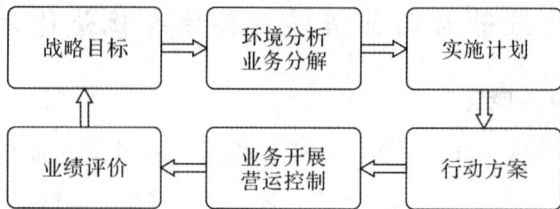

图 1-5　企业运营过程

课堂练习与思考:请结合绩效管理的含义和流程,说明我国为实现"两个一百年"宏伟目标而做出的努力。

(三)问题三:新形势下绩效管理的发展及其面临的挑战有哪些?

1.新时期来临

新形势下绩效管理面临诸多挑战。

第一,德勤公司在其"人力资本趋势"研究中调查的公司中有76%重塑了绩效管理流程,目的是使绩效管理更加连续和全面。当今世界不确定性增大,组织的绩效管理与战略管理密不可分,组织的战略因环境易变而具有权变性、敏捷性特征,这就要求绩效管理的目标计划、实施、监控、纠偏与调整等都应具有权变性和敏捷性。

第二,管理者需要以确定性的态度和能力应对不确定的世界。外部环境变化急剧,作为企业管理者须具备应对这种变化的确定性的态度和定力。这种确定性的"态度和定力"可以是对使命的坚守、对客户需求的精准把握、敏锐的商业嗅觉等。新形势下人力资源管理者必须承担起相应的责任,完成组织战略职能。

2.新生代崛起

新生代进入组织,给组织带来如下挑战。

第一,对组织承诺的归属感带来挑战。多变型、易变型职业生涯发展在新生代身上体现得十分明显,绩效管理传统的"硬约束"功能降低,更多要体现双向沟通、参与对话、正向激励等。

第二,随着"90后""00后""Z世代"带着数字化装备进入社会,在绩效管理的数字化运用方面,组织应与时俱进。另外,在考核激励方面也应迭代手段。总之,绩效管理既要有趣又要有效。

3.新技术发展

新技术给职业安全感带来了挑战。

随着新技术的快速迭代和飞速发展,某些职业有逐步被人工智能(artificial intelligence,AI)替代的趋势,这给员工带来了职业危机。这种情形下,如何通过考核激励适时进行人才盘点,甄选出优秀人才或进行转岗培训以留住人才,增强他们的职业安全感,同时甄选出需淘汰的人员,对于管理者来说是个很大的挑战。同时,数字技术也促使绩效管理过程中的交流沟通、绩效监控、评估、反馈等变得日益敏捷高效。

4.新模式搅局

商业生态的不断生成,新模式的层出不穷,产生了对多种技能的超级员工的需求。多种类型同平台工作,甚至人与"AI智能人"协作的超级团队,演化出员工的超级能力,即员工身怀多种技能,具备跨界能力和思维能力。这种趋势给组织的考核激励同样带来了挑战。

5.绩效管理的思维革命和行动革命

当前,我国企业绩效管理(业绩评价)发展现状不容乐观,与发达国家的绩效管理相比较,无论是原生理论的产生,还是管理工具的前沿实践,尚有一定的差距。如何结合我国实情,以中国智慧解释、解决自己的问题是当前管理者的任务和挑战之一。

(1)企业一把手须以系统思维和前瞻思维看待绩效管理的长远性和战略性,把绩效管理体系建设置于提升企业核心竞争力的战略高度。

(2)企业绩效管理显得简单粗放,缺乏战略性和系统性。

(3)打铁还需自身硬。人力资源管理者或绩效管理者须快速提升自己的专业水平和超强学习能力,努力成为各部门的业务伙伴和首席执行官的绩效提升专家和咨询顾问。

通过以上对新时期、新生代、新技术和新模式的分析可知,组织的绩效管理者必须尽快行动起来,先进行思维革命,具体内容如下。

①正确的行动必须先要有正确的思维。当前"社会化企业"概念的出现、不确定性社会的出现,均源自引起人的变化的政治因素、技术因素等。绩效管理者必须要有创新、权变与快速迭代的思维。

②全球人力资源管理的趋势更关注企业绩效改善与人才整合体系的建立与完善。不支持组织战略的职能工作都是"镜中月、水中花"。所以,人力资源管理者必须既是管理者,又是服务者,更是赋能者。

③不融于业务,不链接战略,任何职能支持工作都将失去存在价值。绩效管理的管理者应主动发现商业差距(performance gap),然后寻求其中与本职能工作的内涵链接,方能制定并推进适宜的策略。

④互联网思维同样适用于绩效管理者。用极致用户思维打造一款让用户感动的产品,令用户"尖叫"的产品是管理者必备的功夫。

⑤在组织中引领与倡导创新变革、持续学习、容忍失败、重视人才的企业文化。

课堂练习与思考:试以一家企业为例,说明新时期绩效管理面临的挑战及如何应对这些挑战。

三、业务决策者的责任

业务决策者(主要指负责业务职能部门的直线经理),作为绩效管理项目重要的相关者,在本项目上应负的责任如下:

(1)理解绩效管理的使命和目标,明确绩效管理工作对于自身部门员工发挥所长、激励员工的重要性和必要性。

(2)理解绩效管理对于企业发展、部门绩效提升的重要价值,做好支持人力资源管理部门的相关准备工作。

(3)了解新时期、新生代对于部门自身发展的影响,明确业务部门自身作为绩效管理主体责任单位的意识和准备度。

【学习小结】

关键能力	通过学习价值链知识与绩效管理实际案例相结合,所体现出来的跨专业交叉分析能力□ 观点的归纳与提炼技能□		自我回顾所学,然后: 在教材中找到支持"关键能力/技能、核心素养和必备知识"的相关内容; 对于相关学习目标的掌握程度进行自我评价; 评价完后请在左边的小方框□中打上"√"
核心素养	关注组织商业成功的同时关注人的发展□ 绩效管理学习的目标意识与问题意识的培养□ 人力资源管理者应具有的变革创新素养□	模块一: 绩效与绩效管理概述 — 基本知识: 绩效与绩效管理 / 绩效管理的使命与目标 / 本课程的知识地图 问题导学: 问题一:本课程与应用型本科培养目标的关系 / 问题二:绩效管理的价值链及其生态位 / 问题三:新时期绩效管理的发展及面临的挑战	
必备知识	绩效管理工作过程与理论学习情景的关系□ 绩效与绩效管理的概念及其内涵□ 绩效管理的地位、目标与使命□ 绩效管理的职能特征□		

【看企业实际运作】

"字节跳动"的绩效管理岗位要求

让我们来看看"字节跳动"公司招聘"绩效管理"类人员的要求。从公司对"绩效管理"职能专业人员的要求来看,请尝试用已学过的相关理论知识解释该公司的做法。

职位介绍

一、职位描述

(1)绩效方案设计及目标测算。管理方向或开发规则方向。

(2)作为生活服务业务线分析师提供日常数据分析及监控支持,对异常情况下的资源协调进行跟踪和深入分析。

(3)从自有客户维度等搭建数据分析体系、重点指标观测体系,设计相应业务分析框架。

(4)根据业务需求分析挖掘数据,应用数据分析方法输出销售策略、行业策略,对行业开发、客户运营、商业策略提供高价值的策略和数据解决方案。

二、职位要求

(1)应聘者为本科及以上学历,统计、数学、经济学、管理学、计算机等专业毕业者优先。

(2)有互联网相关数据分析工作经历,互联网相关业务分析经验、互联网数据运营经验者优先考虑。

(3)熟悉常用数据统计和分析方法,能够熟练掌握 Excel、SQL 者优先(客开方向可适当放宽)。

(4)熟练使用 Python 或 R 中的任一数据分析工具会获得加分。

(5)结构化思维,对数据敏感,自我驱动强,能通过数据主动发现问题并解决问题;工作认真,踏实肯干。

(6)工作地点:北京、上海、广州、深圳、杭州(可任选)。

理论链接实践指引 ⟹ 　　设置本节内容的目的是向同学们提供了一个如何将书本理论应用于实践的指引或提示,以利于同学们在社会实践、日常工作或真实案例等场景中及时有效地思考相关理论在实践中的运用,或者尝试用已学过的理论知识解决现实问题。

理解并传播人力资源管理工作的"价值链"

一、在企业实践中,无论是人力资源(human resources,HR)专业人员还是业务管理者,对于绩效管理工作到底对企业有什么好处,对部门的发展、企业的竞争力提升有何促进作用均比较模糊。现实是无论 HR 新人入职培训还是业务管理者培训都没有相关项目的培训内容,即让他明了绩效管理的价值所在。试想:一个业务管理者对绩效管理都不了解,他如何发自内心去支持 HR 的工作呢?一个 HR 人员对绩效管理都不了解,他如何满怀内驱力去做好绩效管理工作呢?

二、为此,笔者认为,无论你今后是从事 HR 工作还是业务工作,都要执行绩效管理相关工作。建议你:要学会列出绩效管理工作的"价值链",了解它是如何为企业、为部门产生价值的;并在适当的时机以适当的方式向利益相关者作表述,以利于利益相关者的理解以便获得他们的支持;同时在 HR 新人入职培训和管理者培训中补上这一课。当然,要想使绩效管理工作得到业务管理者心服口服的支持,你还必须拿出数据或事实来说明。这部分内容会在本书后面项目模块中进行讲解。

模块二　绩效管理的职能

【学习目标】

关键能力/技能	能设计简单的绩效管理机构(部门)的职能、组织架构; 能设计简单的绩效管理计划、基本流程; 通过案例学习和思考,能提出解决问题的基本思路,获得基本的发现、分析和解决问题的能力
核心素养	通过学习新时期绩效管理职能特征,学会正确把握和平衡组织与个人业绩发展之间的关系,增强全局观和全面看问题的意识; 理解绩效管理通过其"指挥棒"作用,促使我国企业提升国际竞争力,为中华民族伟大复兴做出贡献的宗旨,同时形成胸怀祖国、放眼世界的前瞻眼光和开阔视野; 通过学习领会绩效管理者具备的素质要求,养成尊重规律、严谨的科学精神,提升个人的综合素养
必备知识	实际工作过程与理论学习情景; 绩效管理的战略规划、年度计划及职能特征; 绩效管理主管机构的职能及利益相关者视角的职能期望; 绩效管理者应具备的素质

一、基本知识

"采玉者破石拔玉,选士者弃恶取善。"

——东汉王充《论衡·累害篇》

王充是我国东汉杰出的哲学家,他指出考查选拔人才必须选择品行端正的人,摒弃品行恶的人。这涉及以什么样的标准考核人才的问题。

Aon Hewitt 全球咨询经验和研究证明,人力资源部可以成为强有力的业务驱动力,关键是 HR 自身的思维进化、能力打造、素养提升和运作模式要发生革新。

在本模块,将学习绩效管理在整个人力资源管理体系中的地位、职能和作用,利益相关者视角的绩效管理期望,以及绩效管理者应具备的能力素质等。

(一)实际工作过程与理论学习情景

1.实际工作过程

本模块的实际工作过程如图 1-6 所示。首先要明确绩效管理职能战略和职能特征,其次应建立绩效管理组织,配备专业人员,最后是厘清组织中各利益相关者的期望,从而为下一步组织绩效管理制度体系的建立与运营打下良好基础。

图 1-6 本模块的实际工作过程

2.实际工作过程与理论学习场景

本模块实际工作过程与理论学习场景对应见表 1-4。

表 1-4 工作过程与学习场景矩阵

学习场景	工作过程		
	明确绩效管理职能战略和职能特征	建立绩效管理组织,配备专业人员	厘清组织中各利益相关者的期望
绩效管理的职能特征——战略制导、业绩驱动、聚焦发展	√		
绩效管理部门职能及其营运	√	√	√
利益相关者视角的绩效管理职能			√
绩效管理者应具备的素质		√	

(二)绩效管理的职能特征——战略制导

"绩效管理是指识别衡量以及开发个人和组织绩效,并且使这些绩效与组织的战略目标保持一致的一个持续性的过程。"

——赫尔曼·阿吉斯(Herman Aguinis)

无论是学术界还是实业界,对绩效管理都有相似的看法:绩效管理必须与战略协同,必须注重持续的过程,要传递绩效文化,要能激发员工的创新精神。拉姆·查兰(Ram Charan)是当代最具影响力的管理咨询大师,他认为大部分首席人力资源官(chief human resources officer,CHRO)无法将 HR 的工作与业务需求结合起来,而需要分拆掉。这也就是人力资源部门所做的工作缺乏战略性!

让我们来看一个笔者的真实企业经历。

> 某年,笔者担任一家中外合资公司的人力资源经理(HRM),合资公司所属集团的业务在国内行业中规模排名第一。笔者在一次出访并与国内其他企业作了交流后,向总经理汇报,提出要在公司内引入平衡计分卡(balanced score card,BSC)系统。
>
> 总经理问道:你引入 BSC 想达到什么目的?
>
> 笔者回答:我公司绩效考核制度有诸多不完善,我想以此完善我公司绩效考核制度。
>
> 总经理道:这样吧,下周刚好有一个会议,我与你去深圳总部与某外资咨询公司作一下交流,回来你再作相关汇报。

为什么总经理没有直接回应笔者的问题?

同学们,请先思考以上笔者的亲身企业案例,写下你的观点,在课堂上可以与大家进行讨论。

1.绩效管理的战略性

本书的观点是不将"绩效管理的战略性"称为"战略性绩效管理"。其原因是绩效管理本身就应该具有"战略性",在当今企业营运和发展环境中,没有"战略性"的绩效管理活动,本身就没有存在的价值和必要。

企业战略是企业在市场经济激烈竞争的环境中,在回顾过去、调查现状、预测未来的基础上,为谋求生存和发展而做出的长远性、全局性的谋划或方案。绩效管理的各项指标必须在人力资源管理战略和企业总体战略的指引下制定。

绩效管理的"战略制导"是指以组织战略为导向,先将组织的战略以某种方式(如平衡计分卡、KPI工具等)分解为组织、部门或团队、员工的绩效指标,再通过绩效管理流程对绩效过程进行监控、纠偏、评估、反馈的过程。绩效管理的"战略制导"职能特征强调以下两点:

(1)从组织的战略规划到业绩考评的有机联动。

(2)注重实施过程与其他组织管控机制的协同。如全面预算管理制度、战略规划制度、管理者培养选拔制度、员工职业生涯发展制度等。

绩效管理的战略性不仅体现在企业的运营中,也同样体现在政府、事业单位的高效运作中,如中国财政学会在第11届中国预算绩效管理论坛中提出:实施预算绩效管理,是落实党的十九大关于"全面实施绩效管理"的改革要求,是加快建立现代财政制度的重要内容,也是增强政府资金绩效理念,加强财政资金配置管理,推进财政政策提质增效的有效举措。

可以说,组织的战略实现过程实质上就是绩效管理的执行过程。

2.绩效管理的战略协同系统

绩效管理的战略协同系统,本书称其为绩效管理的"战略制导"。它是构建基于组织战略为导向的绩效管理系统,是一项系统工程。可以说,组织没有建立战略协同系统或战略协同系统不完善,是无法做好组织的绩效管理的。此部分内容将在"项目二"实务基础中进行详细讲解。

绩效管理的战略协同系统包括以下四部分。

1)制定并清晰描述组织战略

其主要包括以下四方面内容:①组织使命、愿景与核心价值观;②对组织所处的内、外环境进行分析;③提出组织战略目标;④确定组织、业务、职能三层次战略。

2)建立"战略制导"的绩效管理系统

其主要包括以下六方面内容:①分解战略目标;②制定行动计划;③建立责任机制;④实施过程监控;⑤定期绩效反馈;⑥适时调整战略。

以上内容实质上是衡量与监控战略的达成,即通过制定并实施绩效管理中的绩效计划、绩效实施、绩效考核、绩效反馈与应用四个环节来达到组织战略的实现。其过程也是员工成长发展的过程。这部分内容是同学们在本课程中要学习的重点。

3)高效的组织协同

其主要包括以下三方面内容:①纵向协同;②横向协同;③外向协同。

纵向协同主要是指围绕战略的实施,组织内各层次、各部门的目标、行动、流程等要保持运作高效。其主要涉及组织架构梳理、职能与职能明确划分、工作流程高效协调等。

横向协同主要是指跨部门的目标与指标设定、行动方案、预算、人员的合理高效配合。其主要涉及业务流程重组或优化、预算的分配与协调、人员的合理配备等。

外向协同是指组织与供应链上下游或商业生态圈中各协同单位的有机协调。其主要涉及供应链中的各单位业务流程的高效配合、商业规则或法规的统一性等。下面是一个外向协同的案例。

供应链是服装企业最为重要的环节,决定了最低起订量、最短交货周期、品质控制和成本控制等关键指标。"韩都衣舍"从2010年起即着手建立供应链体系。依托网络销售的快时尚服装数量少、品类多、批次多、当季返单快与频繁的特点,使国内的OEM配套供应商难以适应,"韩都衣舍"不得不投入大量人力和资金帮助上游企业进行柔性制造改造。2013年,"韩都衣舍"开始循序渐进地实施柔性供应链改造计划。一是以大数据采集、分析、应用为核心,以公司IT为依托,完善软件和基础硬件设施,SCM、CRM、BI系统陆续上线,并且要求供应商同步;二是确立并实施"优质资源地、类目专攻"的供应链布局战略;三是与OEM供应商联手进行生产流程再造,在生产流程实施模块化改造的同时,相应地重新切分、配置资源,并重组服装加工企业的组织架构;四是扩大柔性供应链的服务外延。经过艰苦努力,"韩都衣舍"建立了围绕产品小组确定流程、以"产品中心—生产中心—储运中心"为核心的柔性供应链体系。

(资源来源:思谋案例组. 从"赋权"到"赋能":"韩都衣舍"的组织创新与供应链体系. https://www.scmor.com/view/2519。)

4)打造组织能力、员工激励和企业文化系统

其主要包括以下四方面内容:①建立任职资格系统与能力素质模型,提高组织和员工的战略执行能力;②培育支持绩效管理的企业文化如创新与变革的文化、持续且快速学习的文化等;③加强企业中、高层主管的领导力;④实施适宜的激励机制。

学习了以上绩效管理的战略协同系统,可以明确认识到绩效管理不是一个"孤独"的管理过程,而是一个"前后左右"皆有链接的管理系统。由此得到以下启示:

(1)要学好绩效管理课程就必须学好前置课程,如战略管理、财务管理、管理学、组织行为学、人力资源管理等。要有知识学习的前后支撑思维,一定的跨课程、跨专业思考的意识和能力。

(2)与大学学习类似,在企业中也不是单用绩效管理理论就可以解决绩效问题。绩效管理是一个系统工程,组织绩效和个人绩效问题"牵一发动全身",需要各业务部门紧密配合。

请回顾前述笔者的亲身案例,如果可以穿越的话,你会怎么做?

（三）绩效管理的职能特征——业绩驱动

"管理，最重要的就是管理成果和绩效，因为这是企业存在的目的。"

——彼得·德鲁克（Peter F. Drucker）

对于"业绩驱动"这个绩效管理特征，可以从两方面理解。

一方面，从组织层面来看，组织为了实现业绩目标，必须将业绩目标层层分解，最终落实到组织的各个岗位上，并在此过程中进行相关行动计划的监控执行、纠偏反馈，这就是一系列的绩效管理过程。有了有效的绩效管理制度和对其的高效执行，组织的业绩目标方能实现。

另一方面，从员工层面来看，组织根据岗位上任职者的业绩表现进行"论功行赏"，为实现更好的业绩提供物质、精神和个人发展层面的激励，然后投入到下一轮业绩目标的实现中，这样就达到一种"目标、行动、反馈、激励以至更高目标"的良性循环。有了绩效管理制度，员工的日常工作才有方向性的指引，驱动他们达成更高的业绩。

要理解绩效管理的"业绩驱动"的特征，在实际工作中，作为人力资源管理者需注意以下几点：

（1）人力资源管理者要有战略性眼光，要有业绩意识，不能为考核而考核，不能只将绩效管理制度当作绩效考核来执行。要从绩效管理的"初心"出发行动，这个"初心"就是组织"业绩增长"和员工的"能力增长"。组织促使员工能力增长最终还是为了组织的业绩增长。

（2）在具体业绩目标、指标及标准的设定上，必须要有业绩意识，即所有的目标、指标及标准的设定应从业绩的源头——战略、使命、愿景、价值观出发来检视。人力资源管理者必须注意指标设定的陷阱："好量化、易观察"的指标花精力去做，反而那些重要的、关键的目标因难以量化或不易观察而被忽视。

华为公司长期以来极为重视绩效管理的完善与推行。他们坚持"三定两一致"的原则。"三定"是指以职位的相对价值定基本工资，以任职资格定职位晋升，以工作业绩定奖金；"两一致"是指关键绩效考核指标与战略目标相一致，个人素养、工作态度等评估与组织文化、价值观相一致。绩效管理是华为经营管理中的重头戏，它促进了华为战略目标的有效落实。同时，有效的绩效管理还有利于华为战略目标的层层分解，使华为员工的个人目标和组织目标有效协同起来，发挥出综合效力。

请思考：有人将"绩效"理解为"战略的实现程度"。你同意吗？请说出理由。

(四)绩效管理的职能特征——聚焦发展

"宰相必起于州部,猛将必发于卒伍。"

——战国韩非子,《韩非子·显学》

在新时期背景下,绩效管理的职能特征——"聚焦发展"是指组织有效地发挥绩效管理应有的作用,通过目标的设定、行动计划的实施和业绩反馈,促使组织的各级人员能力得到提升,职业得到发展。"聚焦发展"主要体现在组织发展、员工发展与生态发展三方面。

1.组织发展

绩效管理职能"聚焦发展"在"组织发展"层面,主要体现在通过战略目标体系的设定、执行与控制提升组织的效率和效益,从而提升组织自身的核心竞争能力。当代科技迅猛发展,企业的竞争已在全球范围内展开,如微软、谷歌、华为、阿里、字节跳动等企业已在全球布局其商业圈。组织的竞争优势实质上体现了组织的文化影响力、组织学习力、组织协同效应、组织韧性、领导力等方面的组织能力。

2.员工发展

组织及时萃取具有竞争力的员工素质特征加以精炼,整合成"能力模型",然后以此考察各级员工,并实施培训与开发活动,这样不仅可以提升人才竞争力,还可以提升员工组织承诺。绩效考核中强调员工职业素养的培养与形成,将培养人才、发展人才作为组织战略性激励措施,在加强人才竞争、留住人才方面起到关键作用。例如,2020年新冠疫情期间企业所需要的随机应变、快速恢复的弹复能力。组织的弹复能力必须落实在人的身上,即管理者、员工在不确定性条件下的权变思维、应变意识、快速响应能力、学习力急速提升、技能快速迭代等方面形成特定条件下的"员工素质",然后通过绩效考核促使员工技能和能力提升以适应外部环境的变化。

3.生态发展

这里的"生态"是指"商业生态"。1993年,美国著名经济学家穆尔(Moore)在《哈佛商业评论》上首次提出了"商业生态系统"概念。商业生态系统是指以组织和个人(商业世界中的有机体)的相互作用为基础的经济联合体。它是供应商、生产商、销售商、市场中介、投资商、政府、消费者等以生产商品和提供服务为中心组成的群体。它们在一个商业生态系统中担当着不同的功能,各司其职,但又形成互赖、互依、共生的生态系统。随着现代数字经济的发展,商业生态系统又有新的变化,还包括一定的个人生产者或创造者,这是从B2B、B2C、C2B再到C2F的发展所延伸出来的生态中新的群体。如同小米,其粉丝庞大,很多好的设计都是从粉丝中来,这无形中让企业外部的群体成了设计者或创造者。

当代某些高科技或互联网企业已经形成了自身的商业生态圈,这些企业原来内部的绩效管理职能已经延伸到了生态圈中,突破了传统的观点,即突破了绩效管理仅仅是组织内部的职能。其主要表现在以下几个方面:

1)通过定义业务标准或运作规范来对商业生态圈内各企业进行绩效控制

处在商业生态圈中的核心企业有权力、有责任对生态圈中的其他企业供应的产品或服务进行监控。核心企业要想进行有效监控，就必须设定相关绩效监控标准。比如：核心企业可进行管理体系审核和保证能力评估。必要时，核心企业根据自己的审核标准可委托有资格的第三方审核机构对供应商进行现场审核。

另外，核心企业还可以对被审核方的财务能力、客户满意度、业务能力、员工能力、服务水平等绩效指标进行调查，审核后形成明确详细的审核报告。

企业应对新开发供应商的样品进行鉴定与验审。对样品的鉴定应有标准，这个标准可以是与国标、行业标准、国家强制性要求相一致的企业标准，或直接采用国标、行业标准等。

2)通过控制生态圈风险来提升生态圈综合治理水平

德勤中国(Deloitte China)发布的《新常态下商业生态圈治理调查报告》(2016)指出，由合作方行为导致的声誉受损和服务中断是企业当前面临的最大风险，在过去的2至3年内，已有逾六成企业曾发生过此类风险事件。随着企业与外部关联方的联系不断加强，越来越多的风险热点聚焦于由外部第三方所引发的监管合规及企业声誉损失。该报告又指出，45%的受访企业表示，企业的最大忧虑是缺乏明确的组织与机制落实相关的风险管控，以及合作方治理与管理的不到位。

如何控制这些潜在风险？其中的解决之道就是在商业生态圈中建立相关风险绩效评价与监督机制，如建立有关风险识别、预警、控制的绩效指标并加以有效管理。

3)通过主体企业优秀业绩评价制度的"溢出效应"来促使生态圈中的企业提升竞争力

溢出效应(spillover effect)是指一个组织在进行某项活动时，不仅会产生活动所预期的效果，而且会对组织之外的人或社会产生影响。商业生态圈中的主体(核心)企业建立并运营优秀业绩评价制度，可通过两种路径来促使生态圈中的企业获益。

第一种是通过"硬约束"，即通过各类产品或服务的业绩、质量标准来影响商业圈中的各类企业。

第二种是通过"软约束"，即通过核心企业优秀的业绩评价制度的传播来影响商业圈中的各类企业。此类情况是指各类企业通过学习、借鉴核心企业的制度优势来提升自身的相关组织能力，从而提升竞争力。

例如，小米手机具有年轻、个性、性价比高的品牌优势。在互联网模式下，小米供应链实施的是拉动式策略，实现的关键因素是能够快速传递信息，缩短提前期。这就必然要求其供应链上的各企业具有快速响应客户的能力，要求企业有快速调整其供应链的能力。

请上网查询有关企业绩效管理案例，挖掘并分析其"聚焦发展"职能是如何发生的，并思考绩效管理对于"商业生态"的发展有何意义。人力资源管理部门应该或是可以做哪些贡献呢？

二、问题导学

【看理论与实践前沿】

【德勤中国 2023 年发布的《企业全球化中的人力资源管理》】：随着中国国内资源禀赋结构的变化和对国际市场需求的增强，中国企业正拥抱新一轮的全球化浪潮。但与此同时，疫情反复、地缘政治风险和贸易摩擦等一系列挑战，促使中国企业必须重塑供应链，加深与全球的融合程度，不仅要让产品和劳务走出去，也要让文化和品牌走出去。作为支撑企业从战略规划到战略目标实现的重要职能之一，人力资源管理对于志在全球化的企业而言尤为复杂且面临挑战。它涉及管控模式、管理机制、全球化人才梯队供给、文化融合，以及数字化信息技术体系支撑和人力数据平台等一系列核心管理议题。对于中国企业全球化营运，以人力资源三支柱运营模式为例，做如下介绍：

(1)专家中心(center of expertise,COE)运营应聚焦优先职责，率先将人力资源全模块基础体系建设工作承接起来，初步起到集团牵引作用，逐步扩充团队，全面承接职责，做到各个人力模块精、专、深。

(2)人力资源业务伙伴(human resource business partner,HRBP)运营选取准备度、成熟度、意愿度最高的试点国家或大区配置 HRBP，开展 HRBP 条线赋能。先以 HRBP 职责要求进行运营，积累经验，为推广做准备，再逐步扩充团队，集团内配置 HRBP，贴近业务，在 COE 专业的方法和工具指导下，快速响应业务，提供人力资源解决方案。

(3)共享服务中心(shared service center,SSC)运营则应集中资源力量，大力推进 HRSSC 建设，快速平稳承接事务工作，投入运营，释放精力，承接咨询服务、本地服务、人事事务处理、运营管理，服务全集团全球人力资源管理事务。

从以上社会与企业前沿实践来看，人力资源管理部门及属下各职能的架构设计随着企业面临的外部市场的竞争变化、企业的发展、业务需求的增加不断变化。企业的绩效管理组织架构与职能也应根据企业所处的行业特性、企业规模、企业战略、企业文化、发展阶段及人力资源管理部门的整体功能等因素进行设计。

(一)问题一：什么是绩效管理职能？其运营模式是什么？

1.绩效管理职能简述

现代人力资源管理之父戴夫·尤里奇(Dave Ulrich)认为，人力资源管理部门要从关心"做了什么"转向关心"做出了什么成果"，工作重心应从过去的过程导向转向为结果导向，即我的工作带来的产出是什么？我为组织创造了什么？为此，他提出了"人力资源管理四象限模型"，如图 1-7 所示。

(1)战略伙伴。战略性人力资源管理者的首要工作就是在组织与业务战略的指引下建立起人力资源管理战略。当 HR 人员参与了业务战略的执行，提出了能够推动战略落地的问题

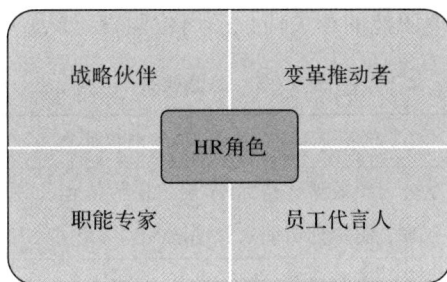

图1-7 人力资源管理四象限模型

并设计出符合业务战略的HR项目时,他们就成为了战略合作伙伴。

(2)HR职能专家。HR职能专家包含两方面的含义:一是确保人力资源流程的效率,二是高效建立并执行激励机制。

(3)员工代言人。对员工的主要贡献是兑现承诺与提高其能力。管理员工的主要工作是倾听员工心声,回应他们的意见,以及设法提供资源以满足他们不断变化的需求。

(4)变革推动者。变革推动者的行为包括识别与界定问题、建立信任关系、解决问题,以及拟定与执行行动计划。

人力资源管理四象限模型得到了世界上各行业中优秀企业的实践,并取了良好效果。人力资源部门转变了角色,就必然导致其职能的转变,绩效管理职能也随之转变。

2.绩效管理职能运营模式概述

绩效管理职能运营模式是指为了高效实现绩效管理职能,企业有关组织结构设置及职能规划等分工协作的制度性安排。

根据目前企业常见的人力资源管理职能的实现路径,可以将绩效管理的部门运营组织架构类型分为两大类:常规模式与"三支柱"模式。

根据责任划分,绩效管理机构分为专业管理机构和虚拟管理机构。虚拟管理机构主要指组织通过制度约束与监控手段对处于组织的供应链或商业生态圈中的其他组织进行控制的机制。以下主要介绍绩效管理职能运营的常规模式与"三支柱"模式。

1)绩效管理职能运营的常规模式

一般而言,公司应根据自身的发展阶段、行业特点、业务区域与人员规模、业务量、组织架构、标杆研究、管理跨度等因素来考虑岗位设置与人员编制安排。传统的绩效管理职能运营架构有的被设置为"人才发展与评价",有的被称作"薪酬与绩效"等。不同企业对绩效管理相关岗位名称的设置不同,如有的企业将其统称为人力资源经理或主管,由其负责绩效管理相关职责。岗位设置有总监或部长、经理、主管、专员或助理等,如图1-8所示。

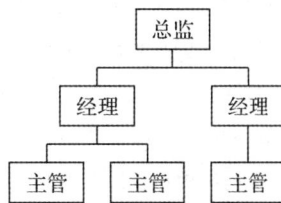

图1-8 绩效管理职能架构设置

下面列出了承担绩效管理职能的相关岗位的岗位职责,如表 1-5 至表 1-8 所示。

表 1-5 总监职责

职责概述	岗位职责
以公司战略为导向,负责设计并优化公司绩效管理体系,评估、监督各部门绩效管理工作,提高公司整体的绩效管理水平,确保员工绩效与公司发展战略相一致	建立公司绩效评估指标库,确定评价流程和评估方法,以及评价结果的应用方案。制定公司绩效管理政策
	审核公司各部门的绩效管理方案,并在各部门之间做好平衡协调
	与公司各部门管理者合作,推动绩效体系的不断升级、迭代,激活组织活力
	搭建符合公司战略的薪酬体系
	通过绩效管理体系及激励政策,引导建立公司核心价值观,塑造企业文化
	向人力资源总经理提供绩效管理的建议和信息支持,为公司人力资源决策提供依据

表 1-6 经理职责

职责概述	岗位职责
指导各部门完成绩效评估,及时发现问题并提供解决方法,提高人力资源管理效率。与其他部门紧密合作,协调资源,提供优质的人力资源服务和支持	监控各部门绩效方案执行情况,关注人才激励机制的执行,改进绩效评价体系
	负责审核月度工资奖金的计算与方法,保证其准确性、及时性
	定期开展对内对外的薪酬调研,协助上司制定核心关键岗位薪酬政策
	在团队内部建立良好的合作氛围。调配工作任务,定期检查工作进展,为下属提供指引和培训

表 1-7 主管职责

职责方向	岗位职责
协助各部门启动年度绩效管理,按照公司时间表推进考核工作,并协助各部门实施评价,进行面谈,根据绩效评价结果实施相应的奖惩措施	与各部门主管共同制定员工的绩效计划,确保绩效目标的合理性和可操作性
	定期组织考核活动,收集汇总各部门考核结果和相关信息,形成报告提交给绩效经理
	协助部门主管进行绩效面谈,确保绩效反馈和绩效辅导按照管理流程正常开展
	对绩效低于预期的员工进行评估,并与相关部门协商,提出培训需求
	参与部门项目性工作的落地
	组织开展新员工试用期考核

表 1-8 专员或助理职责

职责方向	岗位职责
收集、整理与绩效有关的文件档案,在各部门开展绩效管理工作时提供基本服务。提供员工日常考勤、休假数据,协助薪酬计算	收集汇总与绩效有关的数据,确保数据的准确性和安全性,并将数据及时录入绩效管理信息系统,维护绩效管理信息系统
	配合各部门绩效考核工作,协助处理绩效异常或投诉事宜
	负责员工日常考勤、休假,协助计算薪酬
	负责解答员工有关薪酬福利及绩效政策的咨询

2018 年,华为公司将人力资源部拆分成"HR 部"和"总干部部",在业内引起很大的反响。此举不仅将核心人员的培养提升到了更高的层面来管理,同时也将核心人员的业绩评价、个人职业发展评价等工作拆分出来。

请思考:华为为什么要拆分 HR 部门?查找有关资料,与同学分享你的发现与思考。

2)绩效管理职能运营的"三支柱"模式

随着人力资源与组织发展功能在企业营运与发展中的重要作用不断加强,人力资源管理部门的名称也在变化,如谷歌(Google)将其称为 People Operations Dept.(人才营运部)、爱彼迎(Airbnb)将其称为 Employee Experience Dept.(员工体验部)等,相应的职能也在变化。与此同时,绩效管理的有关职能组织架构也在变化。这就是在 HR 领域中大放异彩的"三支柱"模式架构。该架构实质上是前面提到的"人力资源管理四象限模型"在组织中的具体落地。

(1)"三支柱"模式架构。

Dave Ulrich 于 1996 年提出 HR"三支柱"模型,该模型传入我国后,部分规模企业,如腾讯、华为、阿里等以此改造了自身的 HR 部门架构和职能。其主要的理念就是以业务和客户为导向,赋能业务和服务客户,如图 1-9 所示。

①人力资源领域专家(center of expertise,COE)。其专注核心专业体系设计、咨询和研发,关键角色是战略家、人力资源专家、研究者。

②共享服务中心(shared service centre,SSC)。其专注为业务部门提供高效的日常行政基础服务,关键角色是专业服务提供者、员工贴心人、效率专家。

③人力资源业务合作伙伴(HR business partner,HRBP)。作为 HR 与业务的连结点,其专注为业务部门提供各个 HR 模块的专业服务,关键角色是战略和文化大使、业务导向的咨询师、员工代言人、变革管理者。

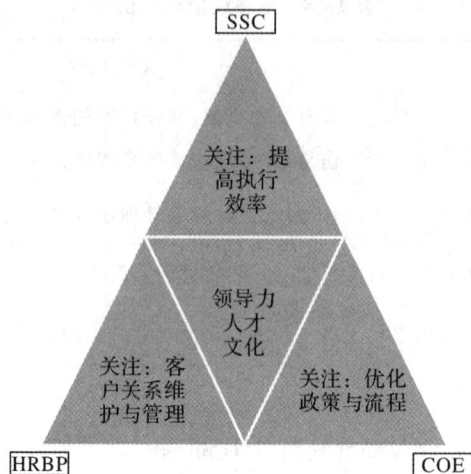

图 1-9　HR"三支柱"模型示意图

人力资源部门一旦按此改革后,绩效管理的部门架构和职能也相应发生变化。表1-9列出了某大型集团公司按"三支柱"模型设置的绩效管理相关职责。

表 1-9　HR"三支柱"下绩效管理职责分工

HR"三支柱" 模块工作	COE	SSC	HRBP
绩效管理	牵头组织绩效管理业内绩效管理最优实践,研究绩效评估方案	绩效评估信息系统	参与业务的关键绩效指标设定、绩效考核与评估落地实施、定制化绩效评估方案设计

请阅读并思考:腾讯的 HR 部门架构设计为什么符合其战略? 实施新的架构后,其面临的挑战是什么?

(二)问题二:什么是利益相关者视角的绩效管理职能?

人力资源部门需要重新定义其理念。人力资源管理的意义在于能够为组织创造多少价值,为利益相关者提供多大价值。本书专题提出,应从利益相关者视角理解人力资源管理、绩效管理职能。为什么这么做? 这需要同学们思考人力资源管理的使命,即人力资源管理的价值是什么? 它的客户在哪? 它能创造怎样的价值并且如何为组织创造价值? 这些核心问题如果不解决,人力资源管理所有工作将失去意义。

请思考:如果你是公司绩效管理的实施者,哪些人会影响你的工作结果? 如何才能赢得他们的支持和配合? 怎么向组织及不同人员营销和宣传我们的工作? 要回答以上问题,就必须先了解绩效管理有哪些利益相关者,以及在他们眼中对你承担的职能工作关注点是什么。下面将选取最主要的利益相关者分别讨论。表 1-10 列出了不同利益相关者及其关注点。

表 1-10 利益相关者与绩效管理职能

利益相关者	关注点	
	利益相关者视角的绩效管理职能重点和关注点	对绩效管理职能运作的影响程度
公司总经理	公司是否建立了与企业战略发展相匹配的绩效管理目标体系?	★★★★★
人力资源总监	公司的绩效管理系统是否建立和完善? 员工工作目标的设定、考核与激励是否符合业务的需求?业务部门认可吗? 是否符合财务预算目标? 与标杆企业相比,实施绩效管理制度的效益、效率如何?	★★★★☆
业务管理者	员工工作目标的设定,是否匹配部门整体业务目标? 绩效管理实施是否有利于员工个体成长? 绩效管理实施是否优化部门人员配置? 对业务部门完成工作任务的支撑作用是什么? 绩效管理效率是否高?	★★★★
员工	工作目标设定是否符合我的岗位?是否合理? 完成工作目标需要哪些资源?如何获得支持? 是否有利于我的个人成长?	★★★
企业生态链	是否可以享受到有效、有用的提升自身技能的机会,从而促进员工能力提升,增强企业整体竞争力? 是否可以便捷地获得相关能力提升,增加企业联盟的整体竞争力?	★★
政府监管者	有关企业的培训与开发活动是否在法律、法规的范围内运作?是否符合当下国家所倡导的理念和方向? 是否有助于提升本地员工的职业、就业竞争力? 有关培训与开发活动是否可以带来有效的社会生产力的提升?	★★

请思考并讨论:分析以上问题的意义何在?

只有利益相关者获得了共赢,企业才能生存与发展。国家"一带一路"倡议及行动的深入推进,势必会促进中国企业人力资源管理国际化发展,在人力资源管理领域势必会加强跨文化交流与沟通,中国企业在所在地采取本地化策略时,势必要加强文化、制度、员工关系、商业运作等项目的本地化运作,这就要更加注意利益相关者的界定与关注。

(三)问题三:绩效管理的管理者应该具备什么样的能力素质?

吉姆·柯伦斯(Jim Collins)在《从优秀到卓越》一书中说过这么一句话:"战略规划本身并不能将卓越的公司与对照组的公司(普通公司)区分开来,卓越的公司与普通的公司都拥有战略……战略是否得到有效的实施,是将卓越公司与普通公司区分开的重要标准。"

战略的实施离不开绩效管理,因为绩效管理的本质就是为了保证组织战略和经营目标的达成,同时不断提升员工能力——达到上接战略,下接人才管理的目的。

从以上观点中可以获得什么呢?至少有一点:为实现绩效管理上接战略,下接人才管理目标,就必然要对从事绩效管理的专业人员提出新要求。也就是说,从事绩效管理的专业人员需要拥有什么素质才能胜任其专业工作。

在现实中,对绩效管理者与人力资源管理者的能力和素质要求大多有重叠。广义来说,绩效管理者包括公司决策层、战略规划人员、财务管理人员、人力资源管理人员等。在本书中,绩效管理者特指从事绩效管理工作的人力资源管理人员。

在讨论绩效管理者应具备什么样的能力素质前,需先了解绩效管理者的职业角色。

在现代企业中,绩效管理者应扮演四类角色。

(1)战略伙伴。绩效管理者应成为高层经理和直线经理在战略执行过程中的合作伙伴,在组织发展、人才培养、人才储备、组织文化方面的战略咨询师。

(2)员工代言人。绩效管理者应了解员工的状况和心声。作为公司与员工的桥梁,绩效管理者应促使员工提高对公司的投入度和创造价值的能力。

(3)变革推动者。绩效管理者应以坚定的信心和强大的能力,成为公司持续变革、创新的推动者,通过流程重组和文化再造来增强公司的变革与创新能力。

(4)事务管理专家。绩效管理者应成为提供包括员工在内的内部客户各项服务的专家,通过提供高效的行政服务支持,在保证质量的前提下尽可能降低成本。

绩效管理者要在当今的商业社会施展能力为组织创造价值。第一,必须了解业务,洞察组织的发展前景。第二,要将自身的绩效管理策略、计划与组织战略有效链接起来,赋能组织。第三,应建立与业务经理有效沟通的关系,赋能业务。第四,要为组织内部员工、外部生态圈合作伙伴提供相关目标设定、分解、执行和控制等专业服务,从而为组织创造价值。

以上分析了绩效管理者在当今组织中应当承担的任务和扮演的角色。为了有效承担起这样的任务和扮演好角色,他们应当具体什么样的素质呢?

了解了绩效管理的三大职能特征后可知,绩效管理的本质是"服务化"——服务员工、服务业务、服务客户、服务伙伴。绩效管理的"服务化"主要体现在绩效管理者的思维意识与专业能力两方面。思维意识是先行因素,专业能力是思维意识的体现。

(1)进化思维、用户思维、迭代思维、创新思维。根据波特的价值链理论,人力资源管理各职能属于辅助因素,必须支持业务链目标的达成。从本质上讲,人力资源管理工作是服务"内部客户"的工作,服务员工、服务业务。随着数字经济的到来和市场竞争的加剧,没有用户思维的企业不可能获得长期发展。同样,没有用户思维的辅助支持职能是不可能将本职工作做好的,也不能得到"内部客户"的认可。同时在不确定性环境下,现代企业必须拥有快速响应市场的意识和能力,这就必然回溯其辅助支持部门拥有快速响应业务的意识和能力。

(2)锻轧能力。锻轧能力指敏捷制造、快速交付、共创共享。有了服务的意识,还必须有服务的能力。在当今数字经济日新月益的情景下,快速响应客户需求,敏捷设计、制造和交付成果成为企业致胜的核心竞争力之一。同样,绩效管理职能工作的成效体现在快速响应业务和员工需求,敏捷设计、制造和交付绩效管理项目给内外部特定客户,并倡导和建立企业内部共创、共享的绩效管理文化。

随着技术的发展和新生代的崛起,绩效管理功能需要不断演化,其在组织中的战略地位不断提升。需要人力资源管理者学习营销和制造系统,借鉴互联网思维。思维训练应特别注重以下能力素质的锻造:

①功能"前向化",训练用户思维与极致思维。人力资源管理者要研究分析组织的战略目标、价值链等。

②产品"后向化",训练体验思维与迭代思维。人力资源管理者要培养客户营销意识、产品快速迭代与营销能力。内容是基础,精准定位客户端,方能做到精准施策。

③内容为王,训练设计思维与跨界思维。人力资源管理者要有产品与内容意识,应能制定有效的战略目标和绩效评价技术机制等。同时应该具备多学科知识和商业思维,更重要的是了解业务的运作和业务经理的"痛点",并知道如何通过目标设定、战略分解、指标确定、人员评价等帮助他们解决问题。

人力资源管理者要有业务思维、客户思维和产品思维,要像市场营销一样营销培训与开发项目,为此,必须分析组织内、外环境与自身的优劣势,然后制定自身的战略规划。这方面,可以借鉴战略及营销管理工具,如 PEST、SWOT、波特的竞争战略及"五力"模型、价值链分析、平衡计分卡及战略地图等工具。图 1-10 所示为绩效管理战略规划过程。

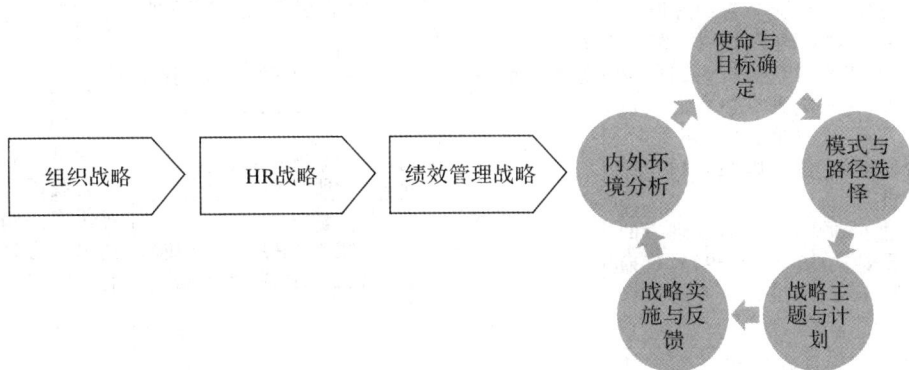

图 1-10 绩效管理战略规划

能力素质是员工取得成功所需的知识、技能、能力及素养。它们回答了这样一个问题:在职业培训与发展中,一个人需要了解什么,需要怎样做才能满足岗位的要求。具体来说,一名优秀的绩效管理者应该具备以下知识结构和能力素养:

①战略规划、公司治理等方面的知识。

②预算管理、财务管理、目标管理等方面的知识。

③绩效评价的专业技术和方法。

④人力资源管理各模块的基本知识和技能。

⑤所在行业的一般共性的专业技术、业务知识，以及行业发展方面的知识和信息。

⑥人际交往能力与书面表达技能、创新意识以及严谨、认真的工作作风等。

⑦作为一名管理者应该具有的其他能力，如管理团队、辅导下属等。

三、业务决策者的责任

（1）了解绩效管理的职能特征，以利于就具体绩效管理工作与 HR 专业人员进行协商沟通。

（2）明确、坦诚且公开地表明实现绩效管理职能的期望。

（3）具体负责本部门绩效管理项目的谋划，包括绩效计划的制订、指标与权重确定、考核时间、绩效考核结果运用等。

（4）了解员工绩效考核的基本流程和需求，鼓励员工积极提升自己。

【学习小结】

关键能力/技能	能设计简单的绩效管理机构（部门）的职能、组织架构□ 能设计简单的绩效管理计划、基本流程□ 通过案例学习和思考，能提出解决问题的基本思路，培养基本的发现、分析和解决问题的能力□		基本知识	职能特征——战略制导 职能特征——业绩驱动 职能特征——聚焦发展	自我回顾所学，然后在教材中找到支持"关键能力/技能、核心素养和必备知识"的相关内容。对于相关学习目标的掌握程度进行自我评价。评价完后请在左边的小方框□中打上"√"
核心素养	通过学习绩效管理职能特征，学会正确把握与平衡组织、部门、个人业绩发展的关系，培养全局观和全面看问题的意识□ 理解绩效管理的"指挥棒"作用，促使我国企业提高国际竞争力，为中华民族伟大复兴做出贡献，同时培养"胸怀祖国，放眼世界"的前瞻眼光和开阔视野□ 通过学习领会对绩效管理者的素质要求，培养尊重规律、严谨的科学精神，提升个人的综合素养□	模块二：绩效管理职能	问题导学	问题一：绩效管理的部门运营及其职能 问题二：利益相关者视角的绩效管理职能 问题三：绩效管理的管理者应具备什么样的能力素质	
必备知识	实际工作过程与理论学习情景□ 绩效管理的规划、年度计划及职能特征□ 绩效管理主管机构的职能及利益相关者视角的职能期望□ 绩效管理者应具备的素质□				

【看企业实际运作】

腾讯的 HR"三支柱"体系之中的绩效管理架构与职能运作

2010 年,为了更好地落实企业的战略目标,腾讯正式建立了 HR 管理的"三支柱"组织架构,即人力资源专家中心(center of expertise,COE),共享服务中心(shared service center, SSC),和人力资源业务合作伙伴(HR business partner,HRBP)。2014 年 SSC 升级为 SDC。

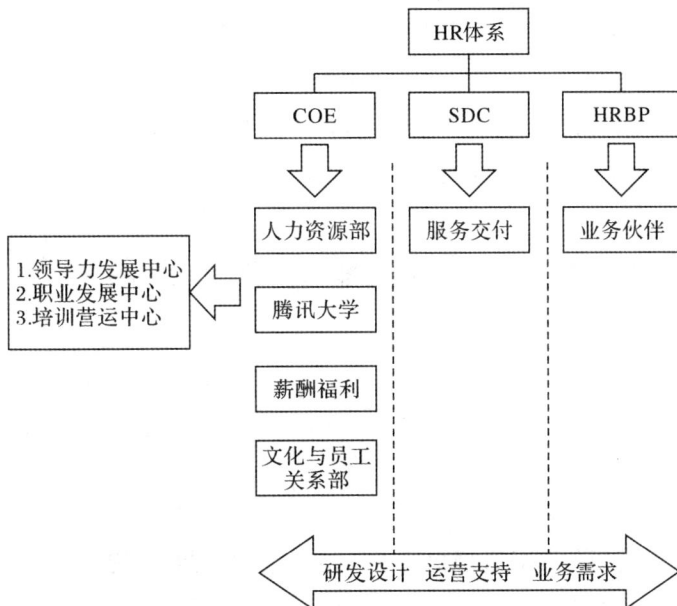

图 1-11　腾讯的 HR"三支柱"

(来源:陈伟,《腾讯人力资源管理》,2018。)

理论链接实践指引　→　人力资源管理部门如何做好"产品"营销?

人力资源管理制度的高效建立与实施离不开 HR 部门利益相关者的支持与认同。比如,如何将 HR 部门的"产品"绩效管理制度让业务部门接受并有效执行下去,对于 HR 部门来说是一个挑战。做惯了服务支持工作的 HR 人员大多缺乏市场营销思维和行动力。HR 专业人员要学会营销,要以主动、前瞻的意识向业务部门推销自己的"产品或服务"。这样才能传播优秀文化,推广最佳实践,提升自己内外影响力,更重要的是赢得业务部门工作支持,从而使 HR 部门的各项政策、制度有效落实。以下是笔者的建议:

1.注重沟通,尊重业务部门

注意在制度酝酿、制定、试点、实施、反馈、修订等全链条加强与业务部门的沟通与交流。忌讳"生搬硬套"或"闭门造车"。

2.制度实施时间上要注意与业务部门的经营活动协调

当销售部在销售旺季奋力拼搏赚钱的时候,把他们拉回办公室让填表,他们是坐不住的,而且耽误了企业的销售进度。所以要想办法解决此类问题,如借助数字化技术网络提升工作效率等。

3.营销你的制度"产品"

比如,给某个拟推广的项目取个时尚易记的名字,找出制度试点的单位或员工业绩提升、态度转变、能力加强等实证案例等措施。

模块三　实训、探究与成效检验①

【实训操作与成效检验】

一、关键能力提升

上网查询任一家公司的绩效管理部门或功能组别的职能、架构、岗位设置和职责等,并在课堂中进行讨论。讨论重点如下:

(1)是否符合公司总的人力资源管理战略?

(2)是否与公司的竞争战略相匹配?

领导力大师库泽斯和波斯纳的《领导力》(*The Leadership Challenge*)一书是享誉全球35年,影响领导学发展的经典著作。他们通过近40年的研究和对几千个领导者案例的分析,提炼的卓越领导的五种行为和十个承诺,已经成为全球领导者发展领导力的操作系统和黄金标准。

小组进行讨论:

(1)举出企业或其他组织的例子来说明以下五种行为和十个承诺的现实呈现。

(2)作为现代企业的人力资源经理与业务经理们,如何提升自己的领导力?

(3)找出哪些领导力与组织绩效管理的实践最有影响,并进行分析。

---

① 本模块的设计思路:结合应用型本科的特点,以社会、企业所需的素质要求,以及大学本科国家质量标准(人力资源专业),回溯设计训练内容。这些训练内容具有理论与实践兼顾的特点,目的是让学生在学校里培养这些素质,以达到大学本科毕业的素质和社会的要求,同时也为学生就业做准备。

卓越领导五种习惯行为与十项承诺

五种习惯	十项承诺
以身作则	1.明确自己的价值观,找到自己的声音 2.行动与共同的价值观保持一致,为他人树立榜样
共启愿景	3.展望未来,想象令人激动的、崇高的各种可能 4.描绘共同愿景,感召他人为共同愿望奋斗
挑战现状	5.通过积极主动和从外部获取创新方法来猎寻改进的机会 6.进行尝试和冒险,不断取得小小的成功,从实践中学习
使众人行	7.通过建立信任和增进关系来促进合作 8.通过增强自主意识和发展能力来增强他人的实力
激励人心	9.通过表彰个人的卓越表现来认可他人的贡献 10.通过创造一种集体主义精神来庆祝价值的实现和胜利

(资料来源:库泽斯,波斯纳.《领导力》第 6 版.)

二、核心素养培养

（1）访问一家公司,对该公司的绩效管理工作进行资料查阅、网络查询、现实观察、专项访问等,结合所学理论知识（包括但不限于本书）,就所感所悟写一篇 800～1000 字的调查报告。

（2）观点辩论。就以下观点先思考,必要时查阅资料,然后与同桌或同学进行对话、讨论,甚至辩论。

观点:绩效管理工作只须做绩效考核工作就可以了。

三、必备知识巩固

（一）单选题（选出你认为的最佳选项）

1. 价值链是由哪位提出的?（　）

A. Peter F. Drucker　　B. Michael E. Porter　　C. Jack Welch　D. Doctor Ansoff

2. 以下关于绩效管理业务的责任,错误的是（　）。

A. 对员工进行绩效辅导　　B. 对员工进行绩效评估

C. 制订员工绩效计划　　D. 为员工提供绩效帮助

（二）多选题（选出至少两项你认为合适的选项）

1. 从用户思维角度,"绩效管理"的客户包括（　）。

A. 公司总经理　　B. 公司销售经理　　C. 公司送货员

D. 公司保安　　E. 人社局工作人员

2. "绩效管理"面临的挑战有（　）。

A. 不确定性世界直接影响到企业对培训需求的精准把握以及员工素质的更迭。

B. 如何让新生代产生内驱力全心投入组织设计的培训与开发活动中,更快、更高效地提升自身的能力。

C. 如何在新技术飞速发展的背景下,培训与开发精准施策,从而提升员工的核心竞争力,增强员工职业安全感。

D. 新的商业模式、新的商业生态要求组织具有超级能力、超级团队和超级员工,这种趋势给组织的培训与开发带来重大的挑战。

E. 新生代员工具有易变性职业生涯,忠诚度降低,培训与开发在组织投入与回报上存在着风险。

【课外修学与我的探究】

一、悦读秒扫

(一)课外悦读

卓越绩效评价准则

(GBT 19580—2012)

《卓越绩效评价准则》国家标准于 2012 年 8 月 1 日正式实施。适用于追求卓越绩效的各类组织,为组织追求卓越绩效规定了自我评价的准则,也可用于质量奖的评价。

《卓越绩效评价准则》是质量奖评审的依据,是国家质量奖励制度的技术文件。制定这套标准的目的有两个:一是用于国家质量奖的评价;二是用于组织的自我学习,引导组织追求卓越绩效,提高产品、服务和经营质量,增强竞争优势,并通过评定获奖组织、树立典范分享成功经验,鼓励和推动更多的组织使用这套标准。

GBT 19580—2012 与 ISO 9000 的关系

ISO 9000 标准是质量管理体系标准,是符合性标准,目的是为了证实企业有能力稳定地提供满足顾客和适用法律法规要求的产品。而《卓越绩效评价准则》对企业提出了更高的要求,为企业提供了追求卓越绩效的经营管理模式,为参评国家质量奖和企业自我评价提供了依据。它用量化指标(1000 分)平衡地评价企业卓越经营的业绩,是评价企业卓越绩效成熟度的标准。兼容了 ISO 9001 和 ISO 9004(详见国标 GBT 19580—2012 全国标准信息公共服务平台)。

卓越绩效评价准则的理念和做法对于人力资源管理部门谋划、建立与实施企业的绩效管理制度具有很好的学习和借鉴价值。让人力资源管理者从公司整体层面、业务的角度审视绩效管理,帮助人力资源管理部门制定的绩效管理规章更具科学性和实用性。

(二)行业了解

中国人力资源开发研究会

(三)前沿话聊

经理们的绩效领导力——GROW 模型

1.定义

GROW 的意思是成长,帮助员工成长。

G(goal setting):确认员工业绩目标;包含在日常工作生活中的单一事件性目标。

R(reality check)：现状，要搞清楚目前的现状、客观事实；寻找动因。

O(options)：寻找解决方案。

W(way forward)：What？ When？ Who？ Will？ What should be done？ When by who does the will exist to do it？ 代表制订行动计划和评审时间。

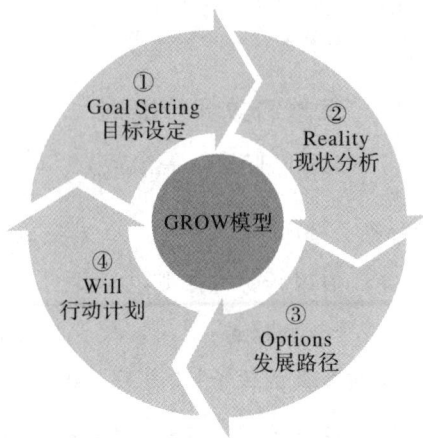

2.内容

GROW 代表辅导的一个程序。要向员工清晰陈述你的谈话目的，不要让员工觉得云里雾里。

第一，"G"(目标)，教练通过一系列启发式的问题帮助被辅导者找到自己真正期望的目标。

第二，"R"描述发现的问题，要求员工分析原因，避免盲目下结论，设身处地地倾听。

第三，"O"是解决方案，最重要的是要询问员工对问题的看法以及解决方案；通过提问鼓励员工创造性思考，如"还有没有更好的做法？"

第四，"W"与员工一起商讨行动计划，制定下一次的时间，感谢员工并表达你对他的信心。

(资料来源：百度百科)

二、我的探究

(1)回顾课前"带着问题来课堂"中提出的问题，学习完本章后，我的思考是＿＿＿＿＿＿

＿＿＿＿＿＿＿＿＿＿＿＿＿＿＿＿＿＿＿＿＿＿＿＿＿＿＿＿＿＿＿＿＿＿＿＿。

(2)回顾"项目工作场景"，我的收获是＿＿＿＿＿＿＿＿＿＿＿＿＿＿＿＿＿＿＿＿。

(3)学习本项目后，我想与老师或同学们探讨的问题是＿＿＿＿＿＿＿＿＿＿＿＿。

(4)经过我的社会实践，我提出的观点是＿＿＿＿＿＿＿＿＿＿＿＿＿＿＿。

每位同学填写好以上"我的探究"后,建议与同学们分享。

思考可以与他人讨论

收获可以当众分享

问题可以与同学共商

观点可以与他人交换

项目二
绩效管理的实务基础

【本项目知识图谱】

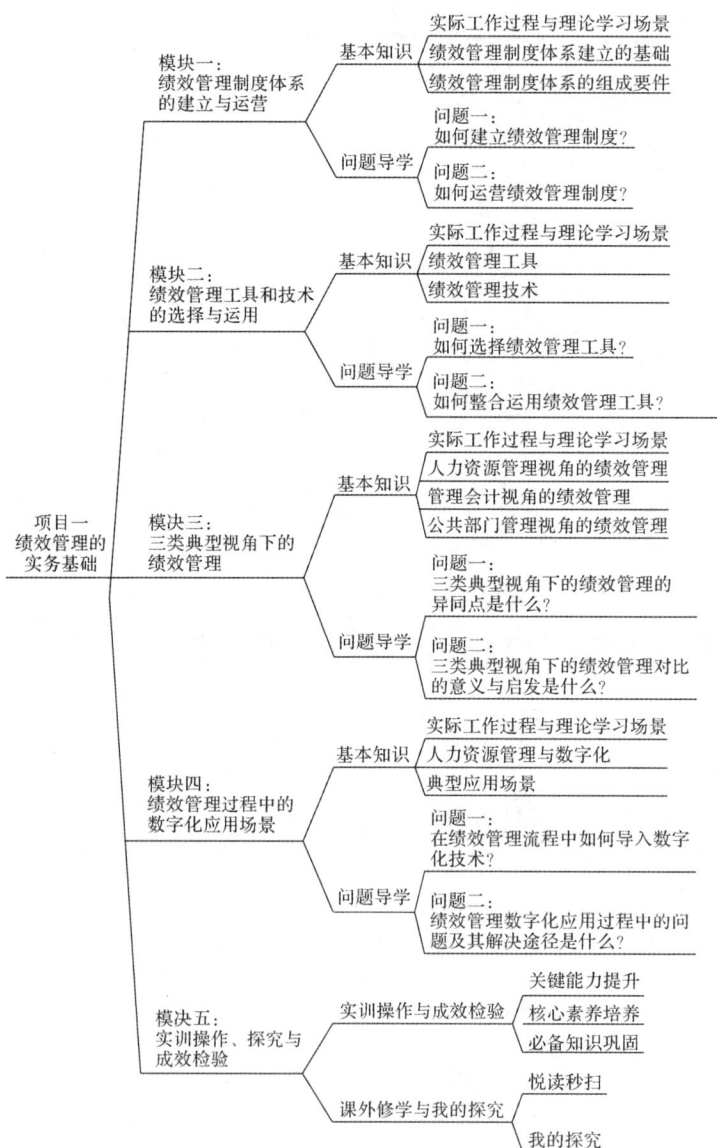

项目一
绩效管理的
实务基础

模块一：
绩效管理制度体系
的建立与运营
- 基本知识
  - 实际工作过程与理论学习场景
  - 绩效管理制度体系建立的基础
  - 绩效管理制度体系的组成要件
- 问题导学
  - 问题一：如何建立绩效管理制度？
  - 问题二：如何运营绩效管理制度？

模块二：
绩效管理工具和技术
的选择与运用
- 基本知识
  - 实际工作过程与理论学习场景
  - 绩效管理工具
  - 绩效管理技术
- 问题导学
  - 问题一：如何选择绩效管理工具？
  - 问题二：如何整合运用绩效管理工具？

模块三：
三类典型视角下的
绩效管理
- 基本知识
  - 实际工作过程与理论学习场景
  - 人力资源管理视角的绩效管理
  - 管理会计视角的绩效管理
  - 公共部门管理视角的绩效管理
- 问题导学
  - 问题一：三类典型视角下的绩效管理的异同点是什么？
  - 问题二：三类典型视角下的绩效管理对比的意义与启发是什么？

模块四：
绩效管理过程中的
数字化应用场景
- 基本知识
  - 实际工作过程与理论学习场景
  - 人力资源管理与数字化
  - 典型应用场景
- 问题导学
  - 问题一：在绩效管理流程中如何导入数字化技术？
  - 问题二：绩效管理数字化应用过程中的问题及其解决途径是什么？

模块五：
实训操作、探究与
成效检验
- 实训操作与成效检验
  - 关键能力提升
  - 核心素养培养
  - 必备知识巩固
- 课外修学与我的探究
  - 悦读秒扫
  - 我的探究

【带着问题来课堂】

在上课前，我自主预习了本章知识。通过我的思考，我发现的问题是

- - - - - - - - - -
- - - - - - - - - -
- - - - - - - - - -
- - - - - - - - - -
- - - - - - - - - -
- - - - - - - - - -
- - - - - - - - - -
- - - - - - - - - -
- - - - - - - - - -
- - - - - - - - - -
- - - - - - - - - -

【项目的工作场景】

上接项目一的工作场景。话说国内某中大型民营高科技企业"小豆"公司的 HR 总监雷某,上任以来在公司绩效管理的建立与实施过程中遇到了四项难题。经过一番努力,他和他的团队解决了这些难题。但他又遇到新的挑战,于是他又陷入了思考……

问题:

1.如何建立一套既具有战略导向又符合公司实际的绩效管理制度?

2.面对众多绩效管理工具,如何选用?

3.人力资源管理部门主导的绩效管理,如何与财务部门主导的全面预算制度相协同?

4.数字化时代背景下,内部、外部环境多变,绩效管理如何适应变化?

模块一 绩效管理制度体系的建立与运营

【学习目标】

关键能力	能够撰写基本的企业绩效管理制度文本; 能够发现并分析实践中遇到的绩效管理的问题,能提出解决这些问题的思路; 在小组学习讨论中,具有一定的团队协作能力、独立思考能力与表达能力
核心素养	通过分析中国企业实际绩效管理问题,明确制度的建立与完善对于我国企业提升国际竞争力的作用与意义,坚定发展的信念; 通过了解绩效管理制度基础,对不同绩效管理制度进行对比分析,培养学生全面、审慎与创新地看问题的意识
必备知识	理解绩效管理制度的含义、建立的基础以及组成要件; 掌握制定绩效管理制度的流程及注意事项; 掌握实施绩效管理制度的流程,发现实施过程中的问题,提出解决方案

一、基本知识

"卒未亲附而罚之,则不服,不服则难用也;卒已亲附而罚不行,则不可用也。故令之以文,齐之以武,是谓必取。"

——《孙子兵法·行军篇》

成功的组织,必须有适宜的制度,同时贯彻和执行好制度。以适宜的制度选拔人才、任用人才、约束人才、激励人才。

本模块聚焦绩效管理制度的建立与运行。懂得建立一套适宜的绩效管理制度是同学们将来进入企业或其他组织从事人力资源管理工作必备的技能,同时执行好制度也能够体现一名优秀人力资源管理者的综合能力和素质。

(一)实际工作过程与理论学习场景

1. 实际工作过程

如同【项目的工作场景】中所述的雷某,在解决了项目一中的难题后,他又遇到了新的难题。作为一名人力资源管理者,在真实工作场所中,按"事前—事中—事后"的逻辑思路,他的工作思路应为:制定制度前应该完成哪些基础工作;正确理解绩效管理制度体系的内涵;制定绩效管理制度的流程与步骤是什么;如何高效地推行绩效管理制度;正确选择与应用绩效管理技术与工具。如图 2-1 所示[虚线箭头框中的内容是指下一个(或并行)工作步骤,在下一模块中讨论。本书下同]。

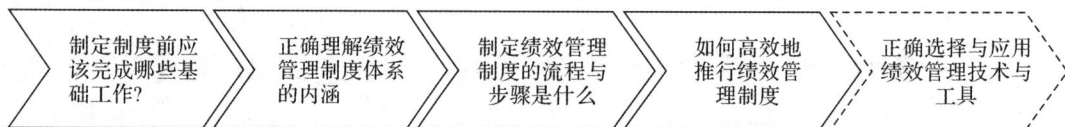

| 制定制度前应该完成哪些基础工作? | 正确理解绩效管理制度体系的内涵 | 制定绩效管理制度的流程与步骤是什么 | 如何高效地推行绩效管理制度 | 正确选择与应用绩效管理技术与工具 |

图 2-1 项目实际工作过程

2. 理论学习场景

学习过程中请注意"工作过程与学习场景"矩阵(见表 2-1)。该矩阵表明了学习内容知识点与工作过程中场景的链接点。"√"表示表格纵向的学习内容知识点是支持横向对应的工作过程场景的。请注意在学习过程中有意识地进行思考,并有意识地在社会实践中检验、练习。

表 2 - 1　工作过程与学习场景矩阵

学习场景		工作过程			
		制定制度前应该完成哪些基础工作	正确理解绩效管理制度体系的内涵	制定绩效管理制度的流程与步骤是什么	如何高效地推行绩效管理制度
一、建立绩效管理制度体系的基础	1.绩效管理制度体系的含义 2.绩效管理制度体系的基础	√	√		√
二、组成绩效管理制度体系的要件	1.战略制导的绩效管理制度 2.绩效管理制度体系的组成要件	√	√	√	√
三、如何建立绩效管理制度	1.组织机构设置及责任划分 2.绩效管理制度建立的步骤及流程 3.不同类型企业绩效管理制度的特点			√	√
四、如何运营绩效管理制度	1.推行绩效管理制度的基本流程 2.推行绩效管理制度中的主要问题及解决思路 3.绩效管理制度的修订			√	√

(二)绩效管理制度体系建立的基础

1997 年,在《华为基本法》的起草过程中,有人问任正非:"人才是不是华为的核心竞争力?"任正非答道:"人才不是华为的核心竞争力,对人才进行有效管理的能力,才是企业的核心竞争力。"这里所指的"有效管理"就是要建立一套适宜的制度进行管理。实际上,华为的成长史就是一部适宜先进企业管理制度建立、实施和完善的历史。

组织要发挥绩效管理的强大作用,首先要建立一套适宜的绩效管理制度。那么,管理者在着手建立绩效管理制度前应该思考什么呢? 答案是从理念认识和制度基础两方面入手。

下面是笔者的真实企业经历。

某年,笔者作为中外合资集团公司的地区公司 HRD,准备将集团推行的 BSC 体系在地区合资公司中进行本地化后实施。在建立新制度前笔者与一名业务总监沟通。经过一番说明后,他说,这是你们人力资源管理部门主导的事,你们负责制订,我们执行就行了。

完成业务部门走访后,笔者向总经理汇报情况,总经理提出了几个问题:咱们公司的信息系统对于 BSC 的各项绩效过程与结果信息的采集,是否满足实施 BSC 的条件? 咱们公司先前运作的 KPI 考核体系如何变革? 如何与财务部门的预算考核进行协调? 员工是否明确改革的好处? ……

与总经理沟通后回到办公室,笔者好好地整理了思路,与本部门员工开会沟通,确定了建立新制度前必须要检视的各项工作计划……

请思考,这项工作计划要考虑哪些内容?

---

1. 绩效管理制度体系的含义

大多数同类型书籍将绩效管理制度体系等同于绩效管理制度,为了让同学们对于绩效管理制度体系有全面的认识,本书将绩效管理制度体系定义为组织为实现其战略目标建立起来的一系列关于目标确定、执行、评估、反馈与调整等的制度总和。绩效管理制度体系如图 2-2 所示,它主要包括以下两方面的内容。

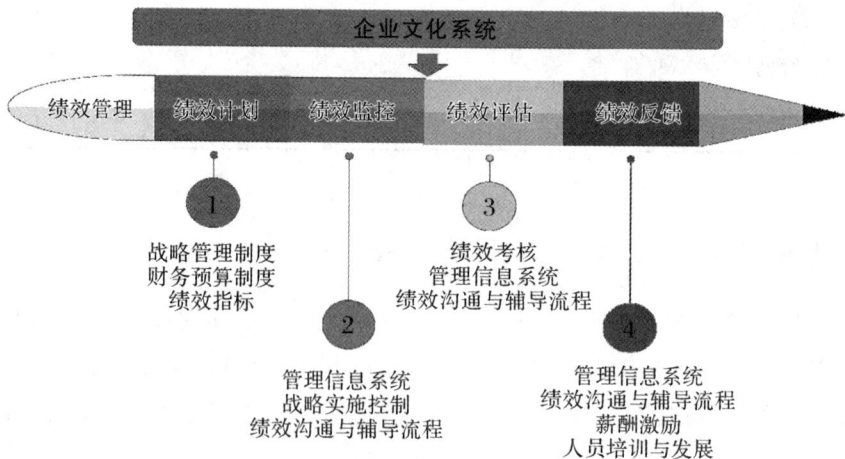

图 2-3 绩效管理制度体系

　　一是绩效管理制度本身,即主要针对绩效计划、绩效监控、绩效评估和绩效反馈的制度性安排。

　　二是支持或协助绩效管理制度有效实施的有关制度,例如信息管理系统、战略管理制度、财务预算制度、管理人员任职资格制度、人员晋升发展制度、绩效奖惩制度等。

2.绩效管理制度体系的基础

　　“磨刀不误砍柴功。”在正式建立绩效管理制度体系之前,必须明确制度建立的基础条件有哪些,了解这些基础条件是如何影响绩效管理制度体系的。首先讨论绩效管理的基本理念。

　　1)基本理念

　　以笔者多年的企业实战经验来看,许多企业花了大量时间与成本建立与实施绩效管理,但实施效果并不好,甚至出现业务经理与一线员工怨声载道的情况。其主要原因是管理层关于绩效管理的基本理念存在误区,基本理念有误,方向与措施必然出问题。基本理念的误区主要包括以下几方面:

　　误区一:绩效管理只是人力资源部门的事。绩效管理是人力资源管理部门的职能之一,但认为绩效管理只是人力资源管理部门的事,就大错特错了。许多员工包括管理层都有这个误区,导致实施绩效管理制度的阻力很大,表现为高层不重视、部门不参与、员工不配合的“三不”现象。事实上,绩效管理是所有部门、全体员工的事,各级管理者是绩效管理的第一责任人,人力资源管理部门是绩效管理制度的建立者、协调者和主要推动者,是绩效管理的参谋咨询角色。

　　解决这一误区的主要途径,主要集中在以下五方面:

　　一是高层或决策层正确认识绩效管理,同时提供强大支持。

　　二是 HR 加强宣传绩效管理,加强与员工沟通,并对员工搞好培训。

　　三是公司不断提升业务经理的管理能力。

　　四是公司建立和倡导匹配组织发展的绩效文化。

　　五是人力资源管理部门要持续提升自身的专业能力。

　　误区二:绩效管理就是绩效考核。在实施绩效管理时,相当多的公司流于形式,以为绩效管理就是年终填填考核表,考核目的只是为了发奖金。实际上,绩效管理涵盖了从目标设定、沟通交流、过程监控与指导、绩效考核、结果评价与运用等多个环节,绩效考核仅仅是绩效管理过程中的一个环节。绩效管理是实施公司战略的强大工具,是促使管理者和员工提升工作能力的推动器,是营造优秀企业文化的重要抓手。

　　误区三:误用标杆,生搬硬套。在当今时代背景下,理论与实践不断创新,国内外优秀企业都建立并实施了适合自身的绩效管理制度,并取得了较好的效果。于是国内企业竞相模仿行业内标杆企业的做法,甚至生搬硬套,结果可想而知,效果不好。

对于开始建立绩效管理制度的企业,进行有效的借鉴、学习或模仿确实会带来好处,可是不顾自身实际情况的邯郸学步,最终无法达到有效的绩效管理。对此,人力资源管理部门应该承担起专家角色,以专业的能力、前瞻的眼光和务实的态度,对各种绩效管理的理念、工具、措施等进行科学的综合对比,辅以对企业实际情况的调查研究,方能提出适合自己企业的绩效管理思路。

误区四:忽视直线经理的人事相关能力。"他业务做得好,所以得到晋升。"事实上,相当多企业的业务管理者是从业务一线晋升而来的,缺乏相关人事管理能力。同时,企业也疏于对业务管理者进行相关人事管理必备能力的培训与考核,比如怎样与下属进行绩效面谈沟通、如何设计考核指标、如何正确辅导下属等这些重要的人事管理能力。

各级管理者对绩效管理是否具备正确的认知与必备的能力,是组织顺利制定和实施绩效管理的关键。组织要有相应规范的培训与考核制度,来培训业务管理者的人事管理能力,以保证有效实施绩效管理制度。

2)企业发展阶段与业务特点

企业在其生命周期中的不同发展阶段都有其战略重点,根据战略管理理论,其职能支持战略也相应呈现不同的特点,同理,绩效管理也会呈现不同的特点。

一般来说,初创期的企业都会面临刚入市场时的生存压力,无法主动系统地考虑组织的各项管理制度,在绩效管理方面更多关注的是保障基本生存的财务指标和市场销售指标,如销售收入、客户增长数量等。总的来说,处于此阶段的企业,其管理表现出的是一种比较粗放的状态。

当企业度过了初创期进入成长期,企业的产品或服务在市场中逐步站稳了脚跟,客户在增加,此时企业不但要关注客户市场的"存量",同时也要考虑客户市场的"增量",这就要求企业打造高效、敏捷的内部管理流程。在绩效管理方面,企业开始关注内部管理方面的指标,如产品交付时间、客户满意度等。处于此阶段的企业,表现出逐步规范管理的状态。

当企业进入成熟期,企业的产品和服务形成了一定的品牌知名度,市场竞争激烈,竞争对手的强大压力倒逼企业提升效率、降低成本。企业试图强化内部管理来提升竞争力,此时企业的人力资源管理已经成熟,绩效管理也较为系统地应用于企业,企业开始关注学习与成长方面的指标,如企业文化、员工能力提升、领导力完善、信息系统升级等。处于此阶段的企业各项管理制度表现出完备的状态,但由于外部环境的快速变化,需要引入创新变革手段来寻找"第二曲线"的发展机会。

对于步入衰退期的企业,要么成功寻找到发展的"第二曲线",通过创新、变革、数字化转型等重新找到企业发展的生机,要么被收购兼并,要么被市场淘汰。

作为专业的人力资源管理者,除了要关注企业处在什么发展阶段外,还要了解企业的业务特点、人力资源情况、管理水平、主要领导者的风格等因素。不同的业务特点对于绩效管理的影响主要体现在以下几方面：

一是绩效管理工具的选择。由于各企业存在不同业务特点且处在不同发展阶段，绩效管理工具的适用性不同。一般来说，KPI适合于大多数企业，BSC适用于一定规模、管理水平较为成熟的企业集团，OKR适用于高科技、互联网企业等。

二是指标设定。比如：制造业通常关注生产效率、产品质量和成本控制等，高科技企业通常更关注技术创新、产品研发和产品市场拓展等。

三是考核周期。比如：服务业更关注即刻响应客户意见或反馈，所以一线员工的考核周期一般较短。

四是绩效应用方面。比如：对于劳动密集型制造业企业，要更关注一线员工的实际需求；对于高科技企业，则要更关注员工的发展、职业挑战等。

不同业务特点的企业，其企业文化也不一样，价值链的诸多环节增值方式也不一样，高管层关注的焦点也会不一样，这些都会影响绩效管理体系的建立与实施。

人力资源管理者应敏捷地意识到，作为企业战略实施的强大保障，绩效管理应紧密链接企业该阶段的发展战略，在制定绩效管理制度时，需要结合公司的实际情况进行具体分析，有针对性地强化绩效管理以保障企业实现战略目标。

3）人力资源管理体系

人力资源管理的基本职能概括为以下七个方面：人力资源战略与规划、职位分析与胜任素质模型、人员招聘、培训与开发、绩效管理、薪酬管理、员工关系管理。图2-3显示了人力资源管理基本职能之间的关系。人力资源管理体系的各项职能并不是彼此割裂、孤立存在的，而是相互联系、相互影响，共同形成了一个有机的系统。

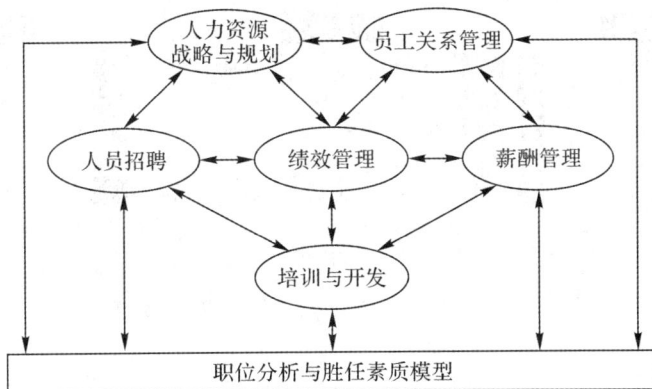

图2-3 人力资源管理基本职能之间的关系

（来源：《人力资源管理》编写组.人力资源管理[M].北京：高等教育出版社，2023.）

绩效管理职能在整个系统中处于核心地位，其他职能的运转与其紧密相联，所以组织在建立绩效管理时必须检视人力资源管理制度体系其他制度的完备程度。比如：为绩效管理的绩效应用提供支持的薪酬激励制度是否完备,员工考核后员工的培训与发展制度是否配套等。

除此之外,人力资源管理还应该进一步承担领导力发展、企业文化、组织发展等职能。

4)信息系统建设

绩效管理的各个环节都需要收集、清洗与分析大量数据,同时也需要在各级部门、各级员工中迅速便捷地传递业绩信息,管理层需要各类与绩效相关的过程性和结果性的考核指标数据。为了快速、有效地处理数据,企业就需要引入管理信息系统,实现绩效管理工作的高效、及时、公开。

新一代人力资源数字平台支撑人力资源战略规划有效落地。数字平台的业务功能模块包括基础人事档案管理、组织各级机构管理、人员信息管理、绩效管理、人员变动管理、劳动合同管理、薪酬与福利管理、申斥与投诉管理、综合分析报表、员工培训管理、预警通知消息、员工自助服务频道等。应实现人力资源管理信息的集中标准化管理,以便各管理层人员实时掌握人力资源信息。

国内外很多企业都能够提供 HR 数字化平台,企业应当根据自己的实际情况选择。图2-4所示为典型的 HR 数字化平台,该平台涵盖绩效管理子系统。

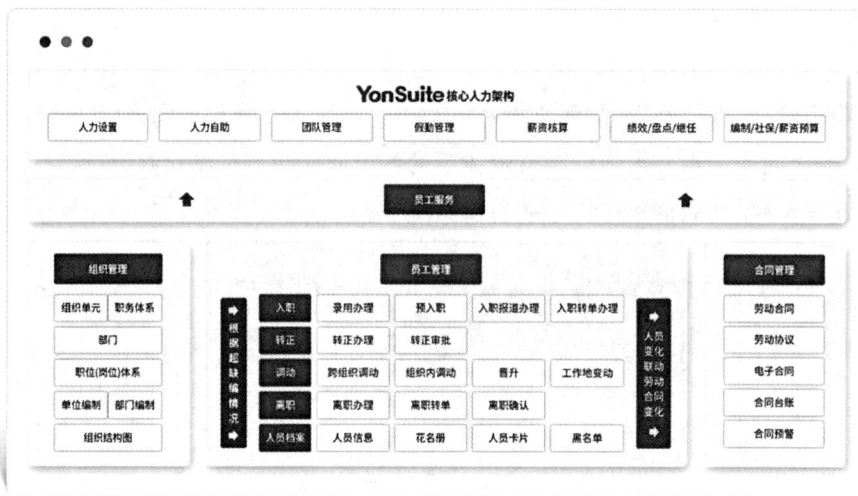

图2-4 典型的 HR 数字化平台(来源:用友官网)

5)组织结构建设

完善的组织结构建设是推行绩效管理制度的基础之一,例如,明确有序的组织结构设置及职能划分。组织建设主要包括以下两方面:

(1)组织整体层面。高效地执行绩效管理制度,需要适宜的组织机构、职责分工合理、指挥链清晰、工作流程顺畅等组织建设,特别需要以制度化的形式明确绩效管理各部门的责任。

(2)绩效管理委员会。该委员会指运营绩效管理的决策与执行机构。一般来讲,绩效管理委员会通常由公司总经理、副总经理、HR总监、财务总监、各部门负责人组成,常务办事机构设在人力资源部门。绩效管理委员会应有组建流程和规范的议事规则。有了绩效管理委员会,绩效管理不再是人力资源部门"闭门造车"的制度和填写考核表,而成为战略落地的必备手段。绩效管理委员会的主要职责包括:①企业绩效管理制度的最终审批;②企业战略目标的制定;③管理层绩效合约的审定;④各部门年度考核结果的最终确认;⑤绩效考核申诉的最终裁定;⑥监督绩效目标的执行;⑦相关人事的任命;⑧制定相关绩效结果的运用方案。

实施绩效管理需要人力资源部门、各业务部门、信息部的全流程参与,其中人力资源部门和各业务部门的的主要职责如下:

①人力资源部。A.起草公司绩效管理制度;B.组织相关培训,指导各部门制定绩效考核的目标以及指标分解等工作;C.制定绩效管理流程,建立绩效管理档案;D.受理各部门的绩效申诉;E.收集、汇总、分析各部门对绩效管理的意见;F.组织并指导相关考核数据的收集工作,并分析考核结果;G.根据评估结果向决策者提供人事决策的依据和建议。

②各业务部门。A.在本部门内负责执行公司整体绩效管理各项政策,包括设定绩效目标、分解目标、检查和辅导、收集考核数据、绩效面谈、沟通和反馈考核结果等;B.与直接下属制定并签署绩效合约,并进行持续的绩效辅导与沟通;C.评估直接下属的绩效,协调和解决其在评估中出现的问题;D.向人力资源中心提供考核数据以及对绩效管理的意见/建议;E.协调处理下属员工的绩效申诉;F.帮助下属制定绩效改进计划;G.根据绩效评估结果和人事政策做出职权范围内的人事建议或决策。

请小组思考并讨论:员工有没有必要知道公司战略? 无论回答是肯定或否定都须讲出理由。

(三)绩效管理制度体系的组成要件

构建企业全面系统的绩效管理制度体系,不能把绩效管理仅作为人力资源管理的一个专业模块,而要从公司的战略和运营层面来进行整体思考和系统设计。许多企业的绩效管理最终实施效果不好甚至失败,究其原因,很大程度上是决策层将绩效管理仅看作人力资源管理部门的职责。

1.战略制导的绩效管理制度

正确认识了绩效管理的含义和作用后,就会理解建立和实施绩效管理制度的前提是必须明确企业的战略,包括公司层战略和业务层战略。组织的所有行为都是为了实现其战略,所有管理活动都是为了提高个人绩效进而提升组织绩效。这决定了绩效管理的首要目的就是支撑和服务于企业的战略。图2-5为笔者提出的战略管理的三维矩阵,表示企业战略的三个层次、对应的战略管理四环节和相关组织能力建设。职能层战略包括人力资源管理战略,职能层战略必须支持业务层和公司层战略,这是战略制导的绩效管理的核心要求。

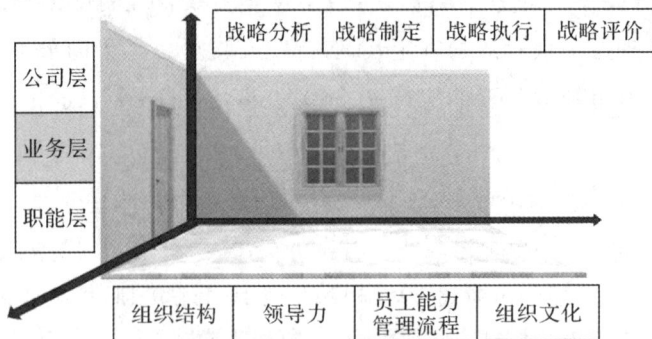

图 2-5　战略管理的三维矩阵

2.绩效管理制度体系的组成要件

一般来说,战略制导的绩效管理制度体系包括战略规划与业务运营、财务预算管理制度、绩效管理制度、组织文化建设、岗位、能力与任职资格、薪酬激励制度、职业发展与晋升制度等。战略规划与业务运营是绩效管理制度建立的基础,是绩效管理制度建立和执行的首要保障,没有战略规划中的目标与业务层的目标,绩效管理就成了"无本之木、无源之水"。其他公司制度的建立对于绩效管理的建立与实施都各有其作用与影响。作为绩效管理的主要建立与推动者的人力资源管理部门,要十分清楚这些制度的建立与运行的重要性。表 2-2 为绩效管理制度体系组成要件的作用与地位,展示了这些制度组成要件的作用、地位与影响,包括"战略规划与业务运营""财务预算管理制度""绩效管理制度""组织文化建设""岗位、能力与任职资格""薪酬激励制度""职业发展与晋升制度"七个组件。

表 2-2　绩效管理制度体系的组成要件的作用与地位

制度	作用与地位	对绩效管理的影响
战略规划与业务运营	绩效管理制度建立和执行的首要保障	制定并确认目标、指标与标准 绩效管理的最重要的目的
财务预算管理制度	财务与市场绩效目标、指标与标准的主要来源	战略规划与业务运营的数据化与战略执行行动的具体化 绩效考核指标的主要来源
绩效管理制度	绩效管理的主体制度	绩效管理的制度化

制度	作用与地位	对绩效管理的影响
组织文化建设	绩效管理的导向标	企业灵魂,推动企业与员工行为的动力 绩效管理的过程就是对企业文化传承和 发扬的过程
岗位、能力与任职资格	绩效管理的基础	绩效考核指标的主要来源
薪酬激励制度	绩效管理结果的关键物质激励运用	有力促进绩效管理目标的实现
职业发展与晋升制度	绩效管理结果的关键精神激励运用	有力促进绩效管理目标的实现

请小组思考并讨论:进行社会实践,对于绩效管理体系的组件,了解其中之一并分析。

二、问题导学

【看理论与实践前沿】

微软的绩效管理变革

2015 年以后,微软重新调整了绩效管理制度(见图 2-6),取消了强制分布、末位淘汰等措施,并用周期性的"经理对接会议"来管理员工的个人发展和工作情况。员工的晋升仍然与"经理对接会议"的考评结果直接相关。

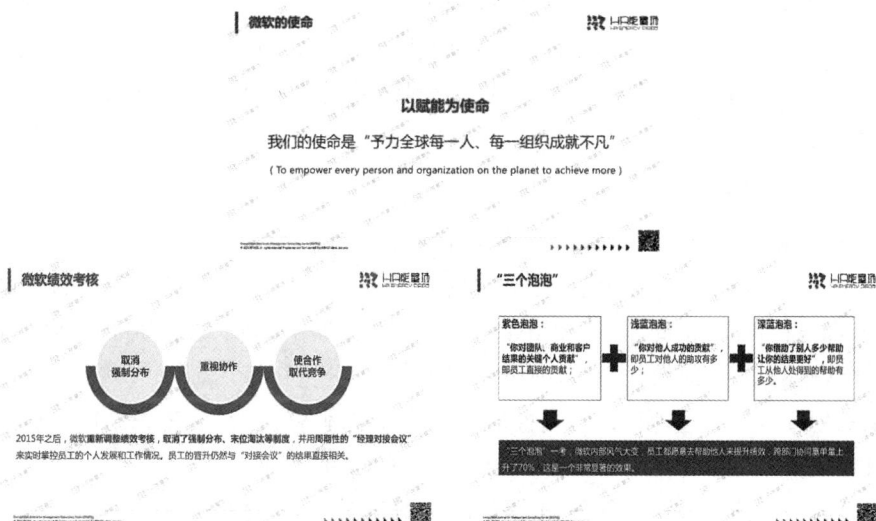

图 2-6 微软的绩效管理变革

(来源:HR 能量场。)

(一)问题一:如何建立绩效管理制度?

本模块前面部分学习了建立绩效管理制度的基础知识,包括相关概念、组成要件等。下面学习具体如何建立绩效管理制度。绩效管理制度是指导绩效管理一系列工作的纲领性文件,绩效管理制度的编写质量会极大地影响绩效管理其他各项工作。

1.绩效管理制度建立的原则

企业在制定绩效管理制度时,要特别注意以下原则。

(1)针对性。在制定绩效管理制度时,要注意考虑企业自身的管理水平、人力资源情况、企业发展阶段和业务特点等,并且要考虑成本效益,要明确采用的绩效管理工具和方法是否适合企业自身特点。

(2)简明性。制度的基本要求是准确、简明、易懂。绩效管理制度不应出现大篇幅的专业术语,非操作性的文字尽量减少,语言要通俗易懂,让普通员工都能理解。

(3)完整性。绩效管理制度的完整性主要体现以下四个方面:

第一,设计考核指标。应综合考量战略目标的分解以及岗位职责要求,权重设计应具有导向性。

第二,确定考核主体。组织应根据被考核单位或个人的业务关系和业务特点,如是否面向外部客户等因素,合理选择考核主体并赋予相应的权重。

第三,应用考核结果。组织应全面综合考虑本组织的外部竞争力、内部公平性以及员工需求特点等,恰当地设计激励措施,有效应用考核结果。

第四,规范制度内容。制定绩效管理制度时必须考虑制度的完整性、规范性和准确性,旨在确保制度内容的一致性、效率、合规性以及质量控制。

(4)权变性。在保持绩效管理制度稳定性的基础上,需要有一定的权变性。应根据外部环境、企业业务、人员组成、组织机构等因素的变化对绩效管理制度适时做出修订与改进。如一些企业的绩效管理制度一年一检讨,及时做出修订。

2.绩效管理制度的内容

一套完整的绩效管理制度应围绕着绩效管理"四环节",即绩效计划、绩效监控、绩效评估和绩效反馈来进行布局。其至少应包括制定的背景、目的、原则,相关管理部门的职责,考核程序,目标、指标与权重,评价周期,绩效结果表示,绩效工资结算,绩效沟通与申诉机制,结果运用,修订及附件等。下面对绩效管理制度中主要构成部分进行简述。

(1)职责划分。绩效管理部门与业务部门对绩效管理各环节中的责任进行明确界定。

(2)目标设定。分解与确定各级部门与岗位的目标、指标与标准。

(3)考核程序。开展各类考核的程序性工作,确定其步骤与责任人等。

(4)沟通机制。对绩效计划、监控、辅导、面谈及申诉的流程、方式等的规定。

(5)结果运用。对绩效考核的结果要有明确的规定,包括经济性薪酬激励与非经济性薪酬激励两方面。

下面是某家公司的绩效管理制度示例。

绩效管理与绩效考核制度参考

第一章 总 则

第一条 为加强公司对员工绩效管理和绩效考核工作,特制定本制度,绩效管理与绩效考核的目的:

1.考察员工工作绩效;

2.作为员工奖惩、调迁、薪酬、晋升、退职管理的依据;

3.了解、评估员工工作态度与能力;

4.员工培训与发展参考;

5.促进员工不断提高和改进工作绩效。

第二条 绩效管理指的是上级为不断提高和改善下属员工职业能力与工作业绩所做的一系列管理活动。

第三条 绩效考核是指上级对下级工作结果进行定期的评估,是绩效管理的一个重要环节。

第四条 绩效管理与绩效考核是各级直线管理者不可推卸的责任,人力资源部负责指导、监督和提供技术支持。

第五条 员工绩效管理与绩效考核的档案是公司重要人力资源管理基础性材料,必须妥善保管。

第六条 本制度规定的绩效管理与绩效考核对象,包括公司内所有正式签约员工,试用期人员考核不属于本制度范围。

第七条 本制度规定的绩效管理与绩效考核的责任主体是各职位的直接管理者,不采取全方位考核的方式,上级管理者拥有员工考核结果调整权。

第八条 各级管理者必须强化对绩效管理与绩效考核的观念,牢固树立绩效管理与绩效考核的责任意识,包括:

1.员工业绩就是管理者的业绩;

2.各级管理者是员工责任的最终承担着;

3.不断提高和改善下属的职业能力和工作业绩是管理者不可推卸的责任;

4.在绩效管理与绩效考核过程中,下属必须始终保持高度的参与性,各级管理者必须随时与下属进行沟通。

第九条 公司绩效考核指标坚持SMART原则,SMART原则主要包括:

1.specific是指指标要清晰、明确,让考核者与被考核者能够准确理解目标;

2.measurable是指使考核指标量化、数字化,避免考核出现误差;

3.attainable是指考核目标具有可实现性;

4.realist是指考核具有实际性、现实性,而不是假设性的;

5.time bound是指目标、指标都要有实效性,要在规定的时间内完成,时间一到,就要看结果。

第二章 绩效管理与绩效考核的程序

第一条 绩效管理与绩效考核是一个循环往复的过程,其基本流程如下图所示:

```
┌─────────────────┐
│   制定绩效目标    │←─┐
└────────┬────────┘  │
         ↓           │
┌─────────────────┐  │
│   建立工作期望    │←─┤
└────────┬────────┘  │
         ↓           │
┌─────────────────┐  │
│ 建立目标任务指导书 │←─┤
└────────┬────────┘  │
         ↓           │
┌─────────────────┐  │
│  绩效形成过程指导  │←─┐
└────────┬────────┘  │
         ↓           │
┌─────────────────┐  │
│    绩效考核       │  │
└────────┬────────┘  │
         ↓           │
┌─────────────────┐  │
│    绩效面谈       │  │
└────────┬────────┘  │
         ↓           │
┌─────────────────┐  │
│  制定绩效改进计划  │──┘
└─────────────────┘
```

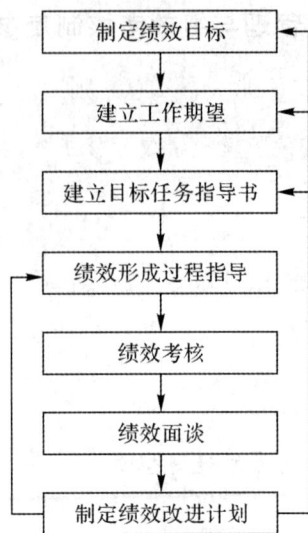

第二条 制定绩效目标。

1.各级主管根据本年度(或考核周期)公司对员工的要求和期望,在与员工协商的基础上确定年度(或考核周期)工作目标。

2.部门负责人的考核内容包括:

(1)部门量化指标。针对部门可以量化的关键业绩指标。

(2)部门非量化指标。针对部门不能量化但对公司和部门业绩形成非常重要的指标。

(3)追加目标和任务考核。主要是对工作中的追加目标和任务的考核(以上部分权重为70%,参考值,具体分配由考核责任人确定)。

(4)工作行为与态度考核(此项权重为20%,参考值)。

(5)管理行为考核(此项权重为10%,参考值)。

(6)不良事故考核。

3.其他具有管理职能职位的考核内容包括:

(1)指标性目标。可以定量衡量的考核目标。

(2)重点工作目标。不能量化,但是对完成工作非常重要的工作目标。

(3)追加目标和任务考核。对工作中的追加目标和任务的考核(以上部分权重为70%,参考值,具体分配由各级考核责任人确定)。

(4)工作行为与态度考核(此项权重为20%,参考值)。

(5)管理行为考核(此项权重为10%,参考值)。

(6)不良事故考核。

4.非管理职能职位的考核内容包括:

(1)指标性目标。可以定量衡量的考核目标。

(2)重点工作目标。不能量化,但是对完成工作非常重要的工作目标。

(3)追加目标和任务考核。对工作中的追加目标和任务的考核(以上部分权重为80%,参考值,具体分配由各级考核责任人确定)。

(4)工作行为与态度考核(此项权重为20％,参考值)。

(5)不良事故考核。

5.各级主管将设定的目标填写到相应的年度(或考核周期)考核表中,并确定每项目标的权重;呈报上级主管认定后,统一交至人力资源部备案。

第三条 建立工作期望。

1.为了确保员工在业绩形成过程中实现有效的自我控制,各级主管在填具考核表后,必须与所辖员工就考核表中的内容和标准进行沟通。

2.沟通的基本内容包括:

(1)期望员工达到的业绩标准;

(2)衡量业绩的方法和手段;

(3)实现业绩的主要控制点;

(4)管理者在下属达成业绩过程中应提供的指导和帮助;

(5)出现意外情况的处理方式;

(6)员工个人发展与改进要点与指导等。

3.在沟通的基础上,管理者与被管理者双方共同填写"目标任务指导书"。

第四条 管理者必须在下属绩效形成过程中予以有效指导,并把下属在业绩形成过程中存在的比较突出的问题、良好的表现如实随时记录在"行为指导记录"中,以便为实施绩效管理积累客观依据。

第五条 各级主管在考核时,必须依据客观事实进行评价,尽量避免主观评价,同时做好评价记录,以便进行考核面谈。

第六条 考核结束后,各级主管必须与每一位下属进行考核面谈。面谈的主要目的:

1.肯定业绩,指出不足,为员工职业能力和工作业绩的不断提高指明方向;

2.讨论员工产生不足的原因,区分下属和管理者应承担的责任,以便形成双方共同认可的绩效改善点,并将其列入下年度(或考核周期)的绩效改进目标;

3.在员工与主管互动的过程中,确定下年度(或考核周期)的各项工作目标和目标任务指导书;

4.如有必要,可修订年度(或考核周期)的"目标任务指导书",但必须经过上一级主管同意。

第七条 考核结果经上级主管核准后报人力资源部,以便进行必要的调整。

第八条 人力资源部在对各部门考核结果进行调整后(如需要),呈报总经理核准,并按核准后的考核结果执行。

第九条 考核资料必须严格管理,一经考核结束,人力资源部须将原始表格归入员工档案,员工个人和主管只能保留复印件。

第十条　任何员工对自己的考核结果若不满,均可以在一周内向上一级主管投诉,也可以直接向人力资源部投诉。接到投诉的主管或人力资源部,在接到投诉后一周内,组织有关人员对投诉者进行再次评估。如投诉者对再次评估仍不满意,可以进入劳动争议处理程序。

第三章　考核结果的应用

第一条　本着公正、客观的原则,应用考核结果。

第二条　考核结果实行强迫分配,考核等级对应的分配比例见下表。(注:基本薪酬=基本工资+绩效工资,下同)。

等级	标准	占比/%
A(优秀)	40%月基本薪酬	5
B(良好)	30%月基本薪酬	20
C(称职)	20%月基本薪酬	50
D(基本称职)	10%月基本薪酬	20
E(不称职)	无	5

第三条　年度考核总分为1000分,划分为五个等级,考核结果实行强迫分配,考核等级对应的分配比例见下表:

等级	标准	占比/%
A(优秀)	1月基本薪酬	5
B(良好)	80%月基本薪酬	20
C(称职)	60%月基本薪酬	50
D(基本称职)	50%月基本薪酬	20
E(不称职)	无	5

第四条　不良事故考核根据相关不良事故造成不良后果的程度,划分为A(重大)、B(一般)、C(轻微)三个等级。

等级系列	年薪制	等级薪酬	销售支持	直接销售	生产计件制
A(重大)	不享受考核年薪和奖励年薪	不享受月度奖金	不享受月度奖金	扣除当月提成	不享受年中或年终奖
B(一般)	扣除50%考核年薪和奖励年薪	扣除50%月度奖金	扣除50%月度奖金	扣除当月70%提成	扣除50%年中或年终奖
C(轻微)	扣除20%考核年薪和奖励年薪	扣除20%月度奖金	扣除20%月度奖金	扣除当月30%提成	扣除20%年中或年终奖

注:具体不良事故条款及等级由各部门根据具体工作情况确定。

第五条　考核结果与员工利益的相关性表现在以下几个方面：

1.月度奖金的分配；

2.年度奖金的分配；

3.绩效工资的确认；

4.年薪上限的确认；

5.晋级资格的确认；

6.晋等资格的确认；

7.晋职资格的确认；

8.培训资格（需求）的确认；

9.其他资格的确认。

第六条　等级工资制员工绩效工资实际支付,与当月公司总体业绩完成情况以及员工月度考核成绩挂钩,考核等级和相应的绩效工资分配比例见下表。

	公司整体业绩完成情况				
	100%及以上	95%～99%	90%～94%	85%～89%	85%以下
不称职	80%	70%	60%	50%	50%
基本称职	90%	75%	65%	55%	50%
称职	100%	80%	70%	60%	50%
良好	100%	90%	80%	70%	50%
优秀	100%	95%	90%	85%	50%

第七条　等级工资制员工月度考核成绩与月度奖金的关系为公司总体业绩完成绩效工资支付比例(%)。

1.月度考核不称职的员工,免月度奖；

2.连续两次考核不称职者,警告；

3.累积三次考核不称职者,辞退；

4.其他考核等级的享受标准,参见《某有限公司等级薪酬管理制度》。

第八条　等级工资制员工年度考核成绩与年度奖金的关系如下：

1.年度考核不称职者,免年度奖；

2.连续两年考核不称职者,辞退；

3.其他考核等级的享受标准,见《某有限公司等级薪酬管理制度》。

第九条　生产计件制员工奖金与工作行为态度考核、管理行为考核挂钩,每半年考核一次。根据额定的生产量,超额部分提取奖金总额,采取奖金分享方式进行分配,考核等级和相应的分配比例见下表。

等级	年中奖金	年终奖金	占比/%
A（优秀）	1月基本薪酬	2月基本薪酬	5
B（良好）	70％月基本薪酬	1.8月基本薪酬	20
C（称职）	60％月基本薪酬	1.5月基本薪酬	50
D（基本称职）	50％月基本薪酬	1月基本薪酬	20
E（不称职）	无	无	5

第十条 销售服务支持相关人员月度考核成绩的应用。

1.销售服务支持相关人员的月度奖金额根据考核结果确定,按月度发放,具体管理办法参照等级制员工管理办法执行。其支付水平略高于公司其他部门的平均水平。

2.连续两次考核不称职者,警告。

3.累积三次考核不称职者,辞退。

4.其他考核等级的享受标准,参见《某公司营销薪酬管理制度》。

第十一条 销售服务支持相关人员年度奖金根据年度考核结果确定,具体见下表。

等级	标准	占比/%
A（优秀）	2月基本薪酬	5
B（良好）	1.8月基本薪酬	20
C（称职）	1.5月基本薪酬	50
D（基本称职）	1月基本薪酬	20
E（不称职）	无	5

第十二条 直接销售人员考核成绩的应用。

1.建立不良事故考核机制,凡发生不良事故者,根据所发生的不良事故等级,对责任人进行相应处罚,具体细则另行规定。

2.不良事故惩罚办法参见惩罚办法表。

第十三条 年薪制员工的季度考核。

1.年薪制员工前三季度施行季度考核,第四季度施行年度考核。

2.季度考核总分1000分,划分为五个等级,见下表。

等级	考核系数
A(优秀)	1
B(良好)	0.9
C(称职)	0.8
D(基本称职)	0.6
E(不称职)	0.5

3.连续两次考核不称职者,警告。

4.全年累积三次考核不称职者,免职。

第十四条　年薪制员工年度考核成绩与考核年薪(上限年薪)和奖励年薪确定的关系如下:

1.年度考核不称职者,免考核年薪(上限年薪)。

2.考核年薪根据年度考核系数修正,发放标准为

$$年终发放额＝(考核年薪－基本年薪)×考核系数$$

考核系数见下表。

考核等级	考核系数
A(优秀)	1.0
B(良好)	0.9
C(称职)	0.8
D(基本称职)	0.6
E(不称职)	0

3.奖励年薪(年终奖金)总额从当年超额利润中提取,在年度结束后,根据公司业绩和考核系数结果进行核定。其具体计算办法为

$$各岗位奖励年薪 = \frac{该岗位对比系数×考核系数}{\sum(对比系数×考核系数)} × 奖励年薪总额$$

4.不良事故惩罚办法参见惩罚办法表。

5.其他享受标准,参见《某公司中高层管理人员薪酬管理制度》中考核年薪计算方法。

6.考核成绩良好者,除享受上限年薪以外,享受公司表彰。

7.考核成绩优秀者,除享受上限年薪以外,可以获得优秀经理人称号,并获得董事长或总经理特别奖。

第十五条 享受等级薪酬制员工年度考核与晋级的关系如下：

1.年度考核不称职者,免晋级;

2.年度考核等级为基本称职以上(含基本称职)者,可在本职等内晋升一级;

3.年度考核成绩为优秀者,可在本职等内晋升两级;

4.不管哪种晋级情况,如果在本职等内没有晋级空间,则不能晋级。

第十六条 享受等级工资制员工年度考核与晋等的关系(特殊情况除外):

1.主管以下(不含)或薪资等级在五职等(不包括五职等)以下者,连续两年考核为良好者(或以上),可以晋升一个职等;

2.主管以上(含)或薪资等级在五职等(包括五职等)以上者,连续三年考核为良好(或以上)者,可以晋升一个职等。

第十七条 考核成绩与职务晋升的关系,由人力资源部根据具体情况拟订,呈报总经理核准后执行。

第十八条 培训资格的确认:

1.凡涉及需要提高员工履行工作职责能力的培训,由各级主管根据考核结果提出,经部门汇总后报人力资源部统一安排。

2.凡涉及员工职业发展能力培养,由部门经理根据员工连续两年考核优秀的结果以及员工职业发展报告,报人力资源部,以便编制单独的职业培训计划。

3.部门经理及部门经理以上人员的脱产培训条件,见相关管理制度。

第十九条 凡出现涉及劳动合同规定的严重违纪、违规行为,实行单项否决,予以辞退。

第二十条 享受等级工资制员工在出现以下几种情况时,不予考核:

1.病事假月度累计 3 天者,不予以月度考核,同时免奖;

2.病事假全年累计 15 天者,不予以年度考核,同时免奖;

3.其他总经理认为不予以考核的事项。

第四章

第一条 本规定未尽事宜,将另行规定或参见其他规定的相应条款。

第二条 本规定的解释权在人力资源部。

第三条 本规定由总经理核准并报董事会。

第四条 本规定自颁布之日起生效,修改时亦同。

(资料来源:黄志伟编著,《某人力资源管理》)

3.绩效管理制度建立的流程

制度设计人员应遵循相应程序,有序开展制度设计工作。制度的制定应该遵从公司的发展阶段,既符合公司实际情况又具有一定的前瞻性,即在不同发展时期制定与之对应的管理制度。绩效管理制度制定流程如图 2-7 所示,包括机构建设、明确要件、调查分析、起草初稿、签阅审批、试点完善。

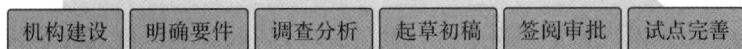

图 2-7　绩效管理制度制定流程

（1）机构建设。成立绩效管理制度设计小组，此小组在公司绩效管理委员会指导下开展工作。由人力资源管理部门负责人任组长，也可以由公司一把手担任，这样更具权威性。

组织成立后，应制定相关工作计划以有序推进制度的制定工作。

（2）明确要件。确认企业已建立了较为完备的绩效管理组成要件。这些要件是绩效管理制度建立的基础也是保障。

（3）调查分析，主要有两方面的工作。一是重新审视企业之前的绩效管理制度、行业领先企业制度、对标企业制度，二是明确本企业所处行业、企业发展阶段、产品或服务特点等。

（4）起草初稿。首先明确制度文本的要点并形成内容纲要，然后根据内容纲要拟定具体的制度条文，注意语言简洁、逻辑清晰，最后完成制度格式标准化工作。

（5）签阅审批。绩效管理制度草案完成后，首先需要征询各部门的意见，通过了解相关建议、意见，发现不足和纰漏，然后进一步修改和完善，直至定稿，最后经过一定的程序进行审批。

（6）试点完善。为了稳妥、顺利地实施绩效管理制度，制度审批后应先在一定范围内试行，以便获取真实的反馈，积累经验，修订内容和相关实施流程等。

请小组思考并讨论：网上搜寻一家公司的绩效管理制度，阅读并进行评述。

（二）问题二：如何运营绩效管理制度？

有了正确的战略和制度，并不等于可以有效实施，在战略制导的绩效管理制度落地的过程中，战略是方向，执行是力量。美国 ABB 的原董事长巴尼维克曾说，"一个企业的成功 5% 在战略，95% 在执行"。把战略不折不扣地执行到位，才是企业的生存之道。

1.推行绩效管理制度的基本流程

企业在正式实施绩效管理制度前，为了有序、规范地推进绩效管理制度，需要建立推行制度的流程。推行绩效管理制度的基本流程如图 2-8 所示。

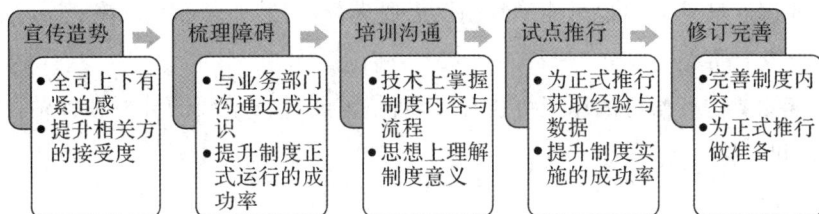

图 2-8　推行绩效管理制度的基本流程

2.企业推行绩效管理制度存在的主要问题及解决思路

笔者的亲身经历以及大量的调研显示,企业在推行绩效管理制度过程中或多或少存在以下问题,这些典型问题的发生极大地阻碍了绩效管理制度的顺利实施。

(1)高层缺重视。表现为关注少,参与少。本质上是高层人员对绩效管理制度在认识上存在误区。

(2)启动缺沟通。表现为制度启动匆忙,无设计、无沟通、无培训。

(3)产生缺合理。表现为对制度、流程缺乏理性认识,常以个人意志为主,政策设计与制定环节程序不合理,忽视其他部门的意见或建议,业务部门对下发的制度、流程不认同。

(4)内容缺完善。表现为对制度和流程不成体系,政策不明确,内容不合理,相互不衔接,流程烦琐,效率低下。

(5)执行缺到位。表现为业务部门在推行制度的过程中敷衍了事。特别在绩效反馈与辅导环节上,制度流程根本没有在企业经营管理活动中发挥应有的作用和价值。

(6)配套缺考虑。表现为企业没有建立配套的薪酬奖惩激励机制、人员发展成长机制或者出现机制执行不力等问题。这些问题的产生会严重挫伤管理者和员工的工作积极性与工作执行力。

课堂微PBL:同学们,请你们试着给出以上主要问题的解决思路。小组之间讨论或者求教于你们的老师。

3.绩效管理制度的修订

绩效管理制度在实施一段时间后,人力资源管理部门应该及时检讨现有制度存在的问题,进行修订。一般来说,制度需要修订的因素包括以下方面。

1)修订的原因

不同的公司有不同的原因,一般来说,以下情形的出现是制度需要进行修订的前兆:

(1)公司内外环境变化。随着时间的推移,环境可能会发生变化,如市场条件、新的业务模式、新的管理方式等,制度也需要进行修订以适应这些变化。

(2)制度不符合法律法规。需要进行修订以符合法律法规的要求。

(3)制度本身缺陷。制度运行一段时间后发现问题,如设计不合理等,需要进行修订。

(4)其他原因。其他原因也可能导致制度需要进行修订,如国际化战略、领导层变动、组织结构调整、文化整合等。

总之,制度需要进行修订的原因可能有很多种,需要进行全面的分析和评估,并根据实际情况进行修订和完善。

2)修订的流程

(1)发起修订。人力资源管理部门应就绩效制度的修订进行说明与论证。

(2)员工参与。修订制度应鼓励各部门员工参与,通过意见调查、访谈等形式进行调查。

员工的意见和建议应得到充分考虑和重视。

(3)持续改进。绩效管理制度的建设与完善应建立持续改进机制,激励员工和管理层不断改进工作态度和提高工作效率。

(4)定期审计。修订后的绩效管理制度应定期进行审计和检查,以确保其执行的有效性和合规性。

> 课堂练习与思考:请回顾勒温的变革三部曲理论,并尝试以此说明如何推动一项新制度有效落地。

三、业务决策者的责任

业务决策者(主要指负责业务职能部门的直线经理)作为绩效管理项目重要的干系人,在本模块中应负的责任如下:

(1)积极参与公司绩效管理制度建设,负责本部门具体执行公司整体绩效管理各项政策;

(2)向人力资源中心提供有关制度运行或完善的建议与意见;

(3)参加战略目标有关会议,提出本部门的绩效目标;

(4)帮助下属制定绩效改进计划。

【学习小结】

关键能力	能够撰写基本的企业绩效管理制度文本□ 能够发现并分析实践中绩效管理的问题,能提出解决思路□ 在小组学习讨论中,具有一定的团队协作能力、独立思考能力与表达能力□		实际工作过程与理论学习场景	主动回顾所学,然后: 在教材中找到支持"关键能力/技能、核心素养和必备知识"的相关内容; 对于相关学习目标的掌握程度进行自我评价; 评价完后请在左边的小方框"□"中打上"√"
核心素养	通过分析中国企业实际绩效管理问题,明确制度的建立与完善对我国企业提升国际竞争力的作用与意义,坚定发展的信念□ 通过了解绩效管理制度基础,对不同绩效管理制度进行对比分析,培养全面、审慎与创新地看问题的意识□	模块一:绩效管理制度体系的建立与运营	基本知识:绩效管理制度体系建立的基础;绩效管理制度体系的组成要件 问题导学:问题一:如何建立绩效管理制度?问题二:如何运营绩效管理制度?	
必备知识	理解绩效管理制度的含义、建立的基础以及组成要件□ 掌握制定绩效管理制度的流程及注意事项□ 掌握实施绩效管理制度的流程,发现实施过程中的问题,提出解决方案□			

【看企业实际运作】

某企业集团的绩效管理制度的推行实践

1. BSC(平衡计分卡)概述。《哈佛商业评论》(*Harvard Business Review*,HBR)将平衡计分卡(balanced score card,BSC)评为"过去75年来全球最具影响力的十大管理理念"之一。BSC作为一种前沿的、全新的组织战略管理工具和管理思想,在全世界各行业乃至很多政府机构得到了广泛的运用。BSC由哈佛商学院会计学教授罗伯特·卡普兰(Robert S. Kaplan)、复兴方案公司CEO大卫·诺顿(David P. Norton)于1992年在《哈佛商业评论》中首次共同提出。BSC是从财务、客户、内部运营、学习与成长四个角度,将组织战略落实为可操作的衡量指标和指标值的一种战略执行和评价体系,如图2-9所示。

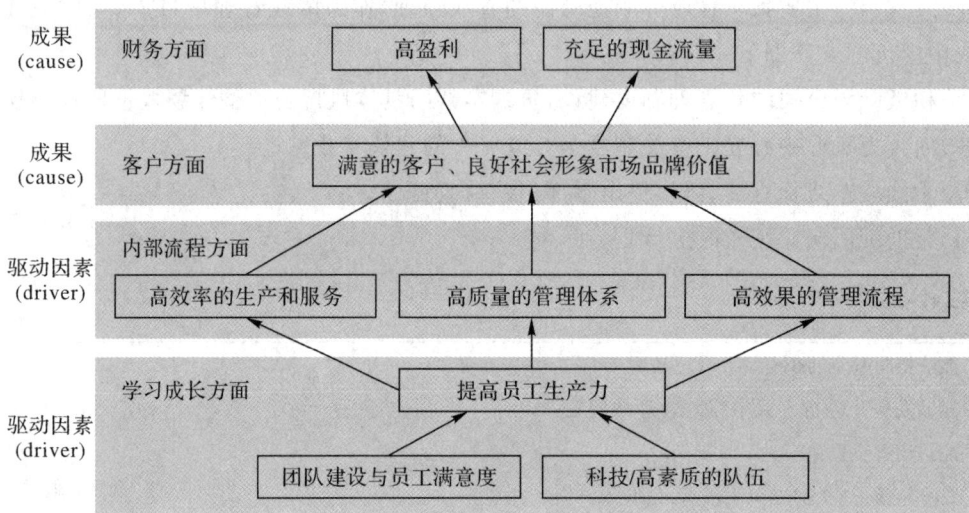

图2-9 平衡记分卡

2. 在实施BSC的过程中,HR如何支持公司实现战略目标,在"绩效管理"职能方面,本书作者陈强老师(时任公司HRD)带领的项目团队是这样做的:

(1)首先建立"BSC推进领导与实施小组",配备精干人员,其中关键业务的主要管理者应加入小组。

(2)明确公司战略与中长期发展目标,进行目标分解与量化。

(3)与财务预算评价体系、薪酬激励体系、人才培养发展体系相链接。

(4)建立责任制与行动计划、监控机制。

(5)建立评估和反馈机制并予以检讨提高。

(6)实施前的动员与沟通工作必不可少。

(来源:陈强.平衡计分卡促集团协同.企业管理,2020(6),中国知网收录)

注:本节内容设置的目的是向同学们提供一个如何将书本理论应用于实践的指引或提示,以利于同学们在社会实践、日常工作或真实案例场景中及时有效地思考相关理论在实践中的运用,或者尝试用已学过的理论知识解决现实问题。

有效推行绩效管理制度的技术性问题

企业绩效管理制度经过一番论证审批后就进入了具体实施的阶段。首先要明确规范的流程,其次还要根据企业的具体特点采取灵活、适宜的技术或者技巧来解决推行中遇到的问题。

一、关于制度正式发布前的"游说"

人力资源管理部门在制度正式发布前需要进行"游说"。这里的"游说"是指与绩效管理项目干系人进行沟通以得到干系人的理解与支持,特别要"游说"公司主营业务的负责人以及财务部门。"游说"的内容主要针对绩效管理制度的四个关键环节。

(1)人力资源管理部门要分清公司内部的哪些部门、哪些人员是"关键意见领袖"。

(2)平时要注意建立平等、尊重的工作关系,当然私人关系好也能促进工作推行。

(3)平时注意帮助业务部门解决力所能及的问题,了解他们的"痛点",给予建议与帮助,这样你求助他们时才会有积极的回应。

另外,HR展示出来的专业能力最能让他人信服,HR需要不断学习并了解业务,与业务讲同样的"语言",努力做到戴夫·乌里奇所说的"四种角色",这很关键。

(4)争取第一把手的支持是必须的。请注意"尚方宝剑"管用,但不能乱用。

二、关于人力资源管理部门有关负责人员的沟通技巧

人力资源管理者作为主要与人打交道的专业人员,需要学习一些心理学知识,了解沟通对象的心理需求与当前工作中的"痛点"。沟通中的"同理心"很重要,切忌仅从本部门利益出发进行说教,或以公司总经理的权威对部门进行压制。有关沟通技巧举例如下:

(1)善于倾听。人力资源管理者需要倾听业务经理和员工的意见、建议,理解他们的需求并给予积极回应。有的时候对方对你有看法,并非针对你将要推行的制度而是针对你的态度!

(2)善于表达。人力资源管理者需要清晰地表达自己的想法和意见,以便业务经理和员工能够理解。大多时候需要用一线员工都能听得懂的"大白话"解释复杂的概念和问题。有时需要幽默,必要时要学会业务的"行话"和基础员工的"语言",以便员工能够认同并更好地理解,切忌"扮高深"以显出自己专业。

(3)善于协商。人力资源管理者需要与业务经理和员工进行协商、谈判,以达成共识;需要具备灵活的思维和较强的说服能力。

(4)善于领导。人力资源管理者需要具备领导能力,在实际工作中,如会议、非正式场合中要展现出自信、责任和当机立断的能力,以便赢得信任和尊重。当然,这种"展现"要注意拿捏尺度,不要成为"喧宾夺主"式的"抢风头"。比如,制度实施取得一定的成绩,要在公开场合对业务经理的决断力和执行力进行赞赏,并表示真诚的感谢,切忌一味强调人力资源部门的贡献。请随时谨记,上场"踢球"争取进球获胜的是业务部门,而不是人力资源管理部门。

另外,人力资源管理者还要具备情绪管理能力,以便能够在情绪紧张和压力下保持冷静和理性。

模块二 绩效管理工具和技术选择与应用

【学习目标】

关键能力	能根据具体情况选择和应用适宜的绩效管理工具;
	能根据具体情况整合各类工具,培养综合统筹能力;
	在实践中能够有针对性地运用绩效管理技术;
	在学习与实训过程中,提升分析与判断能力,提高运用理论解决实际问题的能力
核心素养	通过学习如何选择绩效管理工具,培养学生审慎、务实的科学精神;
	通过学习绩效管理工具的整合,培养学生精益求精的精神与创新意识;
	通过学习绩效管理工具与技术,培养学生关注前沿和本土社会实践的意识,提升国际视野,不断超越自己,学习优秀标杆企业的包容、谦逊的胸怀
必备知识	理解五种绩效管理工具的主要内容;
	理解选择绩效管理工具的一般规则;
	理解绩效管理工具整合的必要性、可行性及应用途径;
	理解六类绩效管理技术的主要内容

一、基本知识

子曰:"工欲善其事,必先利其器。居是邦也,事其大夫之贤者,友其士之仁者。"

——《论语·卫灵公》

"工以利器为助,人以贤友为助。"孔子告诉子贡,一个做手工或工艺的人,要想完成工作,并且做得完善,应该先把工具准备好。同理,企业想要制定适宜的绩效管理制度,在企业中有效实施绩效管理制度,就必须对绩效管理工具有较为深入的认识,并且对工具的选择和应用做出正确的决策。

本模块主要学习各类绩效管理工具的概念、原则、特点以及选择与应用,同时还将探讨多种工具的整合技巧,以及绩效管理的几种主要技术。

(一)实际工作过程与理论学习场景

1.实际工作过程

在真实工作场所中,雷某关于绩效管理工具和技术选择与运用的工作思路,如图 2-10 所示。首先检讨现有绩效管理工具,根据公司现状评估引入新工具的可行性。其次研究对现有工具进行整合运用的可行性,并付诸实践。最后掌握各类绩效管理技术,在工作中灵活有效运用。

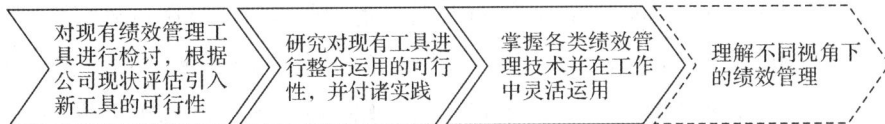

对现有绩效管理工具进行检讨,根据公司现状评估引入新工具的可行性 → 研究对现有工具进行整合运用的可行性,并付诸实践 → 掌握各类绩效管理技术并在工作中灵活运用 → 理解不同视角下的绩效管理

图 2-10 绩效管理工具和技术的选择与运用

2.理论学习场景

"工作过程与学习场景"矩阵(见表 2-3)。该表表明了学习内容知识点与工作过程中场景的链接点。

表 2-3 工作过程与学习场景矩阵

学习场景	工作过程		
	检讨现有绩效管理工具,根据公司现状评估引入新工具的可行性	研究对现有工具进行整合运用的可行性,并付诸实践	掌握各类绩效管理技术,在工作中灵活运用
绩效管理工具	√	√	
绩效管理技术			√
如何选择绩效管理工具	√		
组织变革——引入新的绩效管理工具	√	√	
如何实现绩效管理工具的整合运用		√	

(二)绩效管理工具

企业为绩效而生,企业没有绩效就难以生存和发展。企业生存与发展的过程就是绩效管理的过程。绩效管理不仅是人力资源管理的核心职能,也是企业实现组织战略目标最强有力的工具之一。本章将介绍绩效管理工具的发展历程、内涵特征及操作方法。

在西方工业领域,罗伯特·欧文(Robert Owen)最先于 19 世纪初将绩效评估引入苏格兰,他以白、黄、蓝、黑四种颜色涂成的木板反映工人在前一天工作中的表现。20 世纪 30 年代至 50 年代,又先后出现了图解评定尺度、关键事件技术以及特征评价方法,这种早期绩效表现性评价,主要由主管根据绩效周期内员工的工作表现,包括工作的数量、工作的行为等对其做出评价。其优点是操作起来比较简单,缺陷是它只是一种纯粹的人事评价工具,主观性和随意性比较大,评价结果的客观性受到很大质疑。20世纪80年代后期和90年代早期,随着人们对人力资源管理理论和实践研究的重视,绩效管理逐步成为被广泛认可的人力资源管理过程和理论研究的重点。主要表现为企业开始重视对客户、质量、技术、品牌和文化等非财务要素的评价,出现了财务指标评价和非财务指标的紧密接合,以及过程评价和结果评价紧密结合。与此同时,评价绩效管理的工具也有了极大发展,经济增加值(economic value added,EVA)、关键绩效指标(key performance indicator,KPI)和平衡计分卡(BSC)这些新的绩效管理工具应运而生。20世纪90年代后期,出现了以目标与关键成果(objectives and key results,OKR)为代表的新一代绩效管理工具。相信随着社会不断向前发展,如同企业组织的发展一样,绩效管理也将不断演进和变革,新的评价工具也会应运而生。

笔者的真实企业经历

某年,笔者担任国内某集团地区公司的人力资源总监,在地区公司中推行使用平衡计分卡(BSC)工具,经过一段时间的运行后,在当年集团的关键管理重点(key management focus,KMF)项目中中标,笔者牵头作为项目负责人,研究平衡计分卡系统在全集团中推行的可行性。之前集团全国各公司运用各类绩效管理工具,也没有统一的指引。项目团队经过一年的平衡计分卡系统本地化的论证、研究与试点后,项目结题,试点情况良好,解决了各类绩效管理工具的整合问题。

本项目获得当年"全国战略执行明星"大奖。笔者代表某集团接受了卡普兰教授的亲自颁奖。

1.目标管理

目标管理并非仅指一种工具,实质上是一种思想或理念。从思想或理念的角度看,可以说它是其后许多绩效考核工具的"祖师爷",为后来众多的绩效管理工具提供了基础设计框架。

1)概念

目标指管理活动要求达到的成果,是企业在一定时期内努力奋斗的方向。目标管理是以目标的设置和分解、目标的实施及完成情况的检查和奖惩为手段,通过员工的自我管理来实现企业经营目的的一种管理方法。这是一种科学且优秀的管理模式,组织最高管理者提出组织在一定时期的总目标,组织内部各部门和员工根据总目标确定各自的分目标,并在获得适当资源配置和授权的前提下,积极主动为分实现目标而奋斗,从而使组织总目标得以实现。

2)背景

目标管理(management by objective,MBO)是彼得 • 德鲁克(Peter Drucker)于1954年在《管理实践》一书中最先提出的,其后他又提出"目标管理和自我控制"的主张。德鲁克认为,并不是有了工作才有目标,而是相反,有了目标才能确定每个人的工作。

3)特点

目标管理的指导思想以 Y 理论为基础。Y 理论认为,在目标明确的条件下人们能够对自己负责,其理论依据是心理学与组织行为学中的目标论,即任何一个组织制定目标并强调目标成果的评定,都可以改进组织的工作效率和员工满意度。目标管理是一种参与的、民主的、自我控制的管理制度,具有以下特点:

(1)目标管理是一种系统化的管理模式,要求有明确完整的目标体系;

(2)不仅强调员工的主动参与,更注重员工在完成目标过程中的自我控制;

(3)注重成功管理,看重管理实效;

(4)为更好完成目标,重视员工的培训和能力开发。

4)内容

目标管理的目的是以完成目标为手段,调动所有员工的最大积极性,从而保证实现组织的总目标。把这些目标作为组织经营、评估和奖励团队和个人贡献的标准,其核心就是明确和重视成果的评定,以最终成果的大小或者完成程度来评定员工的绩效。目标管理包括目标的分解和设置、实现目标、检查完成情况及奖惩,可以将其概括为建立目标体系、实现目标和核定绩效三个方面。

(1)建立目标体系。企业领导人必须根据企业的使命和战略,分析外部客观环境以及企业自身的优势和劣势,先确定组织的总目标,并评估组织结构和职责分工后,设定部门分目标,最后在直线经理的主导下,动员下属员工一起共同商定员工的个人目标,并把目标具体化展开。由此在组织内部建立了一个相互联系的目标体系,这种体系能把员工有机地组织起来,使团队共同努力,达成企业的总目标。

(2)实现目标。组织中各层次、各部门的成员为达成分目标,需要计划和开展相应的活动,活动中必须利用一定的资源。为了让员工能够正常顺利地开展工作,组织会授予其相应的权利,使员工有能力调动和利用必要的资源。在工作使命感和责任感的推动下,员工可以利用资源和权利,充分发挥判断力和创造力,使实现目标的活动有效进行。实现目标的过程中,如果出现一些不可预测的情况,需要上级和下级根据实际情况,对目标进行调整和反馈。

(3)核定绩效。要事先确定各级目标完成的期限,定期进行检查。检查方法可采用自检、互检和直线经理检查等多种形式。检查的依据就是事先确定的目标。对于最终结果,应当根据目标进行评价,并根据评价结果进行奖罚。奖罚与员工个人的实际经济收益和职位调整挂钩,并成为制定培训需求的重要依据。

5)优缺点

目标管理自从 20 世纪 50 年代被广泛应用后,在管理学界产生了很大的反响,是被普遍认可的一种绩效管理工具。目标管理与其他绩效管理工具一样,有优点亦有缺点。下面分述其优缺点:

(1)目标管理的优点。

①改进管理。目标管理使各项活动的目的更明确,促使企业管理人员考虑计划的执行效

果,而不仅仅是计划本身。有明确的目标,就有了控制的标准,也有了评价部门和个人绩效的标准。

②优化组织结构和明确职责分工。目标管理要求尽可能把完成一项组织目标的成果和责任划归一个部门或者职位。这项原则的实施,有利于发现组织的缺陷——授权不足与职责不清。同时促进分权管理,让组织具有了一定的弹性。

③有效加强控制。目标管理本身就是一种控制的方式,即通过目标分解,最终保证组织总目标实现的过程,这是一种结果控制的方式。目标管理不是简单地分解目标,在目标管理过程中管理层要经常检查目标完成情况,进行评比,有偏差及时纠正,有困难及时解决。组织若有一套明确的可考核的目标体系,那么其本身就是进行监督控制的最好依据。

④激发员工积极性。由于目标是商定的,员工明确了自己的工作在整体工作中的地位和作用,参与讨论并做出承诺,同时取得了授权和支持,所以目标本身就具有激励性。通过实现目标和奖励,将个人利益和企业利益紧密联系在一起,这时员工不再只是听从命令、等待指示的被动工作者,而是自我控制、积极施展才华的主动工作者。

⑤改善人际关系。在制定各级目标时,上级为了让员工真正了解组织希望达到的目标,必须和员工进行协商,必须通过良好的上下级沟通达成一致,从而使组织各项活动有序进行,上下级之间的沟通会得到改善。

(2)目标管理的缺点。

①缺乏长远性。过分强调短期目标,有可能损害企业的长期战略。

②无法搭建合适的目标体系。外部环境日趋复杂,可变因素增多,组织内部活动也日益多样化。这些变化,导致组织战略模糊不清或者战略不稳定。但管理人员必须明确知晓企业的战略,以及如何适应这些战略,才能构建目标体系。若管理人员无法设置匹配战略发展的目标,将会导致无法构建合适的目标体系。

③偏离正确的目标。片面追求目标的可考核性,过分使用定量目标,在不宜定量的领域也力图使用数量进行描述,指挥棒方向不准,给员工错误的引导,损坏公司利益。

④直线经理不合格。直线经理对业务不够熟悉,对战略理解不到位,或者由于欠缺足够的沟通能力,在对下属进行解释的过程中发生偏离,造成目标设定不合理。员工在执行目标过程中发生偏差时,直线经理不能给予员工必要的反馈和有效的辅导。

德鲁克的目标管理思想中隐含着三个假设,请思考第三个假设是什么。

(1)目标管理的对象是知识工作者;(2)知识工作者是"有责任心的工人",能够进行自我控制。(3)?

2.关键绩效指标(KPI)

1)概念

关键绩效指标(KPI)是指一系列评价企业业绩的指标。它是用来衡量部门或者员工绩效的具体量化指标,是对工作完成结果最直接的衡量指标,是企业在实现战略目标时所需要关注的重要绩效指标。KPI与企业的战略目标密切相关,是对企业总体战略目标的分解,是最能有效影响企业价值创造的关键驱动因素。设立KPI的目的在于:使经营管理者将精力集中在对绩效有最大驱动力的经营行动上;及时诊断在生产经营活动中出现的问题;帮助企业了解自身的绩效表现,从而寻找改善和优化方向,提高绩效。

KPI的理论基础是"二八原理"。"二八原理"是由意大利经济学家帕累托提出的经济学原理,其核心意思是在企业价值创造过程中,存在着"80/20"的规律,即20%的骨干人员创造了企业80%的价值。在每一位员工身上"二八原理"同样适用,即一个员工80%工作任务是由20%关键行为完成的。因此,必须抓住20%的关键行为,对之进行分析和衡量,这样就能实现目标最大化、企业利益最大化。

2)背景

以"考核"为核心的普通绩效管理诞生于19世纪90年代,KPI是其代表,当时主流产业为制造业。制造业经历了近百年的发展,已经具备了成熟的、标准的流程,分工也做到了精细化和专业化。组织和团队效率的提升主要依赖整体流程的优化及精细的分工,这使得大部分工作可量化。另外,精细化分工和标准的流程化生产带来的附加好处,是岗位的培训成本较低、成熟工种所需的培训过程相对较短、替换员工的成本较低。员工的内在驱力是否被激发,对组织的整体效能来说影响较小。在当时大背景下,以"量化"为核心,一切以结果为导向的考核机制是行之有效的。

在制造行业里,普通员工的工作具有以下特点:

(1)分工明确,职责仅限于当前岗位;

(2)工作容易量化;

(3)使用的技术单一;

(4)工作内容重复度高;

(5)要求遵守流程和岗位规范;

(6)具有保守、顺从、执行能力强等特点。

3)特点

作为最常见的绩效考核工具,KPI被广泛运用于各行各业。它具有以下特点:

(1)KPI中的指标均是具体的关键绩效指标。从本质来看,KPI只考核员工的关键绩效指标,并不求全责备,而是针对员工最具代表性、引领性和关键性的工作进行考核。

(2)KPI指标的设定目的,是推动达成企业的战略目标。KPI的相关指标均从战略目标分解而来,服务于企业发展战略。

（3）KPI将个人和部门的绩效与组织绩效直接关联起来。KPI是逐层分解而来的，从企业到部门直至个人，层级之间存在着极强的关联性。

（4）KPI的设计主要基于企业的发展战略与流程。KPI并非以目标完成为导向，所有考核指标的设置均基于企业的发展战略与流程。

4）内容

关键绩效指标是衡量绩效的一种目标式量化管理指标，是把企业的战略目标分解为可操作的工作目标的工具，是企业绩效管理的基础，是用于衡量部门、员工绩效的量化指标，是绩效计划的重要组成部分。KPI以战略为中心，指标体系的设计与运用都为组织战略目标的达成服务；以控制为目的，指标体系的设计与运用来源于控制的意图，也是为更有效地控制个人的行为服务。工作中主要精力要放在关键结果和关键过程上，考核时放在关键绩效指标上。考核工作一定要围绕关键绩效指标展开。

指标产生的方式有两种：一是在组织内部自上而下，对战略目标进行层层分解产生；二是自下而上，根据个人以往的绩效产生。

指标基于组织战略目标与竞争要求的各项增值性工作产出，来源于特定的程序，即对过去行为与绩效的修改。

指标构成中，财务指标与非财务指标相结合，以财务指标为主非财务指标为辅，体现了关注短期效益兼顾长期发展的原则。指标本身不仅传达了结果，也传递了产生结果的过程，注重对过去绩效的评价。指导绩效改进的出发点是过去绩效存在的问题。图2-11展示了以鱼骨图分解的某业务主管岗位KPI指标。

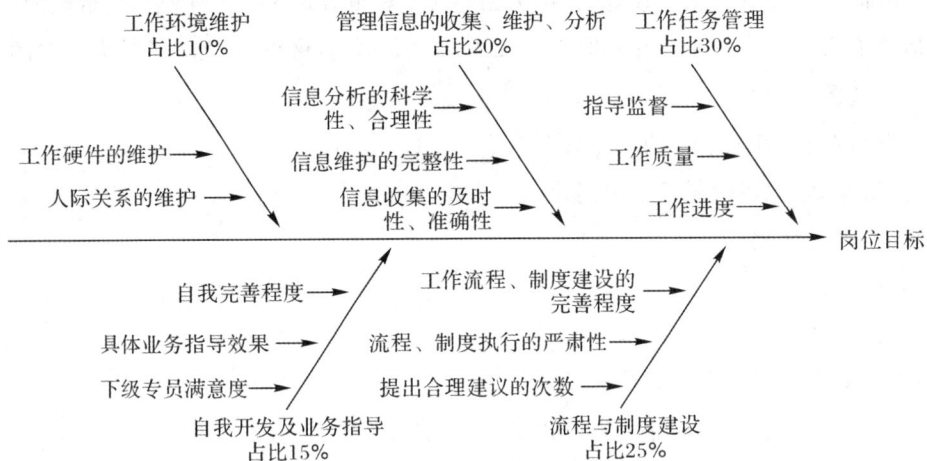

图2-11　业务主管岗位鱼骨图分解KPI指标

（1）KPI有以下三层含义：

①KPI是用于管理和考核被评估者绩效的可量化或可行为化的标准体系。

②KPI体现为对组织战略目标有增值作用的指标。它是连接个体绩效与组织战略目标的桥梁。

③通过在 KPI 上达成的承诺,员工与管理人员进行工作期望、表现及未来发展沟通。

(2)以互联网行业为例,以下为常见的 KPI:

①新增用户占总用户的百分比;

②活跃的用户数量;

③软件的新版本上线后发现的 bug 数量;

④客户的投诉数量;

⑤产品延迟交付的次数。

5)KPI 的优缺点

(1)企业利用 KPI 进行考核具有以下三个优点:

①目标明确,有利于战略目标的实现。KPI 与战略目标息息相关,指标的完成与否直接关系到战略目标能否达成。用 KPI 考核员工绩效能够更有力地推进组织战略目标的达成。

②简便快捷,有利于绩效考核落地执行。相对来说,KPI 考核属于绩效考核高度成熟领域,在指标制定上,更多地依靠战略目标的分解。当目标确定后,除非企业战略重心发生转移,每年每个岗位均可依照该目标进行考核,只需要更改指标标准即可。对人力资源部门来说,KPI 制定程序简便,内容简单;对员工来说,KPI 指标要求简单明了,易于员工落实执行,也便于绩效考核工作的开展。

③指标明晰,有利于衡量员工贡献。对大部分企业而言,变化指标少而保持不变的指标多,每年只须依据当年的具体管理情况制定相应的标准。在这种情况下,管理者就可以衡量某个岗位连续几年的贡献,从中看出该岗位员工的成长幅度,对于员工的岗位调整也有了更多的参考依据。

(2)企业利用 KPI 考核员工业绩也存在如下不足:

①KPI 考核往往是被动考核。虽然考核指标是由管理者与员工共同商议确定的,但在执行中,指标是由战略指标分解到每个员工的,因此指标的弹性较小。在考核过程中,员工更多的是被动地接受相应指标,激励效果有限。

②KPI 考核属于机械考核。指标确定后一般不常修改,因为反复修订的指标缺乏权威性,但一成不变的指标又难以考虑到所有外部因素,所以部分指标很难保证科学公正。

③KPI 考核只关注 20% 的关键指标。关键指标固然能够考核核心工作,但在具体执行上难免造成员工行为偏差,导致部分员工只关注自己的核心指标,不关心岗位整体的工作。尤其是 KPI 通常只涉及本岗位工作,没有跨部门、跨职能考核,不利于促进不同部门的员工相互合作,可能会给企业管理工作带来潜在的负面影响。

④KPI 考核的负面激励大于正面激励。在具体应用上,KPI 考核更多地采用负面激励,如未完成 KPI 的惩罚举措是降低员工收入等,这样不利于队伍建设。

6)适用

不同类型的企业应结合自身情况灵活使用 KPI 考核工具,不生搬硬套,不过度依赖,避免因为过于注重量化考核指标而背离原本的企业总体目标。

作为当前较为主流的考核方法,KPI在很多行业和企业得到了广泛应用,但这并不意味着KPI考核法适用于所有企业和岗位。相对来说,KPI考核法更适用于以下企业或岗位:

(1)处于传统行业中的企业。KPI必须是可测量的。许多新兴行业中的企业的发展指标、考核要求很难量化,使得这些企业就很难采用KPI考核法。相应地,大部分传统行业对应的发展指标、工作标准都更为清晰可测,尤其在传统的制造业、销售服务业等领域,KPI的适用性更强。

(2)处于成熟期的企业。成熟的企业往往有更为明确的战略规划和更为清晰的年度指标计划,内外部环境也趋于稳定,这些都是企业制定合理的关键绩效指标的前提条件。相对来说,很多初创公司的发展目标难以科学测量,员工往往身兼多职,很难测算其关键绩效指标。

(3)内部管理成熟的企业。KPI考核法的核心是员工的关键绩效指标,如果该企业的内部管理尚未成熟,就会导致很多员工只关注关键绩效指标,而对其他管理行为置之不理。内部管理成熟的企业拥有较为完善的管理流程,员工队伍基本稳定,培训体系更为完善,便于规范员工在关键考核指标之外的日常性工作与常规化操作行为,可以避免考核工作出现偏差。

(4)与组织战略目标紧密相关、对组织的增值或未来发展潜力有直接贡献的岗位,如总经理、中高层管理人员、研发人员、销售人员,但不太适用于事务性岗位。

请思考,KPI能够充分发挥作用,必须有哪几个必备条件?

3.平衡计分卡(BSC)

1)概念

平衡计分卡(BSC),是从财务、客户、内部运营、学习与成长四个角度,将组织的战略落实为可操作的衡量指标和目标值的一种新型绩效管理工具。

2)背景

1990年美国的罗伯特·卡普兰(Robert Kaplan)教授,在1987年于美国半导体公司ADI公司提出的记分卡基础上,与复兴全球战略集团总裁大卫·诺顿(David P. Norton)开始了平衡计分卡的理论研究。研究课题首先从公司绩效考核开始,以卡普兰教授为主,成立了项目组,包括通用电气、杜邦、惠普等12家著名企业。1992年平衡计分卡研究结果在《哈佛商业评论》公开发表。此后BSC在企业界受到广泛关注并开展实施,还延伸到了非营利性的组织机构包括美国政府。

3)特点

BSC帮助企业了解促使其成功的真正原因。仅用财务指标,无法判断企业是否真正实现了其经营目标。因为财务指标反映的是过去的业绩,而不能指出未来的状况。单独使用财务指标衡量企业的发展,对许多企业的长期利润有不利影响,因为财务指标注重短期利润而忽略了企业与外部环境的关系,而且财务指标不能反映企业的全貌。

BSC 考虑到信息时代企业的动态特性,在国际上首次系统化地将企业的远景、战略和绩效测评相联系,将外部期望与内部能力相均衡,将当前利润和未来绩效相均衡。BSC 保留了财务指标,但同时瞄准超前指标,因此 BSC 更注重对未来竞争力的推动而不只是简单统计过去的利润。BSC 的特点是,集综合测评、管理控制与内部沟通功能于一体。

(1)综合测评。BSC 通过使用大量的超前和滞后指标,评价企业是否向着其战略目标方向前进。特别是超前指标的运用,对于可能引起的财务状况下降的当前活动作出提示。而传统的财务指标在时间上不够及时,当从财务报表或季度报告上发现销售额下降时已为时太晚。

(2)管理控制。BSC 把企业测评与企业战略联系起来,清楚地将企业目标展示给管理者,使管理者注意对未来产生影响的活动,增强有利于企业成功的因素,这对财务结果有推动作用。

(3)内部沟通。BSC 使员工明白他们的表现会如何影响企业的成功,也可使管理者了解影响企业进步的日常因素,从而帮助企业作为一个整体从管理集团到一线员工对外界变化做出更快的响应。面对当前变化迅速的市场,这一点尤为重要。

4)内容

围绕企业的战略目标,利用 BSC 可以从财务、客户、内部运营、学习与成长这四个方面对企业进行全面测评,BSC 就是要对上述四个方面进行平衡,主要是通过图、卡、表来实现战略规划。图:指战略地图;卡:指平衡记分卡;表:指 KPI 指标表和行动计划表,统称"平衡记分卡系统"。

在企业实践中,在使用 BSC 前应建立"战略地图"来清晰地描述企业战略,然后使用 BSC 建立衡量战略的各项指标,最后应用 KPI 指标表来具体界定各项指标及其标准,以及应用行动计划表来进行推进和监控 KPI 的实施。

在使用时对每一个方面建立相应的目标以及衡量该目标是否实现的指标。BSC 中各项测量指标并不是孤立地存在,它们与目标相联系,而这些目标自身又相互关联,并最终都以直接或间接的形式与财务结果相关联。

(1)财务方面。其目标是解决"股东如何看待我们"这一类问题。企业管理者的努力,是否会对企业的经济收益产生积极的作用。财务方面指标包括传统的财务指标,如销售额、利润额、资产利用率等。

(2)客户方面。其目标是解决"顾客如何看待我们"这一类问题。通过顾客的眼睛来看一个企业,从时间(交货周期)、质量、服务和成本几个方面关注市场份额以及顾客的需求和满意程度。其指标可以是送货准时率、顾客满意度、产品退货率、合同取消数等。

(3)内部运营。其目标是解决"我们擅长什么"这一类问题,报告企业内部效率,关注导致企业整体绩效更好的过程、决策和行动,特别是对顾客满意度有重要影响的企业过程。如生产率、生产周期、成本、合格品率、新品开发速度、出勤率等。

(4)学习与成长。其目标是解决"我们在进步吗?"这一类问题,将注意力引向企业未来成功的基础,涉及雇员问题、知识资产、市场创新和技能发展。在当前市场环境下,只有竞争优势是不够的,但必须能够保持这种优势,这就需要不断地创新、改进和变化。只有通过发布新产品,为顾客增加新的价值,不断改进运行效率,企业才能够进入新的市场,增加收入和利润。图2-12是战略地图与平衡计分卡的示意图。

5)从战略地图到 BSC

战略地图是将组织在经充分提炼后的战略要点以一种逻辑关系的可视化体现。它清晰地描述了价值创造的过程(见图 2-12)。实质上,将战略地图上的各战略要点(战略主题)KPI化就得到 BSC。

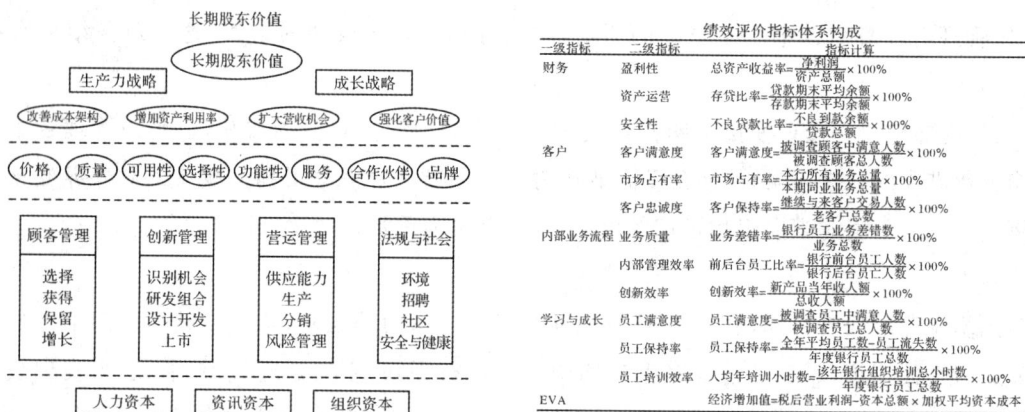

图 2-12　战略地图与平衡计分卡示意图(来源:万方网络)

6)优缺点

(1)实行 BSC 的优点。

①为企业战略管理提供强有力的支持。随全球经济一体化进程的不断发展和市场竞争的不断加剧,战略管理对企业持续发展而言更为重要。BSC 的评价内容与相关指标和企业战略目标紧密相连,企业战略的实施可以通过对 BSC 的全面管理来完成。

②提高企业整体管理效率。BSC 的四个方面都是企业未来成功发展的关键要素,通过BSC 提供的管理报告,将看似不相关的要素有机地结合在一起,可以大大节约企业管理者的时间,提高企业管理的整体效率,为企业未来成功发展奠定坚实的基础。

③注重团队合作,防止企业管理机能失调。团队精神是企业文化的集中表现,BSC 通过对企业各要素的有机组合,让管理者能同时考虑企业各职能部门在企业整体中的不同作用与功能,使他们认识到某一领域的工作改进可能是以其他领域的退步为代价换来的,促使企业管理部门考虑决策时要从企业大局出发,慎重选择可行方案。

④考核更全面,具有公平性。BSC 能反映组织综合经营状况,使业绩评价趋于平衡和完

善,有利于组织长期发展;考虑财务和非财务的因素,考虑内部员工和外部客户,短期利益和长期利益相结合;促进了长期目标与短期目标之间的平衡,结果和过程的平衡,管理业绩和经营业绩的平衡。而以往的考核工具和手段往往只考虑财务的、内部的、短期的利益,忽视了企业长期的、非财务的、外部的要素,因而采集的考核信息不完整、不对称。

(2)实行 BSC 的缺点:

①系统庞大,短期内很难体现其对战略的推动作用。因为战略属于长期规划范畴,所以BSC 的实施周期也相对比较长,短期内很难见到效果,而且需要调动整个公司的资源。

②实施难度大,工作量大。首先准确定位公司战略本身就对高层管理者的管理素质要求很高,同时也要求各级管理人员和 HR 工作者对战略的解码能力很强。而且 BSC 考虑的考核要素很完整,造成工作量很大,实施的专业度也很高,一般企业如果不具备完整规范的管理平台,缺乏有相关的高素质的管理人员和 HR 专业人员,是很难推广 BSC 的。

③不能有效地考核个人。BSC 本身的目标很难分解至个人,它是以岗位为核心的目标分解,在体现个人关键素质要求方面体现不明显,会在一定程度上造成岗位职责和素质要求不明确。

7)适用

相比其他绩效管理工具,BSC 相对比较复杂,并不是所有公司都适合以 BSC 作为绩效管理工具。在以下场景可以考虑实施 BSC。

①公司业务成熟,外部市场相对较稳定,内部各岗位的工作相对固定,实施 BSC 可以让岗位的绩效指标更加多元。

②处于业务转型期的公司。公司可以利用 BSC 实现传统业务与新战略的衔接,例如许多传统产业处在转换阶段,公司有了新的战略发展方向,正在大力发展新业务线,这时可以用BSC 帮助公司理清实现战略需要的相关指标。

③管理升级的公司。对于一些原本绩效管理水平比较差,现行绩效管理工具不能起到支持公司战略的公司来说,可以把 BSC 作为落实战略的工具。通过把 BSC 作为公司的绩效管理模式,BSC 可以作为公司目标体系建设、业绩控制、绩效衡量的有效方式。采用 BSC 对绩效目标进行层层分解,发现绩效存在问题的环节,改善岗位的绩效水平,可以提高公司的绩效水平,更好地实现公司战略。

请比较 BSC 与 KPI,分析你所知道的某一个企业的绩效管理,为什么采用BSC 或者 KPI 作为管理工具。

图 2-13 是一家医疗机构的战略地图,试分析之。

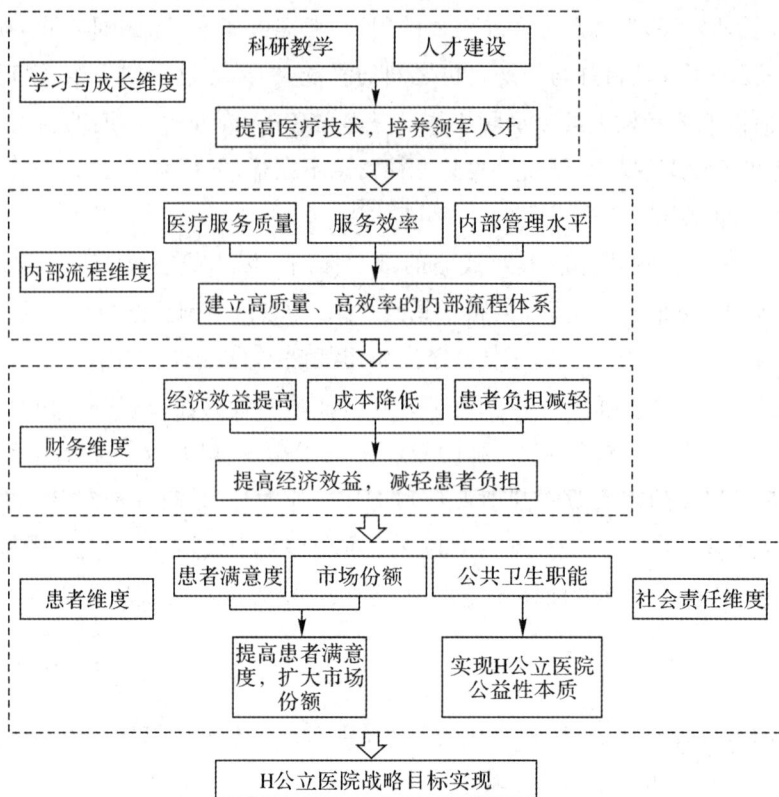

图 2-13 某医疗机构的战略地图

（来源：《医疗健康组织的绩效管理研究》，南京大学经济管理学院，2019）

4. 经济增加值(EVA)

1)概念

经济增加值(EVA)，即经济利润，也称剩余收入，它是测量公司一定时期内经营业绩的指标。它衡量了减去全部资本占用费用后企业经营产生的利润，是评价经营效率和资本使用效率的综合指数。这种经济利润，是属于投资者所有的真实利润，更加真实地反映了企业的业绩。其表达式如下：

$$EVA=税后净营业利润-资本成本$$

$$税后净营业利润=收入-成本+(-)EVA调整-所得税$$

$$资本成本=资本投入额\times加权平均资本成本率$$

2)背景

20 世纪 80 年代，股东价值观念在美国兴起了第二次高潮，美国出现了新的企业业绩评价方法。1982 年美国咨询公司"斯图尔特公司"正式提出 EVA，从股东角度重新定义了企业的利润，考虑了股东投入的资本成本。自 EVA 评价方法产生以来，许多著名企业比如 AT&T、可口可乐、通用电气均采用该方法评价本企业及下属各业务部门的经营业绩，推动了 EVA 的广泛应用。

3）内容

EVA能够建立有效的激励报酬系统，这种系统通过将管理者的报酬与EVA指标挂钩，正确引导管理者的努力方向，EVA指标着眼于企业的长期发展，而不是利润那种短期目标，所以能促使管理者充分关注企业的资本增长和长期经济效益。EVA的评价体系提供了一个单一的、协调的目标，使得决策模式化便于监测。

人力资源部可以建立以EVA为核心的激励机制和绩效评价标准，找到影响EVA的关键因素，建立一套评价指标用以测评、报告并改善业绩。

EVA本质上也是一种财务指标，并没有避免财务指标的缺陷。

请思考，EVA描述的是BSC的哪个方面？

---

5. 目标与关键成果法（OKR）

目标与关键成果法（OKR）是从传统绩效管理工具发展出来的新形式，OKR是一套明确跟踪目标完成情况的管理工具和方法。OKR的逻辑如图2-14所示。

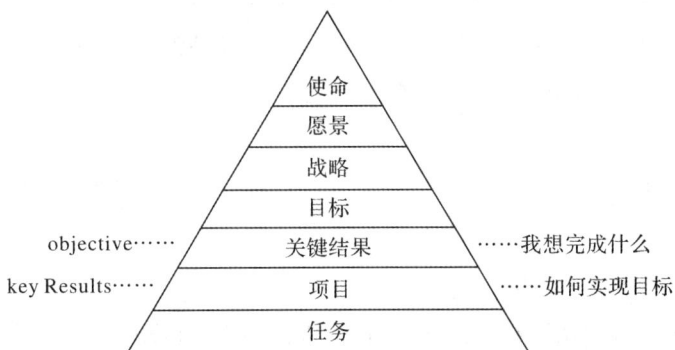

图2-14 OKR的逻辑

1）概念

（1）OKR是一个批判性的思维框架和持续性的行为准则，旨在确保员工共同工作，并集中精力做出可衡量的贡献。

（2）O是要完成的目标，回答的是"我和我的团队想要完成什么"；KR是具体如何实现这些目标，是一系列可衡量的关键结果，回答的是"我如何知道自己是否达成了目标"。

（3）OKR根据组织的使命和愿景，通过内部的协商与决策，结合自上而下与自下而上两种途径，明确组织在一定时期内的目标以及能达成该目标的可衡量的关键结果，由此帮助组织中的成员明确目标和具体的努力方向。

（4）OKR是一种战略落地工具，企业必须先确定自己清晰的战略，OKR才有可能实施成功。从图2-15中企业管理的金字塔可以看出，上端是企业的"使命""愿景"和企业的"战略"，中间层的"目标""关键结果",将企业模糊的"战略"解码落地,变成底端具体的"项目"和"任务"。OKR就是一个"战略"和具体"项目、任务"的连接器。

2)背景

OKR由英特尔公司创始人安迪·葛洛夫(Andy·Grove)发明,并由约翰·道尔(John·Doerr)引入谷歌使用,1999年在谷歌发扬光大,后在Facebook、Linked in等企业广泛使用。2014年,OKR传入中国。2015年后,百度、华为、字节跳动等企业都逐渐使用和推广OKR。

3)特点

(1)轻便。OKR最大的价值是能帮助企业快速迭代,让员工小步快跑,敏捷试错,错了马上调整方向。一般来说,OKR以一个季度为单位,对战略进行闭环管理,如果跑偏,战略会对OKR进行一定程度的校准。

(2)简洁。每个员工的目标不会超过五个,每个目标的KR不会超过五个。如果目标过多,会使得重点不突出,员工注意力被分散。一般来说,设定三个目标,每个目标设定三个KR为宜。

(3)公开。企业所有的员工参与制定OKR,在OKR实践周期,每个人的OKR都是完全公开透明的,任何人随时都可以查阅。公开透明可让员工清晰了解公司的大目标和团队的目标,有助于增强员工的全局意识,大大提高了团队和员工之间的协作效果,激发了员工的工作热情和个人的工作成就感,同时也便于组织监督管理。

4)内容

(1)OKR能将目标管理彻底执行到部门、岗位。制定OKR的时候,要跳出部门的藩篱,站在公司全局的高度来思考,可以帮助员工理解组织愿景,引发他们对业务的深入思考,从而找到实现自我价值的途径。

(2)通过OKR筛选出认同组织战略、目标感强的员工。OKR更加关注员工的优势,关注当前和未来的发展机会,而不是过多地关注员工过去做得不好的方面。

(3)一个员工的"O",是在理解组织的使命、愿景、战略的基础上制定出来的。他的"O"一定要与组织的使命、愿景、战略相关;一个员工的"KR",代表的是他实现"O"的策略和路径。如果他的"O"达成了,表现出来的结果便是"KR"。

(4)OKR的考核结果与员工的经济利益不直接挂钩。组织的重点,从"考核员工的绩效"转变为激励员工创新,挑战更高的目标,对跑偏行为及时纠正,提升员工的能力。

5)适用

(1)OKR适用于那些外部环境、政策变化快的企业,也适用于那些运营灵活、平台化和扁平化的企业,比如互联网、风投、文化创意、知识密集型等新兴产业。

(2)OKR适用于快速扩张的企业,或者实施项目团队运作的组织。部门边界不明显,团队成员职责不是非常清晰,以共同完成某项任务为目标。

(3)OKR特别强调绩效的过程管理,对管理者和员工的沟通能力要求很高。

（4）OKR允许企业赋予员工很大的自主权，让员工一定程度地自下而上地选择、确定自己的OKR，这个巨大的空间给了员工创新的自由。这要求员工具有足够的主观能动性，对于更好完成工作有强烈的内在驱动力。年轻人比例较高傲，不喜欢行政指令，不喜欢被约束，希望在工作上获得更高的主动权，他们特别适合用OKR。

（5）传统行业、职能型单位不适用OKR。

除了以上绩效管理工具外，有的教科书将360度考核技术、标杆基准法、个人业务承诺（personal business commitments，PBC）当作绩效管理工具。在本书中笔者将它们归类为绩效管理技术。比如，根据360度考核技术的特点，本书认为其主要作用是运用以上工具时采用的一种考核主体选择的技术。当然经济增加值（EVA）就无须进行360度考核。其实，目标管理也同样是类似的情况。

各类绩效管理工具又有交叉或融合。例如在实施平衡计分卡时，运用KPI和360度考核技术；将EVA与平衡计分卡结合；在公司内一部分岗位实施OKR，另一些岗位则实施KPI。以上三种情形皆运用了目标管理思想。有关绩效管理工具整合运用问题，我们将在后面模块中进行讨论。

不少企业都通过OKR实现了增长和创新，国外有谷歌、亚马逊、领英、微软、推特，国内有字节跳动、百度、知乎、美团、华为等。请你思考，并说出这些成功实施OKR的企业的几个共同点。

（三）绩效管理技术

谈到"技术"时，应该把其与"工具"区分开来，不能混为一谈。在生活中有各种各样的工具，我们经常会用到这些工具，并且在创造和使用工具的过程中用到很多技术。可以这样理解：工具是完成任务的手段或器物，技术是为完成任务在使用工具过程中的方法。从这个角度来说，绩效管理技术是在使用绩效管理工具过程中所应用的具体方法。

绩效管理技术的作用不言自明，可以说企业人力资源管理者不懂绩效管理技术就根本无法开展绩效管理工作。学生不学习绩效管理技术，对绩效管理只能是一知半解，"飘在空中"。

对于绩效管理技术专门进行研究是本书的一大特色。学习这些技术有助于同学们真正将大学里学到的理论落地。

请思考：360度考核是技术还是工具？

在明确界定绩效管理技术的相关概念和作用后，本书主要学习绩效指标设计、指标权重设计、绩效标准设计、规避误差技术、绩效数据分析以及考核表的设计等相关技术。无论应用哪种绩效管理工具，都会涉及这些技术中的一项或几项。

1. 绩效指标设计

1）定义

绩效指标（performance indicator）是用来衡量绩效目标达成的标尺，即通过对绩效指标的具体评价来衡量绩效目标的实现程度。

组织根据所在行业、业务类型、组织所处的发展阶段和经营管理状况，建立组织个性化的指标库。

2）类型

按照不同的分类维度，绩效指标包括以下类型：

（1）硬指标和软指标，也称为定量指标和定性指标。

①硬指标以统计数据为基础，比如销售额、新产品数量等。硬指标把统计数据作为主要评价信息，硬指标摒弃了个人经验和主观想法，客观可靠。硬指标太多或者计算过程复杂时，也可借助电脑等工具来协助完成，提高评价的可行性和时效性。不过硬指标的评价过程很程序化，评价结果可能缺乏应有的弹性，出现偏颇。

②软指标被称为评价指标。当评价所依据的数据不够可靠，或者评价的指标难以量化时，需要由专家或者主管做出主观分析，直接打分或模糊评判（如好、一般、差）。软指标的优点在于，这类指标不受统计数据的限制，可以充分发挥人的智慧和经验。主观评价的过程往往能够综合更多的因素，考虑问题更加全面，能避免或减少统计数据可能产生的片面性和局限性，它能够更广泛地运用于评价各种类型的员工。随着科学的发展和模糊数学的应用，软指标评价技术得到了迅猛发展。软指标的缺点在于，评估结果受评价主体的能力和意识影响很大，对评价主体的要求很高。为避免主观判断可能带来的误差，可以通过以下设计进行规避：

A. 由多个评价主体集体共同做出；

B. 评价主体必须对评价对象所从事的工作相当了解；

C. 评价主体必须是该领域的专家，具有做出正确评价的能力。

③在实际评价工作中，组织将两类指标加以综合应用，以弥补各自的不足，提高绩效评价结果的科学性和实用性。

（2）"特质、行为、结果"三类绩效评价指标。

在企业实际绩效管理中，综合运用"特质、行为、结果"这三类指标，进行绩效评价指标体系的设计，较为常见。"特质、行为、结果"三类绩效评价指标对照如表2-4所示。

表2-4 "特质、行为、结果"三类绩效评价指标对照表

	"特质"绩效评价指标	"行为"绩效评价指标	"结果"绩效评价指标
适用范围	适用于对未来的工作潜力做出预测	适用于评价可以通过单一的方法或程序化的方式实现绩效标准或绩效目标的岗位	适用于评价那些可以通过多种方法达到绩效标准或绩效目标的岗位

续表

	"特质"绩效评价指标	"行为"绩效评价指标	"结果"绩效评价指标
不足	(1)没有考虑情境因素,通常预测效度较低; (2)不能有效区分实际工作绩效,员工易产生不公正感; (3)将注意力集中在短期内难以改变的人的特质上,不利于改进绩效	(1)需要对那些同样能够达到目标的不同行为方式进行区分,以选择真正适合组织需要的方式,这一点是十分困难的; (2)当员工认为其工作重要性较弱时,该指标意义不大	(1)结果有时不完全受评价对象的控制; (2)容易诱使评价对象为了达到一定的结果而不择手段,使组织在获得短期效益的同时丧失长期利益

资料来源:杨杰,方俐洛,凌文辁.对绩效评价若干基本问题的思考[J].中国管理科学,2000(4).

(3)平衡计分卡中分类的四类指标。

财务指标与非财务指标、客观指标与主观指标、前置指标与滞后指标、评价指标与监控指标。这种分类方法科学,而且反映全面,被越来越多的企业采纳。

(4)业绩、能力、态度三类指标。

目前大多数企业采用此方法对考核指标进行分类。部门级只是业绩指标,包括业绩、工作任务和关键事项等;员工级则包括业绩、能力、态度三类指标。

3)方法

设计绩效指标的一般方法主要包括以下六种:工作分析法、个案研究法、问卷调查法、专题访谈法、经验总结法和标杆法。

(1)工作分析法。

进行工作分析是人力资源管理的基本职能,是确定完成各项工作所需履行的责任和具备的知识技能的系统工程。工作分析由两部分组成,一是职位说明,二是任职资格。职位说明包括工作性质、职责、进行工作所需的各种资料、工作的物理环境、社会环境、与其他工作相联系的程度等与工作本身有关的信息。任职资格包括员工为了完成本工作应具备的智力、体力、专业知识、工作经验、技能等相关要求。

在制定绩效指标的过程中进行的工作分析,其重点是分析从事某一职位工作的员工需要具备哪些能力和条件,其职责与工作任务完成情况应以什么指标来评价,并指出这些能力和条件及评价指标中哪些比较重要,哪些相对不那么重要,并对不同的指标完成情况进行定义。

(2)个案研究法。

个案研究法是指对个体、群体或组织在较长时间里连续进行调查研究,并从典型个案中推导出普遍规律的研究方法。例如,根据测评的目的和对象,选择若干个具有典型代表性的人物或事件作为调研对象,通过对他们的系统观察和访谈来分析、确定评定要素。

常见的个案研究法有典型人物(事件)研究与资料研究两大类。典型人物研究是以典型人物的工作情境、行为表现、工作绩效为直接对象,通过对他们的系统观察和分析研究来归纳总结出他们所代表群体的评定要素。资料研究是以表现典型人物或事件的文字材料为研究对象,通过对这些资料的总结、对比和分析,最后归纳出评定要素。

(3)问卷调查法。

设计者根据需要,把要调查的内容设计在一张调查表上,写好填表说明和要求,分发给被调查者,让被调查者根据个人的知识与经验,自行选择答案,以收集和征求不同人员的意见。调查的问题应设计得直观、易懂,不宜过多,应尽可能减少被调查者回答问题的时间,以免影响调查表的回收率和调查质量。例如,研究者通过访谈法把某岗位的绩效评价指标归纳为40个指标,为了从这40个指标中筛选出关键的评价指标,就可以采用问卷法。

问卷按照答案形式的不同,可以分为封闭式问卷和开放式问卷两大类。封闭式问卷又可分为是非法问卷、选择法问卷、计分法问卷、排列法问卷四种。开放式问卷没有标准化答案,被调查者可以按照自己的意愿自由回答。

(4)专题访谈法。

专题访谈法是指研究者通过面对面的谈话,通过口头沟通直接获取有关信息的研究方法。例如,通过与企业各部门主管、人力资源部门人员、员工等进行访谈获取绩效指标。专题访谈的内容主要围绕下述三个问题展开:①你认为对担任该职位的员工最基本的要求是什么?②该职位员工工作的主要特点是什么?③检验该职位员工工作成效的主要指标是什么?

研究者通过分析汇总访谈所得的资料,可以获取许多极其宝贵的材料。专题访谈法分为个别访谈法和群体访谈法两种。个别访谈轻松、随便、活跃,可快速获取信息。群体访谈以座谈会的形式进行,具有集思广益、团结、民主等优点。

(5)经验总结法。

经验总结法是指众多专家通过总结经验,提炼出规律性的研究方法。它一般可分为个人总结法和集体总结法两种。个人总结法是请人力资源专家或人力资源部门人员回顾自己过去的工作,通过分析最成功或最不成功的人力资源决策来总结经验,并在此基础上设计出评价员工绩效的指标目录。集体总结法是请若干人力资源专家或企业内有关部门的主管(6~10人)集体回顾过去的工作,采用"头脑风暴"的方式分析绩效优秀者和绩效一般者的差异,列出长期以来用于评价某类人员的常用指标,在此基础上提出绩效指标。

(6)标杆法。

标杆法是指企业借鉴行业标杆企业的相关指标,结合自身情况予以改进或修订的方法。在企业实战中此方法最常用,方便、成本低、针对性强是其优点,但运用此方法时应避免指标"水土不服"的缺点。

4)基本依据

组织在确定绩效指标的过程中,需要将以下几个因素作为选择指标的基本依据。

(1)绩效评价的目的。绩效管理实践中,每个部门或岗位涉及的指标很多,对绩效指标的监控和评价不可能面面俱到,只有在评价中受到重视的指标才能对员工行为产生良好的导向作用。

（2）工作内容和绩效标准。绩效标准事先都应该有明确的规定，以确保工作的顺利进行和工作目标的实现。这些工作内容和标准应该从数量、质量、时间上赋予绩效指标特定的内涵，使绩效指标的名称和定义与工作内容相符，指标的标度与绩效标准相符。这样的绩效指标方能准确地引导员工的行为，使员工的行为与组织的目标一致。

（3）获取绩效信息的便利程度。获取绩效信息的难易程度并不是直观可以判断的，需要在绩效管理体系的设计过程中，不断地在小范围内试行，不断地进行调整。组织对员工的工作业绩通常都是从数量、质量、效率和费用四个方面进行评价。

5）设计原则

（1）坚持"定量指标主导，定性指标辅助"的原则。

为了确定清晰的标度，我们主张更多地使用定量化的绩效指标，从而提高绩效监控的有效性和针对性，也能提高绩效评价的客观准确性。然而并不是所有绩效都能量化或都容易量化。对于来源于战略目标分解的绩效指标坚持量化是必须的，但是很多来源于具体职责规定的绩效指标难以量化。因此，绩效指标还需要一定的定性指标作为补充。当然，对于定性的评价指标，我们也可以运用一些数学工具进行恰当处理，使定性指标得以量化，从而使评价的结果更精确。

（2）坚持"简洁且有代表性"的原则。

在制定绩效指标或者从绩效指标库中选择绩效指标时，需要确定或选取最有代表性和特征的项目，而不一定要面面俱到。也就是说，在设计绩效指标体系时，应避免一切不必要的复杂化。结构简单的绩效指标体系便于对关键绩效指标进行监控，也能有效地缩短绩效信息的收集、处理过程乃至整个评价过程，提高绩效评价的工作效率，从而有利于绩效目标的达成。

2.指标权重设计

1）影响因素

权重是指各项指标的相对重要程度，不同权重对员工行为具有不同的引导作用。影响绩效指标权重的主要因素包括以下三类。

（1）绩效评价的目的。绩效评价的目的是影响指标权重的最重要的因素。绩效评价的结果往往运用于不同的人力资源管理目的。针对不同的评价目的，绩效评价中各个评价指标应被赋予不同的权重。

（2）评价对象的特征。评价对象的特征决定了某个指标对于该对象整体工作绩效的影响程度。例如，责任感是评价员工工作态度的一个常用指标。该指标对于不同员工的重要程度不同。对于一个保安人员来说，责任感可能是工作态度指标中权重最大的指标，而对于其他类型的员工，责任感的权重可能就不那么大。

（3）组织文化。组织文化倡导的行为或特征也会反映在绩效评价指标的选择和权重上。例如，以客户为中心的组织较为重视运营绩效和短期绩效，而创新型文化组织更关注战略绩效和长期绩效，因此在指标选择和权重分配上两者会各有侧重。

2）权重系数

在综合分析指标权重的影响因素之后，就需要对每个绩效指标设定相应的权重系数。

(1)专家经验判定法。专家经验判定法是最简单的权重确定方法。它是管理者个人根据自己的经验和对各项绩效指标重要程度的认识,对各项绩效指标的权重进行分配。有时管理者也会召集相关人员和专家学者共同讨论,听取大家的意见,共同商定权重的大小;也可以请多个专家为每个绩效指标打分,然后以专家赋值的平均值或者中值为权重。这种方法基本上是基于个人的经验决策的,往往带有片面性。对于比较简单的绩效评价工作,这个办法花费的时间和精力比较少,容易被接受。但在实际应用过程中,管理者应注意不同利益主体之间观点的平衡,避免决策专断的行为。

(2)权值因子判断表法。权值因子判断表法是指由评价专家小组制定和填写权值因子判断表,然后根据各位专家所填写的权值因子判断表来确定权重的方法。

(3)层次分析法。层次分析法是对人们的主观判断进行表达与处理后,通过判断矩阵计算出相对权重,进行判断矩阵的一致性检验,最后计算矩阵的最大特征根。

(4)加权平均法。首先,将所有指标划分为三类并赋予不同的权重系数,即全局性指标的权重系数为 5,局部性指标的权重系数为 3,事务性指标的权重系数为 1;其次,每个指标的满分赋值为 100 分,考核主体依据考核标准进行打分,乘以权重系数后,得到每个指标的加权得分;最后,对所有指标加权得分进行求和,并对权重进行求和,取两者的商即为最终评价得分。

3.绩效标准设计

1)概念

绩效标准,对于定量指标来说,也称绩效评价指标值。它描述的是绩效指标需要完成到什么程度,反映组织对该绩效指标的绩效期望水平。

在设计绩效指标时,组织需要为每个指标确定对应的绩效标准,便于管理者在绩效监控和绩效评价中判断绩效指标的完成情况。确定绩效标准需要特别注意其可行性,要使其与整个绩效计划体系协调一致,并直接面向绩效管理各环节。

绩效目标描述的是实现战略所必须做好的事项,绩效指标则是追踪和评价目标实现程度的晴雨表,即强调从哪些方面衡量绩效目标。

2)特征

绩效标准是稳定性和动态性的统一。绩效标准的制定是管理者和下属充分沟通后共同确定的。标准一旦确定,在外部环境没有发生重大变化的时候,具有一定的稳定性。管理者不能因为个人的喜好和意志的变化对绩效标准随意调整,否则会降低绩效系统的权威性。但是由于管理和技术的大幅进步、外部环境的急剧变化或竞争突然加剧等情况导致原来制定的绩效标准不适应新形势的时候,管理者就需要及时对绩效标准进行动态调整或修正。

例如,一家生产型企业因为引进大型先进生产设备,从而实现了生产率和产品质量的大幅提升,此时,其原来的卓越标准就有可能变成了基本标准,这就要求管理者要对原来的绩效标准进行及时调整。

3)等级

对于定性指标的等级描述(或定量指标经转化后)有以下几种方式。

（1）量词式。例如"较好""好""一般""差""较差"。

（2）等级式。运用一些能够体现等级顺序的字词、字母或数字表示："优""良""中""差"；"甲等""乙等""丙等""丁等"；"1""2""3"。

（3）定义式，即通过语言描述的方式界定评分标准和等级。定义式的评价标尺比较复杂，要求设计者针对每一个评价指标的不同绩效等级进行具体描述。它不仅要求语言要高度简练，而且要具体、准确，具有很强的针对性。尽管设计难度大，但是它能够有效地提高评价的客观性，更好地实现评价的行为引导作用，因此在绩效评价中得到越来越广泛的运用。

4.规避误差技术

在绩效评价的过程中，由于评价者主观原因导致的误差、偏见和错误，称为评价主体误区。这些误区的存在既会影响绩效评价结果的准确性，又可能影响上下级的关系。因此，管理者要充分认识这些误区，并采取一定的措施规避。

1）常见的评价主体误区

常见的评价主体误区一般包括以下几种。

（1）晕轮效应（halo effect）：评价者受到评价对象的个别特性影响，形成对评价对象的整体印象，是一种以偏概全的认知偏误。

（2）逻辑误差（logic error）：评价者在对某些有逻辑关系的评价要素进行评价时，使用简单的推理方法而造成的误差。

（3）宽大化倾向（leniency tendency）：评价者对评价对象所做的评价往往高于其实际成绩。宽大化倾向产生的原因主要有以下几种：

①评价者为了保护评价对象，避免留下不良绩效的书面记录，不愿意严格地评价；

②评价者希望本部门员工的业绩优于其他部门员工的业绩；

③评价者对评价工作缺乏自信心，想尽量避免引起评价争议；

④评价要素的评价标准不明确；

⑤评价者想要鼓励工作表现有所提高的评价对象。

（4）严格化倾向（strictness tendency）：评价者对评价对象工作业绩的评价有过分严格的倾向。严格化倾向产生的原因主要有以下几种：

①评价者对各种评价因素缺乏足够的了解；

②惩罚顽固的或难以对付的评价对象；

③促使有问题的员工主动辞职；

④为有计划的裁员提供证据；

⑤减少凭业绩提薪的员工的数量；

⑥遵守组织的规定（组织不提倡管理者给出高评价）。

（5）中心化倾向（central tendency）：评价者对一组评价对象做出的评价结果相差不大，或者都集中在评价尺度的中心附近，导致评价结果的差距较小。中心化倾向产生的原因主要有以下几种：

①人们往往不愿意做出"极好""极差"之类的极端评价；

②对评价对象不够了解,难以做出准确的评价;

③评价者对评价工作缺乏自信心;

④评价要素的说明不完整,评价方法不明确;

⑤有些组织要求评价者对过高或过低的评价写出书面鉴定,以免引起争议。

(6)首因效应(primacy effect),亦称第一印象误差,指评价对象在初期的绩效表现对评价者评价其以后的绩效表现会产生延续性影响。

(7)近因效应(recency effect):评价对象在绩效评价周期最后阶段的绩效表现对评价者评价其在整个绩效评价周期的绩效表现的影响较大。

(8)溢出效应(spillover effect):评价者因评价对象在评价周期之外的绩效失误而降低其评价等级。为了避免这种评价误区的发生,组织应该鼓励评价者对评价周期内的关键事件予以记录,以事实数据为依据做出客观公正的评价。

2)规避评价主体误区的方法

通过如下方法,能尽量规避评价主体误区:

(1)使评价者了解评价主体误区及其对绩效管理的危害。评价主体误区实际上是评价者主观上易发生的失误,因此通过培训使评价者了解这些误区,并对其强调公正客观的评价对于绩效管理的重要性,有助于促使评价者有意识地避免这些误区。

(2)清晰界定绩效评价指标,以避免晕轮效应、逻辑误差以及其他各种错误倾向的发生。在评价指标界定清晰的情况下,评价者能够根据所要评价的指标的含义有针对性地做出评价,从而避免由于对评价对象某一方面绩效的看法影响对其整体的评价。另外,组织在界定评价指标的同时,还需要对各评价指标之间的"关系"进行界定,避免评价者主观臆断地找到所谓的逻辑关系,从而影响评价的准确性。

(3)使评价者正确认识绩效评价的目的,以避免宽大化倾向及中心化倾向。宽大化倾向和中心化倾向产生的一个重要原因是评价者不希望在本部门内产生种种矛盾和摩擦,或者影响本部门人员的利益。因此,使评价者正确认识绩效评价的目的,了解绩效评价作为人力资源管理系统的核心环节,能够通过影响人力资源管理决策来改进个人、部门和组织绩效,有助于避免宽大化倾向和中心化倾向。

(4)在必要时,组织可以使用强制分布法以避免宽大化倾向、严格化倾向和中心化倾向。强制分布法也称硬性分布法,就是按事先确定的比例,将评价对象分配在各个绩效等级上。在一些情况下,为了做出某些管理决策,评价者必须在评价结果中将评价对象分成所谓的"三六九等"。这时,在其他评价方法的基础上结合使用强制分布法有助于达到这一目的,同时也能避免上述三种误区的产生。

(5)使评价者充分了解评价对象。宽大化倾向和中心化倾向产生的原因之一是评价者对评价对象缺乏足够的了解,对于评价的结果缺乏信心。因此,解决这一问题的方法就是使评价者有足够的时间和渠道,加强对评价对象的了解,在必要的时候甚至可以延期进行评价。

(6)使评价者充分了解整个绩效评价系统。评价者缺乏信心的另一个原因是对评价体系本身缺乏信心。为了提高评价者对于整个绩效评价系统的信心,组织要通过培训使他们了解绩效评价系统整体设计的科学性、重要性,进而在一定程度上避免其产生宽大化倾向和中心化倾向。

（7）通过培训使评价者了解如何收集绩效信息，如何以事实、数据为依据进行评价。造成首因效应、近因效应和溢出效应的原因是作为评价依据的事实、数据不充分或不准确，因此，通过培训使评价者学会如何科学地收集评价中使用的事实、数据，有助于避免这三类误差的发生。

绩效考核指标应尽可能量化，以避免产生上述误差，量化指标才是解决误差的根本之道。

5.绩效数据分析

管理者通过分析数据发现绩效存在的问题以及可改进点，在此基础上制订新的策略、计划及措施，确保达成目标。通常情况下，人力资源部的绩效人员不是绩效数据分析的实施者，而是绩效数据分析的组织者。毕竟基于业务经验与业务熟练程度的考虑，管理者对自己产生的绩效数据进行绩效数据分析，分析速度更快、准确度更高。做好绩效数据分析需要从三个方面入手。

1）足够的绩效数据量

数据分析的关键是有足够的绩效数据量。实践中，许多公司在管理上缺乏收集和积累数据的习惯，日常的绩效评价都是主观评分，导致分析绩效数据时，缺少数据支持。因此企业在运营绩效体系时，应当将绩效数据的收集作为一项基础工作。通常情况下，为了确保绩效数据分析结果的有效性，还需要收集绩效结果产生过程的数据。过程数据主要包含以下三个部分。

（1）财务统计数据：直接从财务数据中提取。

（2）业务统计数据：多为业务部门在开展业务时所产生的管理决策型数据。例如访问量、下载量、日活量等。

（3）量表调研数据。这种数据在企业中并不多，在作为重要绩效分析尤其是判断某些行为是否对绩效产生影响时可以采用。例如，通过让客户对产品好评度进行打分，将分值与销售额进行关联，从而分析产品的好评度与销售之间的关系变化，便可以采用这方面数据。

2）准确的绩效数据结果

统计数据时应注意减小误差，为提高数据准确性，还有以下因素需要特别关注：

（1）数据统计口径的一致性。一些管理者为了让绩效数据表现好看，经常会修改数据统计口径。例如，上一次统计"离职人数"的时候，即使入职当天离职也算离职人数，但是下一次为了数据好看，则把离职人数统计口径调整为入职转正后才算离职人数。这种统计口径的变化对于绩效数据结果的准确性有重大影响。为了确保绩效数据分析的有效性，在绩效日常运营时务必关注绩效数据统计口径一致性的问题。

（2）异常数据的清洗。在企业正常经营过程中由于存在某些偶发因素，容易产生一些异常数据。例如，因为天气异常导致所有网络中断，直播带货销售额为零，为了数据的一致性，这类异常数据需要通过去除或修正，以确保数据分析的准确性。

3）具备数据分析能力的管理者

绩效数据的具体分析工作一般由业务部门管理者负责管理。绩效数据分析的关键，在于各个管理者要有足够的能力，对绩效数据进行深度分析，准确找到绩效结果提升的关键点或绩效问题解决点。在企业中虽然可能会设置一些数据处理的岗位，如财务管理或者数据统计专业等，但是真正对绩效数据分析起着决定性作用的一定是负责对应绩效数据的管理者本人。管理者对于数据的敏感度以及数据分析的深入程度决定了绩效数据最终分析的结果。

基于此,企业要提高绩效数据分析水平,需要培训管理者的数据分析能力。数据分析能力包括但不限于收集抓取数据能力、运用统计知识能力、数据建模能力。

6.考核表的设计

企业在绩效考核过程中,需要用大量表单来描述呈现绩效指标,包括绩效考核表、数据收集表。

1)绩效考核表

绩效考核表是绩效考核的直接工具。考核表设计应注意:

(1)考核表单的风格应与企业现有其他表单保持一致;

(2)考核指标的设置应以企业战略目标为导向;

(3)包含绩效指标及权重,同时要符合"二八定律";

(4)业务部门设置量化指标,管理部门或岗位要细化关键行为;

(5)对考核指标要有清晰简短的文字说明。

表 2-5 业务经理考核表和人力资源经理考核表

职位	类型	KPI指标	权重	绩效目标值	考核得分
业务经理	量化目标	销售目标达成率	20%	考核期内销售目标完成____亿元	
		利润目标达成率	20%	考核期内利润目标完成____亿元	
		销售回款率	15%	考核期内销售回款率达____%	
		销售费用率	15%	考核期内销售费用控制在____万元	
	行为目标	新客户实现率	10%	考核期内销售新客户开发____家(每家100万元以上)	
		订单准交率	10%	考核期内销售订单准交率达____%	
		客户满意度	10%	考核期内客户满意度达____%(调查50个客户)	
本次考核总得分					
考核指标说明	1.销售目标达成率=$\frac{实际完成销售额}{销售目标额}\times100\%$ 2.销售利润达成率=$\frac{实际销售利润额销售}{利润目标额}\times100\%$ 3.销售回款率=$\frac{已完成回款额}{实际销售额}\times100\%$ 4.销售费用率=$\frac{已发生的销售费用额}{计划销售费用总额}\times100\%$ 5.新客户实现率=$\frac{已开发新客户数}{计划新客户开发数}\times100\%$ 6.订单准交率=$\frac{已按时完成订单数}{计划完成订单数}\times100\%$ 7.客户满意度=$\frac{调查满意客户数}{实际发放调查客户数}\times100\%$ 客户满意度通过对客户发放满意度调查问卷,计算其满意度评分的算术平均值				

职位	类型	KPI指标	权重	绩效目标值	考核得分
人力资源经理	量化目标	人力资源成本预算控制率	20%	人力资源成本预算控制率在____%以下	
		员工流失率	15%	考核期内员工流失率不得高于____%	
	行为目标	人力资源工作计划按时完成率	20%	考核期内人力资源工作计划按时完成率达____%	
		员工满意度	15%	考核期内员工满意度评价达到____分以上	
		招聘计划达成率	15%	考核期内招聘计划完成率达____%	
		培训计划达成率	15%	考核期内培训计划完成率达____%	
本次考核总得分					
考核指标说明	1.人力资源成本预算控制率 $=\dfrac{实际发生费用}{预算费用}\times100\%$ 2.员工流失率 $=\dfrac{本期员工流失人数}{本期员工总人数}\times100\%$ 3.人力资源工作计划按时完成率 $=\dfrac{已完成工作量}{计划完成工作量}\times100\%$ 4.员工满意度 $=\dfrac{满意员工数}{已调查员工数}\times100\%$ 员工满意度通过对员工发放满意度调查问卷,计算其满意度评分的算术平均值 5.招聘计划达成率 $=\dfrac{已招聘到人数}{计划招聘总人数}\times100\%$ 6.培训计划达成率 $=\dfrac{已培训课程数}{计划培训课程数}\times100\%$				

2)数据收集表单

考核时需要统计大量的数据,有些数据是本部门自己提供,有些是跨部门提供,有些数据是多部门、多岗位共用。表2-6为某企业财务部的数据收集表。

表2-6 某企业财务部的数据收集表

序号	指标编号	指标名称	考核部门	考核目标	考核结果	数据提报人	数据审核人	备注
1		销售目标达成率	业务部					
2		销售利润达成率	业务部					
3		销售回款率	业务部					
4		费用预算控制率	各部门					
5		存销比	业务部					
6		产品损耗率	生产部					
7		人均产值	生产部					
8		生产成本费用率	生产部					
9		人工成本费用率	人力资源部					

在数字化时代,越来越多企业上线数字化平台,收集信息与数据更加便捷,提高了工作效率。

7.360度考核

1)360度考核的概念

360度考核即全方位绩效考核、多源绩效考核,主要由被考核者的上级、下级、同事、外部客户对被考核者进行评价,还有被考核者开展自评,得到更加真实、全面的考核结果。360度考核程序如图2-15所示。

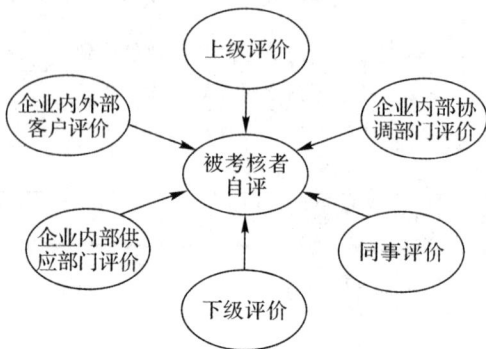

图2-15　360度考核

2)360度考核的特点

(1)全方位、多角度。有企业外部如客户、供应链的评价,也有企业内部如被考核者上级、同事和下属的评价,而且还有自我评价,考核结果更加全面。

(2)误差小、信度高。摒弃了传统考核自上向下的单一维度考核,能够有效降低因个人偏见导致的误差。

(3)客观性强、真实度高。采用匿名方式,能够减少评价主体的顾虑。

3)360度考核的优缺点

(1)360度考核的优点。

①多主体参与,信息全面。本人、上级、同事、下属及客户全方位参与,既规避了单一主体的主观,又能从多个侧面获取信息,利于员工从不同方面实施改进。

②相互评价,利于制衡。上级与下级、同事之间进行相互评价,有助于企业打破岗位壁垒,降低沟通成本,增强企业凝聚力。

③能够对员工的态度、能力、素质进行全面考核。

(2)360度考核的缺点。

①考核主体不明,不利于坚持"谁考核,谁负责"的原则。由于考核主体较多,稀释了考核者的责任感,可能导致对评价的责任感不足,马虎不认真。

②信息过多,增加了考核系统的复杂性。需要汇总的信息多,需要做进一步分析总结。

③可能导致员工注重人际关系而忽视绩效目标。员工过度注重人际关系,不敢在工作中提出不同意见,容易导致出现"老好人"文化。

④考核成本高,开展难度大。

4)注意事项

(1)当组织面临士气低落、处于过渡时期或走下坡路时,不宜采用360度考核。

(2)考核主体应与被考核者工作密切相关,这样才能提供准确的反馈信息。

(3)不同考核主体的权重不同,权重排序一般为:客户＞上级＞供应商＞协调部门＞同级＞下级＞被考核者本人。

(4)对考核主体进行培训。确保大家对评价标准、打分规则达成共识,沟通技巧和绩效面谈技巧应纳入培训内容,防止打分和最终结果流于形式。

(5)考核频次一般可以季度或半年、年度为周期,以免评价主体疲劳。

(6)应用于人才发展测试、能力、行为测评更为合适。

5)流程

考核流程分为准备、设计、实施、评估与反馈四个阶段,如图2-16所示。

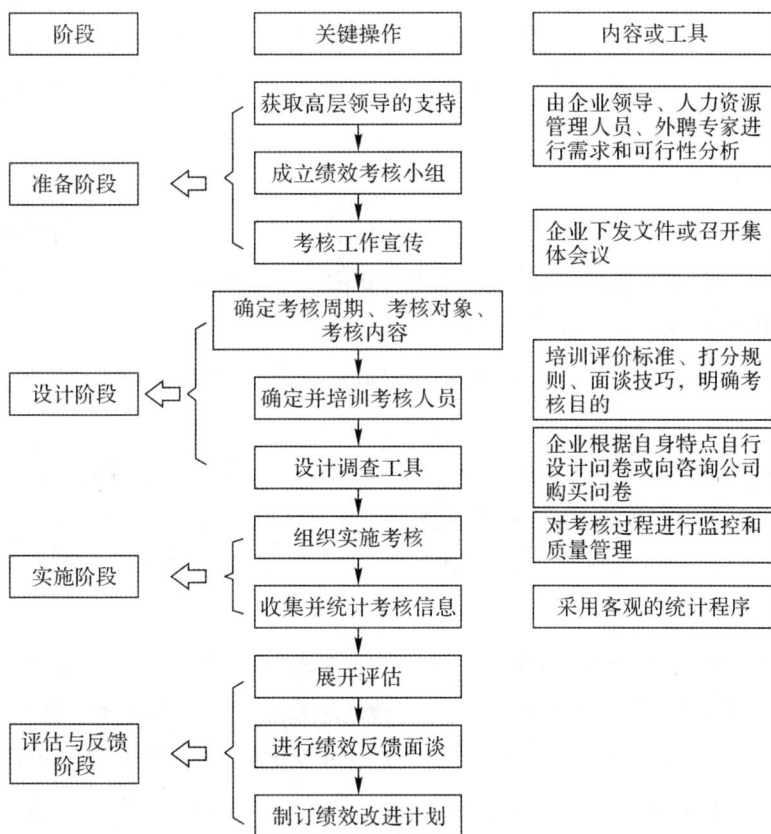

图2-16 360度考核的流程

(1)准备阶段。

360度考核法的成效取决于所有参与者,包括高层领导的支持、人力资源部的统筹协调、所有评价主体投入度与专业评级能力。如果评价主体不能够做出公正、诚实并开放的评价,那么这个方法将是毫无价值的。如果把它强加于人,也不会得到好的结果。

在这项工作开始之前,必须成立专门的绩效考核小组,召开启动会议,把整个考核方法解释给大家听。所有参与者都必须了解这个方法是如何运作的。要让每个评价主体了解,自己的工作对整个考核的重要意义。必须向他们承诺,他们做出的评价结果对其他人都是保密的,只有少数人知道。

(2)设计阶段。

因 360 度考核较为复杂,一般可以季度或半年、年度为周期开展考核,首先要根据企业实际情况,确定考核周期。

确定考核对象,普通员工一般不进行 360 度考核,通常应用于中高层人员及专业技术人员,评价结果多用于职业规划(包括晋升)、提升能力、改变职业态度。

在开展工作之前,每个评价主体必须得到足够的培训,以保证他有能力且有意愿做出公正、准确的评价。

调查问卷及统计程序。根据考核对象的工作职责及特点,以及需要考核的内容,设计合适的调查问卷,并确定科学的统计程序。调查问卷常用五级量表、开放性问题或两者综合的形式来设计。

(3)实施阶段。

对考核主体提出明确的考核要求。根据考核流程实施考核,并在过程中进行监控和质量管理。

匿名收集真实的绩效信息,避免同一个主体在同一个时间评价多个被考核者,以免因为工作量过大影响评价质量。

多方面收集与员工绩效表现有关的信息,分析员工绩效考核结果,为改善员工绩效提供可靠的依据。

善用资源能使 360 度考核达到预期效果。比如使用合适的考核软件处理海量的评价信息,能够分析信息并提供专业报告,考核工作将会变得更加轻松;聘请第三方顾问公司协助实施,可以解决企业考核经验不足、专业度不够、工作量过大,或者担心受人情影响、客观性欠缺等问题。

(4)评估与反馈阶段。

由不同评价主体(包括上级、同事、下级、客户、供应链和本人),按各个维度标准进行评估,评估人数一般不低于五人。大量研究表明,在匿名评估的方式下,人们往往愿意提供更为真实的信息。在问卷的开封、发放,宣读指导语到疑问解答、收卷和加封保密,必须实施标准化管理。评估过程应该公正、简明,回答问卷的时间一般短于 20 分钟。典型的评价报告,应包括下列内容:评价维度的名称及描述、被评价者核心能力定义、能力综述、不同来源评价观点及其对比比较。

360 度绩效考核是否能获得成功,在于评价结果的反馈与辅导。评价结果的及时反馈是一个双向反馈。360 度的反馈能使被评价者更加全面地了解自己,以帮助被评价者提高能力和业绩水平,同时被评估者也应该向评价主体提供反馈,以帮助他们提高评价技能。一般可由被评价者的上级、人力资源绩效主管或者外部顾问,根据评价的结果,开展一对一反馈辅导谈话,以指导被评价者如何去阅读、解释以及充分利用 360 度评估反馈报告。帮助被评价者分析他们在哪些方面做得比较好,哪些方面还有待改进,该如何来改进。还可以比较被评价者的自评结果和他评结果,找出评价结果的差异,并帮助被评价者分析其中的原因。如果被评价者对某些评价结果存在异议,可以由专家通过个别谈话或者集体座谈的方式,向评价者进一步了解相关情况,然后再根据调查结果,向被评价者提供反馈。当然,如果组织有良好的信息共享机制和氛围,也可以让员工在专家的辅导下自由地就评价结果进行沟通交流。

考核结果的反馈既是技术也是艺术。何时与当事人讨论结果,用什么样的形式,如何处理其情绪反应,如何帮助当事人接受考核结果并达成共识,拟定什么样的行动计划,这些都需要受过专业训练的人来进行。结果反馈这个环节处理不当,会使投入巨大时间和成本的360度考核功亏于篑。

二、问题导学

【看理论与实践前沿】

随着数字技术加持传统企业和新生代员工进入企业,绩效管理也在不断演进和变革,如谷歌的 GRAD、IBM 的 Checkpoint、西门子的 Growth Talk 均采用全流程绩效管理等新方法。绩效管理的目的是更加关注员工的成长和发展。

根据谷歌官方消息,谷歌宣布于 2022 年 5 月开始,将实施名为 Googler Reviews and Development(GRAD)的全新绩效评估流程。消息一出,引发了国内众多媒体关注。有观点认为,Google 放弃使用了 20 多年的 OKR,将原来每年两次的绩效考核取消,取而代之的是每年一次的 GRAD(Google reviews and develop),并从影响力角度关注员工的评级。

佩信集团通过对国外报道原文研读,以及对业内学者和专家采访后发现,谷歌改革的是个人考核体系,OKR 目标制定并没有变化,GRAD 也没有代替 OKR。

(来源:互联网的公开资料等)

(一)问题一:如何选择绩效管理工具?

绩效管理是一个世界级管理难题。如何选择适宜的绩效管理工具是建立绩效管理制度体系的核心任务。

1.选择绩效管理工具的一般规则

选择适宜的绩效管理工具一般应该遵循图 2-17 所示的思路。

了解自身 → 明确需求 → 利用标杆 → 适用条件 → 决策试点

图 2-17 绩效管理工具选用原则步骤

1）了解企业自身情况

引入某一种绩效管理工具，企业要考虑自身情况，如发展阶段与战略目标、公司文化、当前的业务特点与业务"痛点"、员工综合素质等因素。比如，引入 KPI 或 BSC 工具就需要企业建立相关完善的信息收集与分析处理系统，同时需要有相关制度的配套。配套制度在本项目模块一中有陈述。引入 OKR 则需要企业文化、领导风格、激励制度、员工素质等方面的匹配与完善。

2）明确需求

在选择绩效管理工具时明确自身的需求很重要。就是要回答这个问题：本企业到底存在什么问题？这些问题的原因是什么？绩效管理制度能解决吗？比如，企业要考核管理者的岗位胜任力以决定其是否晋升或调整，那么一方面要实施基于 KPI 或 BSC 的业绩评价，另一方面则要在管理者胜任素质模型的基础上应用 360 度考核技术进行考核，或者基于 OKR 的完成度，最终得出综合判断。

3）利用标杆学习和了解行业或竞争对手

企业也可以向行业标杆甚至竞争对手学习与借鉴，当然请可靠的外部咨询公司进行企业诊断后再决策也是可行的。

4）了解绩效管理工具的特点和适用条件

在前面的有关内容中学习了各类主要的绩效管理工具的特点。管理者在决策前应明了它们的优势与劣势、适用条件，方能有效地做出选择。

5）决策与试点

决定引入某种绩效管理工具后，应进行宣传、沟通、培训。提高实施成功率的好办法是做好试点工作。通过试点工作获得绩效管理工具实施后试点单位的反馈并加以完善，为下一步大规模推广打下良好的基础。

小组讨论并与其他小组进行观点碰撞：OKR 能否彻底取代 KPI？

---

2. 组织变革——引入新的绩效管理工具

在企业实战中，管理层决定引入一种新的绩效管理工具不亚于一场"管理地震"。因为新的绩效管理工具的实施会影响各部门、各级员工的工作目标或任务指标，影响业绩的评价方式，从而影响员工的切身利益。管理层必须意识到新工具的实施将给各部门、各级员工带来的变化，对公司、部门和员工将会带来的挑战，也应意识到一旦实施不成功将会给企业造成负面影响，轻则带来抱怨，生产力下降，部门扯皮等，重则严重影响员工投入度，关键岗位人员离职增加，各部门生产效率大幅下降，公司内部管理出现危机，降低管理层威信等。所以管理层必须要有危机意识并能有效管控风险。

引入一种新的绩效管理工具是一场组织变革。为了促进变革顺利进行，需要加强沟通理解，形成共识并提升士气，但在这个过程中往往会遇到各种问题和阻力，所以管理者必须进行周密谋划，精心设计"开场"。

这里可以应用勒温(Kurt Lewin)的组织变革三步模型帮助应对组织变革。变革三步模型提出了一套可行的变革流程,如图2-18所示。

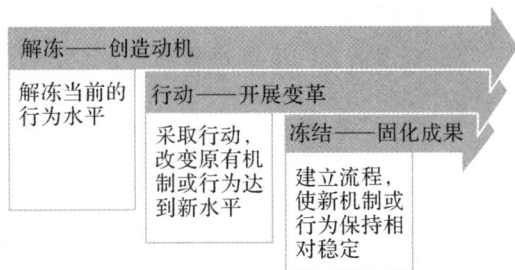

图2-18 勒温组织变革三步模型

1)启动变革

第一阶段:解冻(unfreeze)——为变革创造动力。

组织必须意识到新的现实挑战,每个人都需要知道当前流程有什么问题,承认旧的制度或行为不可接受。组织必须建立足够的紧迫感来促使各级员工产生改革的欲望和斗志,并通过减少改变的障碍或减少对失败的恐惧来建立心理安全感。为什么要变革,建议进行哪些变更,以及这些改变将带来哪些好处。思考这些问题应该有助于说服员工理解改变的必要性,并鼓励他们坚持采用新的流程。

根据以上理论,企业在引入新绩效管理工具前,应通过各种适当的方式在企业内部进行宣传,如通过员工大会、公司内部网站、公司出版物、领导人讲话、公司业绩状态、公司内大讨论、竞争对手或市场客户的反应等形式,对员工加强理念培训,在企业内部营造必须进行变革的紧迫感。

2)实施变革

第2阶段:变革(make changes)——实施变革。

在这个阶段,组织需要通过各种方式来引导员工改变他们的行为、观念和习惯,包括通过培训、教育、激励或其他方式来影响员工的态度和行为。

根据以上理论,企业在正式实施新绩效管理工具时,要加强变革技术性的培训,让各级部门和员工对于绩效管理制度、工具的应用与推进打消顾虑,勇于实践。在新制度工具实施过程中加强指导与辅导,如解释绩效管理制度、培训考核工具的使用、学习指标分解技术等。公司最高领导层在各个阶段都应身体力行,积极参与。

3)巩固变革

第三阶段:再冻结(refreeze)——稳定变革。

随着新的态度、做法和政策被用来改变公司,它们必须被"重新冻结"或固化。重新冻结使组织稳定在新的平衡中,以确保新的工作方式不会轻易被改变,并强化支持改变的新行为。

根据以上理论,企业在实施新绩效管理工具后,管理层应做好阶段性总结与反思,如开展制度性的修订,同时作好变革标杆的树立与表彰等工作。

决定变革成功的关键因素是领导力、协调与沟通、培训与教育。

领导力是组织变革的关键因素之一。领导者需要有明确的目标和计划，能够有效地统筹资源，调动组织内部的积极性和创造力。

沟通是组织变革的另一个重要因素。在变革过程中，需要及时向组织内部和外部传递信息，以便更好地应对变化的情况。

在变革过程中，员工的培训和教育是至关重要的。只有让员工充分理解变革的意义和目的，才能够更好地支持变革。

勒温的组织变革三步模型提供了一套可行的变革流程，帮助组织更好地应对变革挑战。变革成功的关键在于领导力、沟通、培训与教育。在实施变革计划的过程中，需要及时调整计划，以应对变化的情况。

> 思考与讨论：实地访问或网上搜寻一家公司实施绩效管理制度的过程，分析其遇到的问题以及是如何解决的？

（二）问题二：如何整合运用绩效管理工具？

同学们，我们正面临一个 VUCA(volatility，uncertainty，complexity，ambiguity)变化迅速的时代，理论前沿研究层出不穷，企业实践前沿更是日新月异。如何在学习理论时密切关注实践前沿呢？这要求我们时刻保持运用理论于实践的意识和行动。在大学课堂中学习各类绩效管理工具时，我们必然会意识到，如此众多绩效管理工具能否整合呢？下面我们结合企业实践，探讨如何整合运用当下主要的绩效管理工具。

1.绩效管理工具整合的必要性

学习各类绩效管理工具后，认识了它们的优势与劣势。在理论与实践日新月异的背景下，各类工具层出不穷，如何最大限度地发挥各类工具的优势，在企业具体实施绩效管理时就涉及工具的整合问题，管理者需要根据企业具体情况加以判断。

（1）各类绩效管理工具的不足。这里选取最具代表性的三类绩效管理工具，即 KPI、EVA、BSC 作简述，如图 2-19 所示。

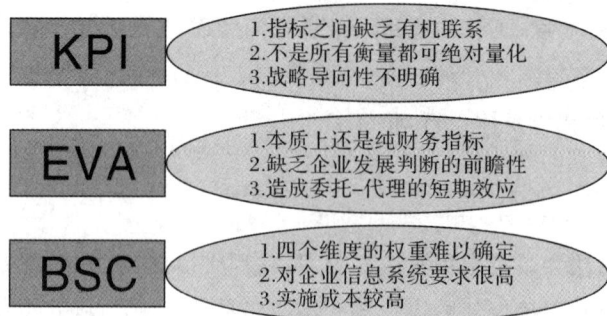

图 2-19　三类绩效管理工具的不足

（2）三类绩效管理工具的特色。同样以上面三类工具为例。KPI重在自上而下的严密控制，EVA则考虑了所有的资本成本问题，可以有效衡量企业到底是在创造价值还是在毁灭价值，而BSC则胜在其"平衡"理念，长远性、全面性与系统性强。

2.绩效管理工具整合的可行性

以上分析了各类工具整合的重要性与必要性，那么可行性又如何呢？我们提出以下整合思路。

以EVA为最终目标，围绕BSC的四个维度设置KPI，并使得四个维度的KPI之间以及与实现EVA皆产生逻辑驱动关系。

图2-20为战略性业绩评级发展路径：从财务视角看，起初是成本业绩评价，其次到传统财务业绩评价，然后到EVA，最后归结到BSC；从HR视角看，起初是表现性评价，其次是目标管理，再次是KPI，然后是OKR，最后归结到BSC。

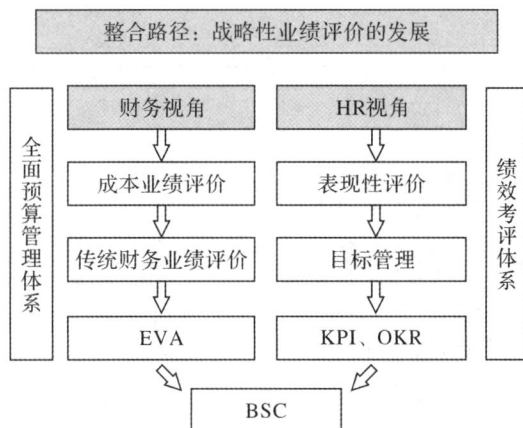

图2-20 整合路径：战略性业绩评价发展

图2-21绩效管理工具的整合地图。整合的思路是以BSC为基础，将EVA、KPI等工具整合进BSC的四个维度。

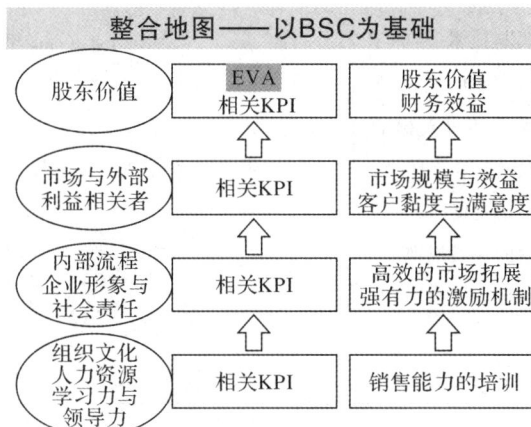

图2-21 绩效管理工具的整合地图

小组讨论：如何评价华为的"PBC"？上网搜寻相关资料。

三、业务决策者的责任

在组织选择应用绩效管理技术与工具时，业务决策者的责任主要集中在以下几个方面：

(1)理解、支持公司的组织变革。清楚明了适宜的绩效管理制度是提升管理水平和公司竞争力的重要保障。

(2)积极参与人力资源管理部门安排的相关学习培训。

(3)按公司绩效管理制度把部门目标分解到各级岗位，做好与下属的沟通。

(4)配合人力资源部门做好关于绩效管理工具试点运行的总结，并提供相关意见和建议。

【学习小结】

关键能力	能根据具体情况选择和运用适宜的绩效管理工具□ 能根据具体情况整合各类工具，培养学生综合统筹能力□ 在实践中能够有针对性地运用绩效管理技术□ 在学习与实训过程中，提升学生分析与判断能力。提高运用理论解决实际问题的能力□	模块二：绩效管理工具和技术的选择与运用 基本知识——实际工作过程与理论学习场景／绩效管理工具／绩效管理技术 问题导学——问题一：如何选择绩效管理工具？／问题二：如何整合运用绩效管理工具？	自我回顾所学，然后： 在教材中找到支持"关键能力、核心素养和必备知识"的相关内容； 对于相关学习目标的掌握程度进行自我评价； 评价完后请在左边的小方框"□"中打上"√"
核心素养	通过学习如何选择绩效管理工具，培养学生审慎、务实的科学精神□ 通过学习绩效管理工具的整合，培养学生精益求精的精神与创新意识□ 通过学习绩效管理工具与技术，培养学生关注前沿和本土社会实践的意识，开拓学生国际视野，使学生不断超越自己，学习优秀标杆包容、谦逊的胸怀□		
必备知识	理解五种绩效管理工具的主要内容□ 理解选择绩效管理工具的一般规则□ 理解绩效管理工具整合的必要性、可行性及应用途径□ 理解六类绩效管理技术的主要内容□		

【看企业实际运作】

某集团企业绩效管理工具整合运用案例

以下是笔者的企业实践案例。

该集团是全国性企业,集团各板块业务为相关多元化性质。2003年集团开始实施平衡计分卡,最开始集团把其当作绩效管理工具使用。为了便于同学们学习,笔者将该集团企业的绩效管理机制分为两大部分,一是业绩考核,二是能力考核。

一、业绩考核方面

该集团业绩考核分为集团层次、各业务板块层次+各合资公司、各部门和各级员工四个层次。为了简洁起见,我们将此部分简化为公司层、部门层和岗位层三层次。

公司层:首先是以战略地图为先导的公司战略的制定与描述,然后以BSC为主体框架,结合KPI工具分解战略目标,当然MBO(management by objective,目标管理)是其底层支撑。

部门层:分为三类考核指标,一类是公司级KPI传导的,二类是部门职能所要求的指标,三类是年度关键任务。

(1)KPI类。从公司级的BSC各项KPI中按部门职能划分接受考核指标,分为两种情况:一是直接承接类指标,如销售收入、市场增长、人员能力提升等指标;二是逻辑分解类指标,如ROI、EVA、安全类指标等。

(2)非KPI类。此类是以部门职能担当为基础设计的指标,因部门而异。

(3)年度关键任务。除了KPI以外,那些项目型的、短期的重要任务。

岗位层:分为两类,一类是承担KPI的岗位,另一类是不承担KPI的岗位。除了KPI外,每个岗位一般都有由岗位职责衍生出的指标,我们称之为KFI(key functional indicator)。

二、能力考核方面

能力考核主要应用于管理层的"人才池"(talents pool)项目、经过挑选并进行相应系统培养的潜力人才。在挑选、上岗等环节应用多种测评工具进行的能力素质综合测评,主要应用的考核测评方法是360度考核技术。当然,决定一名管理者晋升的,除了能力测评外,还要看其当前业绩情况,原则上应运用KPI进行业绩考核,除此之外,还要测试管理者的动机、职业倾向等心理特征。

三、OKR与BSC、KPI并行不悖

在OKR风行世界顶尖高科技公司之时,该集团也实施了某些研究,与开发人员实施"OKR目标推进+360度考核"体系。其他人员照常采用BSC与KPI的业绩评价系统。

理论
链接
实践
指引 ➤ 如何培训业务经理有效进行绩效管理工具的应用与指标分解？

如果将推行绩效管理制度和工具看作一场足球比赛的话,上场踢球的球员是业务经理,教练则是人力资源管理部门专业人员。教练需要向球员详细讲解比赛策略、战术,帮助球员在比赛中充分贯彻事先设计好的思路。在绩效管理工具的应用过程中,必须做好对业务经理的培训,并且与其加强沟通。

一、培训与沟通的主要内容

(1)对绩效管理制度的解释。

(2)绩效管理工具的具体使用,如 KPI 的分解技术、考核技术、绩效激励的设计等。

二、培训与沟通的主要策略

与业务经理沟通应有一定的沟通策略,主要如下:

(1)懂业务,讲行话。讲业内行话,与业务经理讲同一种语言是让对方接纳你的首要任务,所以人力资源管理者必须要懂业务、懂财务、懂战略。

(2)以对方立场考虑问题。以对方立场考虑问题不是口上说说而已,而是要落实到行动中。主要体现在推行绩效管理制度和工具,是帮助业务经理有效实现业务目标,帮助他们打造具有战斗力的员工队伍。帮助他们解决在目标分解、员工激励等方面的难点和"痛点"。

(3)注意沟通技巧。掌握有效的沟通技巧是必须的。

(4)提供及时有效的帮助。友好和谐、相互支持的关系不是一朝一夕形成的,人力资源管理者需要在平时及时提供高效的帮助与专业的建议。

(5)培训与沟通的形式。不限于正式的培训、会议,更重要的是各种非正式场合的交流与沟通。

模块三 三类典型视角下的绩效管理

【学习目标】

关键能力	具有从不同视角分析问题的意识和能力; 能够整合不同的绩效管理方法与技术,并在实践中运用; 在小组学习中体现出一定的团队协作能力、独立思考能力与表达能力
核心素养	通过学习经典的前沿绩效管理理论,培养学生关注前沿和本土社会实践的意识; 通过学习我国公共管理部门绩效管理的发展历史,增强学生建设良好制度的信念,坚定国家持续发展的信心; 培养学生审慎、务实的科学精神与创新意识
必备知识	三类典型视角下的绩效管理基本观点与主要内容

一、基本知识

"企业绩效是多方面的。在未来社会中,企业高管面临的一个重要任务就是要平衡企业的三种角色——经济组织、人力组织以及作用日益重要的社会组织。"

——德鲁克

德鲁克认为,管理者必须同时考量三个方面的业绩:提高现有业务的运营绩效;识别企业的发展潜能并能使之发挥;创新变革以创造一个全新的企业未来。

这三个方面基本上与短期、中期、长期目标三个阶段相对应。要摒弃投机理念和短期行为,形成长远思维,这是新时期对企业家的要求。

本模块讨论不同视角下的绩效管理。以不同视角看待问题,不同视角下的绩效管理思路与方法相互借鉴,能为今后同学们更有效地解决企业实际问题打好基础。

(一)实际工作过程与理论学习场景

1.实际工作过程

作为一名实际绩效管理工作者,首先必须理解不同视角下绩效管理的异同点,然后在实际工作中有意识地对不同视角下的绩效管理进行协同,最后为达成企业总体目标找到合适的协同方法。如图 2-22 所示。

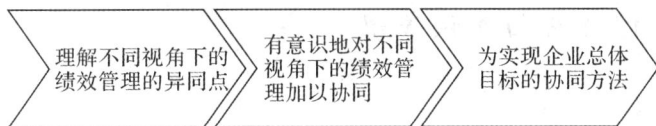

图 2-22 不同视角下的绩效管理流程

2.理论学习场景

表 2-7 为工作过程与学习场景矩阵,展示了三种学习场景,包括三种典型视角下的绩效管理内容、三种典型视角下的绩效管理异同点、异同点的意义与启发;展示了三种工作过程,包括理解不同视角下的绩效管理的异同点、协同不同视角下的绩效管理、为实现企业总体目标的协同方法。

表 2-7 工作过程与学习场景矩阵

学习场景	工作过程		
	理解不同视角下的绩效管理的异同点	有意识地对不同视角下的绩效管理加以协同	为实现企业总体目标的协同方法
三种典型视角下的绩效管理的主要内容	√	√	√
三种典型视角下的绩效管理的异同点	√	√	
学习三种典型视角下的绩效管理的异同点的意义与启示		√	√

（二）人力资源管理视角的绩效管理

人力资源管理视角的绩效管理的发展、含义、构成与功能，在项目二的模块一和模块二已经学习过了，在此不再赘述。下面是笔者真实的企业案例。

> 某年，笔者任职一家中外合资集团企业地区公司的人力资源总监。财务部在八月份启动年度预算工作，全公司所有部门都必须参与，一是检讨本部门预算完成情况，二是进行本部门明年新的预算。
>
> 预算通知发布后，人力资源部与其他部门一样，按照财务部设计的标准表格和流程进行工作检讨和预算。与此同时，人力资源总监作为全公司负责绩效管理的主持人，还要考虑如何将人力资源部负责的年度绩效管理工作与财务部门的年度预算工作，以及公司的战略管理进行检讨，并使三者有效整合起来，这是公司层面重大的管理问题……

请就以上笔者的亲身案例，思考下一步应如何开展有关工作。

（三）管理会计视角的绩效管理

1.绩效管理含义

管理会计是企业会计的一个分支，它以现代经营管理学为理论基础，运用一系列专门的方式方法，对财务信息和其他各种信息进行收集、计算、对比、分析和报告，实现对经济活动的预测、决策、规划、控制和考核，以强化企业内部经营管理，提高经济效益。

管理会计视角的绩效管理，侧重的是企业的财务状况和经营活动，强调从收益和成本出发，促进企业可持续发展，提高企业的管理效率，提升企业的核心竞争力。

管理会计视角的绩效管理，主要管控对象是组织，主要评价组织的业绩。根据特定的评价标准，采用特定的评价方法，对企业经营期的价值实现程度做出客观、公正和准确的综合判断，并出具评价报告。

管理会计视角的绩效管理与人力资源管理视角的绩效管理，各有侧重点。当前绝大多数有关绩效管理的教材，涉及二者的协同比较少，基本上是"各说各话"。事实上，在企业运营过程中，这二者是相互协同、相互影响的。仅讨论员工层面的人力资源视角的绩效管理，与仅讨论组织层面的管理会计视角的绩效管理，都有失偏颇。本书从企业实际出发，试图将二者有机协同起来，以便让同学们能以不同视角分析企业绩效管理问题，今后走上工作岗位后，在企业中能恰当有效地运用绩效管理的各种方法。

2.绩效管理的构成要素

(1)评价目标。管理会计视角的业绩评价系统,服务于企业整体战略目标,是企业战略管理的一部分。

(2)评价内容。管理会计视角的业绩评价,内容包括社会经济环境、评价原则、评价指标、评价标准、评价方法和评价报告等。

(3)评价主体。在现代企业治理背景下,企业绩效评价主体一般包括:

①股东与股东大会,主要审定与批准董事、监事的自我评价或第三方评价。

②董事与董事会,主要评估公司的经营状况和经理层的工作业绩。

③监事与监事会。监事会向股东大会负责,承担监督董事会和总经理工作的责任,主要评价董事会及总经理的工作,如工作合规性审查等。

④经理层,主要评价下属各部门和员工业绩。

(4)评价工具。管理会计的理论体系包含着丰富的内容。目前企业使用最普遍的几种评价工具包括全面预算、成本核算与控制、管理会计报告和分析、绩效评价这四类,绩效评价则越来越多地采用平衡计分卡工具。

(5)评价对象。企业通常将其下属部门分为四个主要类型:费用中心、成本中心、利润中心和投资中心。对于不同的对象,评价的要求、内容、指标等都不尽相同。

(6)评价指标及评价标准。

业绩评价指标分为财务与非财务指标。

评价标准通常有四种:

①公司战略目标预算标准;

②历史标准,指以企业过去某一时间的实际业绩为标准;

③行业标准或竞争对手标准;

④经验标准。

(7)业绩评价报告。

以下摘录是财政部印发的《管理会计基本指引》中有关业绩评价的内容,供同学们学习。

第四章 工具方法

第十八条 管理会计工具方法是实现管理会计目标的具体手段。

第十九条 管理会计工具方法是单位应用管理会计时所采用的战略地图,滚动预算管理,作业成本管理,本量利分析,平衡计分卡等模型、技术、流程的统称。管理会计工具方法具有开放性,随着实践发展不断丰富完善。

第二十条 管理会计工具方法主要应用于以下领域:战略管理、预算管理、成本管理、营运管理、投融资管理、绩效管理、风险管理等:

(一)战略管理领域应用的管理会计工具方法包括但不限于战略地图、价值链管理等;

(二)预算管理领域应用的管理会计工具方法包括但不限于全面预算管理、滚动预算管理、作业预算管理、零基预算管理、弹性预算管理等；

（三）成本管理领域应用的管理会计工具方法包括但不限于目标成本管理、标准成本管理、变动成本管理、作业成本管理、生命周期成本管理等；

（四）营运管理领域应用的管理会计工具方法包括但不限于本量利分析、敏感性分析、边际分析、标杆管理等；

（五）投融资管理领域应用的管理会计工具方法包括但不限于贴现现金流法、项目管理、资本成本分析等；

（六）绩效管理领域应用的管理会计工具方法包括但不限于关键指标法、经济增加值、平衡计分卡等；

（七）风险管理领域应用的管理会计工具方法包括但不限于单位风险管理框架、风险矩阵模型等。

第二十一条 单位应用管理会计，应结合自身实际情况，根据管理特点和实践需要选择适用的管理会计工具方法，并加强管理会计工具方法的系统化、集成化应用。

（资源来源：中华人民共和国政府网站，财政部关于印发《管理会计基本指引》的通知）

3.绩效管理的功能

管理会计视角下的绩效管理与评价本质上是一种公司管控手段。它的主要功能体现在以下几方面。

（1）激励与约束功能。比如通过全面预算管理，把预算的完成度作为经理人的业绩评价指标。从这一角度看，业绩评价成为人力资源管理的有效工具。

（2）项目再评估功能。比如以资本预算为标准的业绩评价，通过对比找出预测误差，可以不断提高预测准确性，从而起到项目再评估的作用。

（3）资源再配置功能。比如通过竞争对手把标杆指标作为业绩评价的标准，对企业的战略分析与资源的合理配置具有很大的作用。

4.绩效管理的发展简史

1）西方企业的业绩评价发展阶段

真正意义上的企业业绩评价是在现代公司制度诞生以后，为了加强资本所有权控制和公司内部控制而提出的，西方企业的业绩评价的发展大致分为三个阶段：

（1）成本业绩评价时期（19世纪初—20世纪初）。

这一时期的企业业绩评价又可分为简单成本业绩评价阶段、较复杂成本业绩评价阶段和标准成本业绩评价阶段。这一时期的成本控制的状况成为评价企业经营业绩的主要依据。

（2）财务业绩评价时期（约20世纪初—20世纪90年代）。

这一时期的企业业绩评价可分为以销售利润为中心的财务业绩评价阶段、以投资报酬率为中心的财务业绩评价阶段、以财务指标为主的业绩评价阶段。

（3）企业战略经营业绩评价时期（20世纪90年代至今）。

从 20 世纪 90 年代至今,以平衡计分卡(BSC)的诞生为标志,财务指标与非财务指标、短期目标与长期目标、驱动指标与结果指标考量平衡,以创新为内核,以竞争优势的形成与保持为关键。

随着社会的发展与强调人与自然和谐、生态环保理念的深入,强调可持续发展,以生态创新为内核的竞争优势的形成与保持,以 ESG 为主导的可持续发展的企业业绩体系逐渐形成。

2)我国企业的业绩评价发展阶段

从管理会计视角来看,我国企业业绩评价的发展,以政府对国有企业业绩评价的发展史为例,主要可划分为"两条线、四阶段"。

(1)第一条线是以国家计委、国家经委等组织开展的企业业绩评价的发展历程。

20 世纪 70 年代以前计划经济时期的实物产量考核。由于当时计划经济的特点,只能采用产品产量、产品质量、节约成本等作为考核评价指标。1975 年国家拟定了产品产量、品种、质量等的"工业企业八项经济技术考核指标"。采用以实物产量为主的企业业绩评价方式的后果是国有企业严重缺乏效率。

20 世纪 80 年代改革开放以来以产值和利润为主的考核。党的十一届三中全会召开以后,国家对企业逐步扩大了经营自主权。对企业的业绩评价逐步过渡到了以产值和利润为主要考核内容。1982 年国家经委、国家计委等部委制定了总产值和增长率、产品产量完成情况等"企业 16 项主要经济效益指标"。但是也存在着权重即指标相对重要性设置、评价以报告期与基期相对而造成的鞭打快牛和企业短期行为等弊端。此种考核指标和办法在 80 年代后期被淘汰。接着企业承包制走上历史舞台,这一时期企业绩效评价主要是考核企业承包计划的完成情况。这一做法并没有解决国家对企业经营者业绩进行全面考核评价的问题。

20 世纪 90 年代以投资报酬率为核心的企业业绩评价。在总结承包制的经验和教训之后,1991 年中央工作会议提出要将经济工作的重点转移到调整结构和提高经济效益上来,防止片面追求产值和速度,强化效益指标,于是在 1992 年国家计委、国务院生产办和国家统计局提出了产品销售率、资金利税率等"6 项工业企业经济效益考核指标"。1997 年国家统计局会同国家计委、国家经委将评价指标调整为 7 项,权重也进行了调整。

20 世纪 90 年代后期的企业战略业绩评价。1999 年由四部委联合颁发了《国有资本金效绩评价规则》,由四个层面的 32 项指标组成。其后于 2002 年进行了修订。《国有资本金效绩评价规则实施细则》和《企业集团内部效绩评价指导意见》也相继出台。

(2)第二条线是以财政部、国资委等单位开展的企业业绩评价的发展历程。

国家财政部在 20 世纪 90 年代陆续颁布了企业业绩评价方面的规范。

《企业财务通则》于 1993 年发布实施。规定了对企业业绩评价的 8 项考核指标。

《企业经济效益评价指标体系(试行)》于 1995 年颁布实施,有 10 项考核指标。响应与市场经济相适应的产权明晰、权责明确、政企分开、管理科学的企业管理制度,注重综合评价,分别从企业投资者、债权人以及对社会贡献三方面设置评价指标,但也缺乏反映企业发展趋势的评价指标,也没有考虑现金流量在企业业绩评价中的作用,没有非财务指标。

2018年,中共中央、国务院《关于全面实施预算绩效管理的意见》发布,2019年,国务院国资委印发了《中央企业负责人经营业绩考核办法》。为推动中央企业加快实现高质量发展,国资委探索建立了中央企业经营指标体系。2020年,首次形成"两利三率"指标体系,包括净利润、利润总额、营业收入利润率、资产负债率和研发经费投入强度。2021年,为引导中央企业提高生产效率,增加了全员劳动生产率指标,完善为"两利四率"。2022年,针对"两利四率"指标,进一步提出"两增一控三提高"的总体要求。

2023年,国资委将中央企业2023年主要经营指标由原来的"两利四率"调整为"一利五率",包括利润总额、净资产收益率、营业现金比率、资产负债率、研发经费投入强度、全员劳动生产率,同时提出了"一增一稳四提升"的年度经营目标,推动中央企业提高核心竞争力。这标志着我国国有企业业绩评价机制日益完善。

> 思考与讨论:上网查寻"ESG"的含义与意义,讨论其对当今企业的可持续发展的影响,以及"ESG"对企业业绩评价指标设立的可行性和必要性。

(四)公共部门视角的绩效管理

1.公共部门及其绩效管理的含义

公共部门是指被国家授予公共权力,并以社会的公共利益为组织目标,管理各项社会公共事务,向全体社会成员提供法定服务的政府组织。公共部门包括政府、公共企业、非营利性组织、国际组织,政府是公共部门的最主要成员。

中国行政管理学会将政府部门绩效管理定义为:运用科学的方法、标准和程序,对政府机关的业绩、成就和实际工作做出尽可能准确的评价,在此基础上对政府部门绩效进行改善和提高。

公共部门的绩效管理,是以战略和目标为导向、以全面预算管理为纽带的部门整体绩效协同机制,是与部门业务、资源和资产等管理机制相匹配衔接的。

政府部门的绩效,如财政绩效,其评价包含支出与收入绩效评价。我国财政部对财政支出绩效评价的定义是:财政部门和预算部门根据设定的绩效目标,运用科学、合理的绩效评价指标、评价标准和评价方法,对财政支出的经济性、效率性和效益性进行客观、公正的评价。

2.绩效管理的构成要素

按照公共部门绩效管理对象的差异,公共部门绩效管理可分为人力资源绩效管理、业务绩效管理、预算绩效管理和政府绩效考核四大类。表2-8列出了四种公共部门的绩效管理类别,从主体、对象、内容及联系几个维度加以区别。

表 2 - 8　公共部门的绩效管理类别

	部门预算绩效管理	部门业务绩效管理	部门人力资源绩效管理	政府绩效考核
主体	部门预算委员会	部门各业务部门	人事或组织部门	党委、政府
对象	四大本预算	部门业务	领导班子、团队和个人	部门各项目工作
内容	预算投入过程、产出和效果	业务工作的组织、管理和产出、效果	德、能、勤、绩、廉等	履职效能、管理效率、社会效应、创新创优等
联系	预算绩效反映工作绩效	预算绩效反映工作绩效	预算绩效纳入人事绩效	预算绩效纳入政府绩效

公共部门的绩效管理遵循了战略管理与管理学的相关原理,如建立公共部门的愿景、使命、战略目标等。马克·莫尔提出了公共部门战略管理的三角模型,将公共部门战略管理的主要内容,概括为公共价值、使命管理、政治管理、运营管理和战略执行等。

公共部门战略规划主要完成三项任务:提出战略展望、建立目标体系和制定战略。战略展望包括组织使命、愿景、价值观等。如"为人民服务"就是所有公共部门必须遵守的价值观。又如"两个一百年"就是中国发展的未来愿景。

公共部门制定战略及制定相应措施,实现其愿景。如各地方政府和各部门的"十四五"规划等。

公共部门绩效管理也遵循人力资源管理视角的绩效管理四个关键环节的运行规律。财政部印发的《管理会计基本指引》,明确指出了公共部门的绩效管理包括绩效计划、绩效实施与监控、绩效评估、绩效反馈这四个环节。

(1)建立绩效评估机制。各部门各单位要结合预算评审、项目审批等,对新出台重大政策、项目开展事前绩效评估,重点论证立项必要性、投入经济性、绩效目标合理性、实施方案可行性、筹资合规性等,投资主管部门要加强基建投资绩效评估,评估结果作为申请预算的必备要件。各级财政部门要加强新增重大政策和项目预算审核,必要时可以组织第三方机构独立开展绩效评估,审核和评估结果作为预算安排的重要参考依据。

(2)强化绩效目标管理。各地区各部门编制预算时要贯彻落实党中央、国务院各项决策部署,分解细化各项工作要求,结合本地区本部门实际情况,全面设置部门和单位整体绩效目标、政策及项目绩效目标。绩效目标不仅要包括产出、成本,还要包括经济效益、社会效益、生态效益、可持续影响和服务对象满意度等绩效指标。各级财政部门要将绩效目标设置作为预算安排的前置条件,加强绩效目标审核,将绩效目标与预算同步批复下达。

(3)做好绩效运行监控。各级政府和各部门各单位对绩效目标实现程度和预算执行进度实行"双监控",发现问题要及时纠正,确保绩效目标如期保质保量实现。各级财政部门建立重大政策、项目绩效跟踪机制,对存在严重问题的政策、项目要暂缓或停止预算拨款,督促及时整改落实。各级财政部门要按照预算绩效管理要求,加强国库现金管理,降低资金运行成本。

(4)开展绩效评价和结果应用。通过自评和外部评价相结合的方式,对预算执行情况开展绩效评价。各部门各单位对预算执行情况以及政策、项目实施效果开展绩效自评,评价结果报送本级财政部门。各级财政部门建立重大政策、项目预算绩效评价机制,逐步开展部门整体绩效评价,对下级政府财政运行情况实施综合绩效评价,必要时可以引入第三方机构参与绩效评价。健全绩效评价结果反馈制度和绩效问题整改责任制,加强绩效评价结果应用。

图 2-23 是我国公共部门的绩效目标体系。

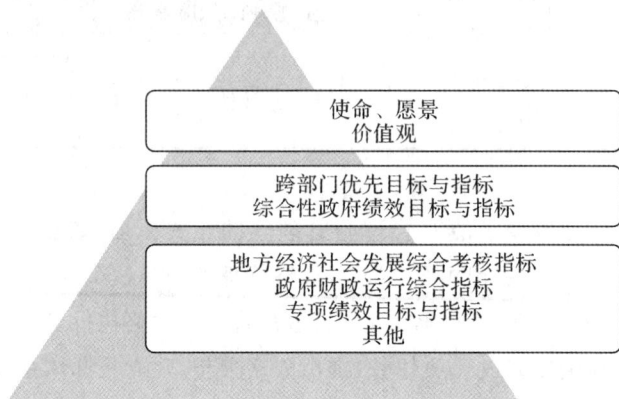

图 2-23　公共部门的绩效目标体系

3. 绩效管理的功能

从以上公共部门的绩效管理四大类别的主要内容来看,公共部门的绩效管理功能既具有管理会计视角和人力资源管理视角的绩效管理功能,如公正评价业绩、人员胜任力等,也有其特殊性。下面就"部门预算绩效管理"的功能做一简述。

(1)支撑部门总额控制。通过公共部门的绩效目标传导机制、公共项目事前评估机制与公共支出审查机制实现部门总额控制。

(2)提高部门配置效率。通过关注公共事业的投入是否达到资源最优配置来实现部门配置效率。首先通过绩效计划、审查与预算,建立公共项目事前联系;然后通过绩效评价与预算,建立公共项目事后联系。

(3)改善部门运作效率。通过公共项目实施中的投入与产出效益情况,评估运作效率。具体做法是公共项目的事前可行性研究、事中监控和事后评价等。

(4)推动治理方式变革。预算绩效是政府绩效的核心指标之一,其本质上反映了各级政府部门的工作绩效。预算绩效管理不仅是预算管理方式的深刻变革,也是政府治理方式的深刻变革。

4. 绩效管理的发展简史

我国政府绩效管理,以干部考核制度为发端,大体经历了从个体绩效到部门绩效再到组织绩效的发展历程,党和国家始终将其作为一项重要的政治工作加以推进。

现代意义上的中国政府绩效管理发轫于 20 世纪 80 年代,当时各地基于目标管理的目标责任制是政府绩效管理的开端。20 世纪 90 年代,围绕效能建设,各地探索并形成了诸如基于目标责任制的"青岛模式"、重视效能提升的"福建模式"、强调社会服务承诺制的"烟台模式"等一批具有代表性的政府绩效管理新模式。进入 21 世纪后,随着目标管理、PDCA 循环、平衡计分卡等西方政府绩效管理理念与技术的引入,目标责任制、效能建设以及社会服务承诺制等多种模式逐步整合,基本形成相对统一稳定的政府绩效管理框架。整体来看,中国政府绩效管理仍处于自发状态,统一规范的制度化建设比较滞后,配套机制与措施也尚未建立起来,绩效管理效用的充分发挥仍有较大空间。

党的十八届三中全会提出严格绩效管理,突出责任落实,确保权责一致。党的十九大报告提出继续加强政府执行力和公信力,加快建设现代财政制度,建立全面规范透明、标准科学、约束有力的预算制度,全面实施绩效管理。当下中国推进政府绩效管理的一个很重要的特点是,在增强道路自信、理论自信、制度自信、文化自信的背景下,中央和国家机关及各级政府深入探索绩效管理并取得新进展,涌现出新模式。

当前,我国经济已由高速增长阶段转向高质量发展阶段,正处在转变发展方式、优化经济结构、转换增长动力的攻关期,建设现代化经济体系是跨越关口的迫切要求和我国发展的战略目标。发挥好财政职能作用,必须按照全面深化改革的要求,加快建立现代财政制度,建立全面规范透明、标准科学、约束有力的预算制度,以全面实施预算绩效管理为关键点和突破口,解决好绩效管理中存在的突出问题,推动财政资金聚力增效,提高公共服务供给质量,增强政府公信力和执行力。

随着中央和地方政府大量颁布实施关于财政绩效评价的相关文件,我国正迎来一个前所未有的绩效时代,为促进公共利益、提高国家治理能力带来崭新机遇。

二、问题导学

【看理论与实践前沿】

人力资源管理部门生存与发展的世纪论战

拉姆·查兰和戴夫·尤里奇分别是 2001 年美国《商业周刊》评选的"全球管理大师排行榜"中位列第一与第二的管理大师。

享有"当代彼得·德鲁克"之称的管理大师拉姆·查兰发表的一篇名为《分拆人力资源部!》的文章,掀起了关于是否拆分人力资源部的争论与思考。与 8 年前一样,戴夫·尤里奇再一次站了出来,展开了一次"管理大师就人力资源部门拆分与否"的论战。至关重要的是戴夫·尤里奇作为"现代人力资源管理之父"在这次论战中与"当代彼得·德鲁克"一起,都在为人力资源的未来敲警钟。

人力资源部门:且不说人力资源部门拆分与否,人力资源部门的效用受到质疑,这已经不是第一次了,人力资源部门的忧伤也不是一两天了。过去几十年里,各种报纸杂志都曾声言,人力资源基本上属于行政部门,没有多少战略价值。来自业务部门、首席执行官、人力资源部门本身,甚至来自客户的质疑声音也一起被呈现了。

——人力资源部门自产生以来难以掩盖的痛

论战:人力资源部门拆分与否

首先来看拉姆·查兰的观点以及戴夫·尤里奇的反驳（如下图）。

仔细分析不难看出，在彼此的言词中透漏出的共识与分歧，如下表。

		拉姆·查兰	戴夫·尤里奇
共识		肯定人力资源管理的价值	
		人力资源部门目前存在诸多问题	
		人力资源管理都应该以业务为导向	
		人力资源管理是需要转型了	
		人力资源管理需要聚焦于人才与组织管理	
分歧	立场/视角不同	老板视角/首席执行官立场	人力资源管理视角/人力资源从业者立场
	人力资源部拆分与否	拆分	不拆分，拆分也不同意拉姆·查兰的简易方法
	人力资源管理价值范围	有限：仅人才领域	很广：人才、领导力与组织能力等
	人力资源专业团队	小团队即可	极度专业，需大团队
	有发言权资质的人力资源领导者	业务过来的人力资源领导者更有发言权	科班出生的人力资源领导者更有话语权
	人力资源部门拆分方法	一分为二：行政人力资源（HR-A）向首席财务官汇报领导力与组织人力资源（HR-LO）向首席执行官汇报	人力资源业务伙伴（HRBP）、专家中心（COE）、共享服务中心（SSC）三支柱已经被广泛接受和实施

"拆分人力资源部"产生的原因

人才是 21 世纪企业最核心的竞争力,在经济全面转型升级的关键阶段,无论是企业的战略转型、技术创新,还是业务模式变革、海外拓展,"人"始终发挥着关键作用。

人力资源管理已从过去的技术与工具成为如今的战略与方法,即对人力资源部门的战略化要求已明显上升。同时自 2014 年以来,国内市场与国际市场均呈现出强势复苏的迹象,人力资源行业的市场也更加拓展,企业发展对人力资源的依赖程度明显提高。但是,当人力资源部门的效用与价值被肯定的同时,人力资源部的能力与贡献被质疑着:体制化太强、汇报线太长、成果太难量化、不懂业务及不能参与战略等。所以,就算不拆分人力资源部,也该是人力资源部门甚至是人力资源管理发生蜕变之时。如此,拉姆·查兰才抛出了"是时候拆分人力资源部了"的观点。

戴夫·尤里奇为何站出来

戴夫·尤里奇站出来对阵拉姆·查兰,其大致原因有二:

第一,戴夫·尤里奇被誉为"现代人力资源管理之父",更传言他是最早提出"人力资源(human resource,HR)"的概念。面对同样身为管理大师的拉姆·查兰对人力资源的质疑,戴夫·尤里奇无法坐视不理,不论是否推翻其说法,至少需要发声例证自身观点。

第二,早在 20 世纪 80 年代戴夫·尤里奇就已经活跃在学术和咨询界,并且于 1996 年在对于《炸掉人力资源部》的争论中声名鹊起。思想的碰撞才能引起创新的火花,通过此种论证,不仅能引起他自身对人力资源管理的思考,更会影响着人力资源管理未来的发展方向。为了捍卫自己的研究成果,也为了人力资源管理的未来,他必须站出来。

论战的本质:对人力资源管理的警醒

强行分拆必然带来损失。只是战略性地对人力资源部门进行职能拆分,不仅问题不能实质解决,还会产生影响人力资源部门基于业务需求提供整体解决方案的弊端。

从本质上讲,去讨论拆不拆分并没有太多价值。拉姆·查兰以及戴夫·尤里奇的诸多结论事实上已经被认可,特别是人力资源管理需要聚焦于人才与组织管理,更需要贴近业务。同时这一论证重在警醒众人。在这二位管理泰斗面对人力资源部门拆分与否的讨论中,我们应该看到的本质是"对人力资源管理价值期望拔高",而人力资源管理没有达到人们的预期。

观念上	多数人力资源从业者更倾向于视人力资源管理为企业起到固本强基作用的关键,也乐意强调企业离不开人力资源管理,与之相对,却不愿意强调人力资源管理能够创造何种价值与战略价值。
形态上	存在部分人力资源从业者甚至人力资源领导者现阶段不精于、也不了解业务的案例
体制上	人力资源管理不是人力资源部可控,而是"一把手工程",也就是说人力资源管理的大头是管理者,而非人力资源专业人员
流程上	人力资源管理往往是系统工程,见效慢。面对变幻莫测的市场与企业竞争环境,效果显现需要时间。

(资料来源:https://www.zhihu.com/tardis/zm/art/481132077? source_id=1005)

> 思考与讨论:开篇导读《人力资源管理部门生存与发展的世纪论战》与学习本模块知识的关系是什么？对你有何启发？

(一)问题一:三类典型视角下的绩效管理的异同点是什么？

通过以上学习,我们对三类典型视角下的绩效管理有了一定认识。下面简要讨论三类典型视角下绩效管理的异同点。

1.三类典型视角下的绩效管理的相同和相似点

三类视角下的绩效管理都是以目标管理(MBO)为底层逻辑思想,以目标为牵引的绩效计划、绩效监控、绩效评价与绩效反馈,同时也都实施了绩效管理。

在考核形式上也都按业务层级或职能层次进行考核。

在绩效管理工具的应用方面,都应用到了关键业绩指标(KPI)或类似工具,平衡计分卡(BSC)是三者皆推崇的绩效管理工具。

2.三类典型视角下的绩效管理的不同点

管理会计的绩效管理是站在"财"的角度对企业进行业绩评价;人力资源管理的绩效管理是站在"人"的角度对各岗位的员工进行绩效评价,除了业绩还包括工作能力和工作态度方面的考核;公共部门的绩效管理则以全面预算为主线对部门的支出和收入进行业绩评价,但更侧重于支出的评价,同时在绩效管理的四个阶段有其自身的特点。

异同点对比总结归纳如表2-9所示。

表 2-9 三类典型视角下的绩效管理异同点对比总结

	评价对象	评价目的	评价主体	评价层次	评价工具	评价周期	评价技术	评价运用
人力资源管理视角的绩效管理	公司—部门—个人,以个人为主	评价组织或部门业绩实现程度和个人业绩、能力和态度等,为精神激励和物质激励,成长与发展提供依据	公司内部各级管理者	公司—部门—个人三层次	主要是KPI、BSC、OKR	年度、季度、月度	公司内部按管理职级评定或360度考核	绩效工资奖金发放员工持股职位晋升个人发展表彰奖励
管理会计视角的绩效管理	公司—部门	评价组织业绩实现程度	股东或股东大会董事或董事会监事与监事会经理层	公司—部门	主要是KPI、BSC、EVA以财务指标为主	年度	公司内部按管理职级评定	绩效工资奖金发放员工持股职位晋升个人发展表彰奖励

续表

	评价对象	评价目的	评价主体	评价层次	评价工具	评价周期	评价技术	评价运用
公共部门视角的绩效管理	公共部门	政府各部门预算执行效率与效益、项目投资效果、服务效率与供给质量、履职效能、公信力等	各级党委、部门内部各级行政主体—外部主体包括人大、政协、审计和社会公众	部门组织人事绩效管理、部门业务绩效管理、部门预算绩效管理和政府绩效考核	KPI、BSC、逻辑模型、标杆管理等	年度、三年、五年等	360度、公众调查、审计、职能评价等	政策调整管理优化预算安排人员激励问责监督

（二）问题二：三类典型视角下的绩效管理对比的意义与启示是什么？

同学们学习了不同视角下的绩效管理，开拓了眼界，对于培养从不同角度分析问题有了一定的基础。请思考：三类典型视角下的绩效管理对比的现实意义及启示是什么？作为人力资源管理者，为达成公司战略目标，在实施绩效管理制度过程中如何协调不同视角的绩效管理？

在管理会计体系中，全面预算管理、成本管理、绩效管理、管理会计报告相对独立，又都涵盖管理的全过程（事前、事中和事后）。如全面预算管理，不仅要进行预算编制，还要确定预算目标，进行预算控制、预算分析、预算评价及考核等。

一方面，管理会计采取"花钱必问效，无效必问责"的全面预算绩效管理方法，通过精细化管理来对员工的工作进行约束和问责，推动企业员工自身动能，从而降低企业的运营成本。另一方面，管理会计和绩效管理的融合有助于企业建立并完善风险防控机制，进而优化资源配置，提高企业运行效率。

而公共管理部门的绩效管理则是运用了基本的目标管理思想，着重于从支出使用的效率与效益角度进行评价。与企业追求经济效益不同，它关注的是财政预算资金"花更少的钱提供更多、更好的公共服务"，提高政府部门项目的价值与效率等。

下面我们以管理会计（财务管理）视角的绩效管理与人力资源管理视角的绩效管理为例，简要讨论如何在企业中协同二者的关系。

在组织制度协同方面，主要应解决全面预算管理制度如何与人力资源管理绩效管理制度相衔接。一是指标协同，将预算指标与各级考核指标协同。二是时间与工作流程上的协同。企业预算一般在每年的七、八月启动，应与人力资源管理的绩效管理相配合。三是二者与战略管理相协同。建立从战略目标分解到全面预算指标与各级人员绩效考核指标的协同。比如将预算指标纳入人事考核指标，以便做好预算的项目预测与战略管理中的内外环境分析挂钩、行动方案与人事考核中的绩效计划责任制挂钩等。这就需要财务部门、人力资源管理部门和战略管理部门之间的有效协同。

人力资源管理部门由于其本身职能限定的原因,往往容易"坐井观天",以自己的视角看问题,"罔顾一切"地认为,人力资源部的绩效管理制度可以统领公司一切评价工作。要解决协同问题,人力资源管理者必须懂业务、懂财务、懂战略,有能力建立企业整体的绩效管理制度并能协调其有效运行。同时企业要建立独立于部门之上的类似"战略业绩评价委员会"这样的机构,来协同企业全范围的绩效管理。

三、业务决策者的责任

这里主要就企业管理会计(或财务管理)视角的绩效管理,与人力资源部门主导的绩效管理这两个视角,阐明企业里业务决策者的责任。

(1)了解两类视角下的绩效管理的相关制度、流程及二者的协同运作过程。

(2)落实有关制度的执行,并提出实施有关制度过程中的意见与建议。

【学习小结】

关键能力	具有从不同视角分析问题的意识和能力□ 能够整合不同视角的绩效管理,并在实践中运用□ 在小组学习中体现出一定的团队协作能力、独立思考能力与表达能力□		实际工作过程与理论学习场景 人力资源管理视角的绩效管理 管理会计视角的绩效管理 公共部门管理视角的绩效管理 基本知识	自我回顾所学,然后: 在教材中找到支持"关键能力、核心素养和必备知识"的相关内容;
核心素养	通过学习经典与前沿的绩效管理,培养学生关注前沿和本土社会实践的意识□ 通过学习我国公共部门绩效管理的发展,增强学生建设良好制度的信念,坚定国家持续发展的信心□ 培养学生审慎、务实的科学精神与创新意识□	模块三:三类典型视角下的绩效管理	问题一:三类典型视角下的绩效管理的异同点是什么? 问题二:三类典型视角下的绩效管理对比的意义与启发是什么? 问题导学	对于相关学习目标的掌握程度进行自我评价; 评价完后请在左边的小方框中"□"打上"√"
必备知识	三类典型视角下的绩效管理基本观点与主要内容□			

【看企业实际运作】

某企业集团的全面预算管理与绩效管理的协同

以下是笔者任职某集团企业时的实战案例。

某大型能源企业集团,在全国各地拥有众多子公司和分支机构,涉及业务广泛。对于集团旗下各公司来说,集团战略控制与协同聚焦于战略地图与平衡计分卡、全面预算管理系统的有机融合。二者的协同主要体现在以下几方面。

一、协同框架

图2-24是某企业集团全面预算管理与绩效管理的协同框架。该企业集团战略控制系统以战略目标为指引,通过战略地图工具进行战略、目标的描述与分解,然后以平衡计分卡工具进行衡量,接下来制定行动计划与方案来实施战略,最后是资源配置和资金的全面预算。其中财务预算、业务预算的各项数据成为平衡计分卡各项KPI的标准(指标值)。

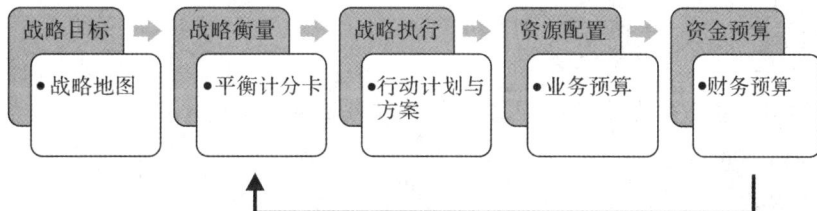

图2-24 某企业集团全面预算管理与绩效管理的协同

二、协同机制

通过组织制度、激励机制等进行协同与控制。具体包括各项战略执行检讨会议、KPI报告会议、述职等。同时配套各层次的激励机制,将KPI责任人的业绩与年度奖金和职务晋升结合起来。

三、协同评估

协同评估主要通过建立协同机制来检讨各项工作与任务的成效,如董事会报告等。

理论
链接
实践
指引

中央企业负责人经营业绩考核办法

(请登录国务院国有资产监督管理委员会官网,查询以上业绩考核办法)

模块四　绩效管理过程中的数字化应用场景

【学习目标】

关键能力	能综合分析现实中的案例,具有一定的分析力与判断力; 在实操平台上能熟练地操作相关模块,并能充分运用其背后的理论知识
核心素养	通过学习绩效管理的数字化应用,培养学生数字意识、科学精神与时代精神; 培养学生前沿思维及与时俱进的职业态度; 通过中外数字化运用的学习,增强学生建设数字中国的信心
必备知识	数字化绩效管理相关概念、特征与作用; 数字化绩效管理存在的问题及其解决对策

一、基本知识

"一个不断取得成功的领导者,其天才之处在于能感知环境的变化。"

——Warren Bennis(沃伦·本尼斯)

根据中国信息通信研究院统计,截至 2022 年,过去 10 年中数字经济占 GDP 的比重由 20.9% 提升到 39.8%。2022 年,数字经济占 GDP 比重超过 41%。在数字经济浪潮的推动下,数字技术已成为企业发展的重要引擎。有 86% 的企业强烈感受到数字化是企业战略的基础。美世管理咨询公司 2017 年所发布的《全球绩效管理调查报告》显示,3% 的企业表示绩效管理具有卓越价值,48% 的企业认为传统的绩效管理作用发挥不够明显,39% 的企业曾重新评估其绩效管理。

一些全球领先企业如奈飞、阿多比等宣称已经取消了传统绩效考核。奈飞前 CHRO (chief human resources officer,首席人力资源官)帕蒂·麦考德曾说,奈飞取消了传统的绩效考核,取而代之的是促进管理者和员工之间开诚布公的对话,让绩效管理成为日常工作的有机组成部分。

未来已来,数字技术已经深入人们的生活与工作的方方面面。人力资源管理的数字化转型至少有三方面需要我们正视:一是人力资源管理者思想上的数字化,包括注重用户主权、敏捷响应、快速迭代等。二是人力资源管理者技术上的数字化,包括积极引入数字化技术改造传统绩效管理场景等。三是人力资源管理者行动上的数字化,包括对数字时代各项相关技术的掌握等。

(一)实际工作过程与理论学习场景

1.实际工作过程

在企业实际工作中,如图 2-25 所示,人力资源管理数字化,首先要在思想上明确意识到企业管理数字化是未来的发展趋势,其次要清醒认识数字化会给绩效管理带来哪些好处,最后要考虑如何切入适宜的数字化技术,明确可能存在的问题及对策。

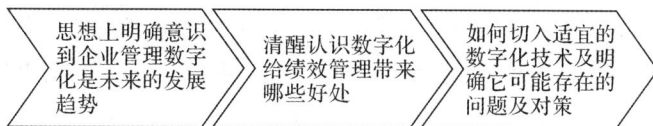

图 2-25 人力资源管理数字化实际工作过程

2.理论学习场景

本模块实际工作过程与学习场景矩阵如表 2-9 所示。

表 2-9 工作过程与学习场景矩阵

学习场景	工作过程		
	思想上明确意识到企业管理数字化是未来的发展趋势	清醒认识数字化给绩效管理带来哪些好处	如何切入适宜的数字化技术及明确它可能存在的问题及对策
人力资源管理与数字化 1.人力资源管理数字化发展历程 2.绩效管理数字化应用现状及展望	√	√	
数字化绩效管理的典型应用场景	√	√	√
问题一:在绩效管理流程中如何导入数字化技术?			√
问题二:绩效管理数字化应用过程中的问题及其解决途径			√

(二)人力资源管理与数字化

近年,ChatGPT 带来的通用 AI 模型取得巨大技术突破,在推动企业数字技术应用发展提速的同时,也让企业数字化转型紧迫感倍增,对企业数字化转型的基石——数字化人才的重视程度也越来越高。这给人力资源管理带来了前所未有的挑战。

以下为笔者的真实企业经历。

> 某年,经过选拔,笔者作为集团培养的潜力人才进入集团人才"孵化池"被派出接受培训。培训内容除了业绩评估外,还进行了人才测试,包括领导者能力模型中各项关键能力现状和发展潜力等的测评。人才测试工作中使用了世界著名专业机构的多项测评技术,同时数字化测评技术系统也嵌入了集团的人力资源管理大平台中,使用效果良好,获得了人才发展部门和潜力人才的一致"点赞"。
>
> 经过一段时间的培训,笔者回到公司后,也思考着在本公司里引进数字化系统以完善本公司人力资源管理信息系统。但是问题也随之而来。主要是这三个问题:一是选什么?二是怎么选?三是如何嵌入其他数字化平台从而产生协同效应?

请回顾前述的笔者的亲身案例,如果可以穿越的话,你会重新怎么做?

1. 我国人力资源管理数字化发展简述

数字技术对传统的企业商业模式、运营方式和管理手段带来了空前的巨大的颠覆,它们彼此相互作用构建了一个全新的商业环境,推动了政府政策、经济运行、社会文化等各个领域的深刻变革。中国人力资源数字化行业起步相对较晚,中美两国数字化人力资源管理行业的市场规模相差较大。据亿欧智库(Equal Ocean Intelligence)调查,2021年中国人力资源数字化管理的渗透率为2.9%,远低于美国的9.9%。2022年中国云端人力资源解决方案,接近美国2012年的水平。据北森(Beisen)发布的《2022年人力资源管理数字化转型白皮书》,中国企业半数以上(约58%)企业已经启动HR数字化转型,但相比企业整体转型,起步较晚,程度较低。企业人力资源管理系统建设处于局部数字化的阶段。

数字技术是企业应对人力资源动态化、精细化管理挑战的强大支撑,深刻影响其人力资源管理能力。我国企业对人力资源数字化重视程度不高,有关IT投入占总体数字化转型投入比例较小。不同类型、不同规模的企业对人力资源数字化的认知有所差异,数字化系统的渗透程度有所不同。大部分企业的人力资源管理数字化处于单点应用或部分功能应用的状况,尚未形成贯穿全部人力资源管理模块端到端的系统平台,难以满足企业未来发展需求,需要在广度和深度上不断进行扩展、优化和提升。

人力资源管理经历了以下几个发展阶段:

(1)手工HR时代(1990年以前)。基本上以纸质记录、手工操作为主,各个模块的管理工作比较分散,工作效率低下,HR员工的工作体验较差。

(2)电子HR时代(1990—2010年)。逐步从完全手工操作过渡到部分流程信息化的半自动化操作阶段。

（3）云化 HR 时代（2011—2023 年）。以云端数据存储、标准简化流程、移动协同强大、配置定制容易、管理维护简单为主要特征，目前正在普及应用。

（4）智能 HR 时代（2023 年以后）。步入智能化时代，机器学习等 AI 技术的应用更加深入，具有高效的人机协同和优良的员工体验。

总之，人力资源管理必须基于新的数字化战略，重新进行审视、规划和设计，借助云计算、人工智能、人才大数据、低代码定制开发等技术，实现数字化、移动化、智能化和一体化的人力资源管理，对包括招聘、人事、培训、绩效等核心模块在内的人力资源管理进行数字化解码，为企业组织架构再造、管理流程重塑以及建立健全更加科学、合理的人才管理与考核战略，奠定数字化基础。

2.绩效管理数字化应用现状及展望

在数字时代，企业对人力资源管理系统应用的实时化、移动化、集成化和智能化的要求越来越高，对不断积累的运营数据进行智能分析应用、价值挖掘的需求更趋频繁，基于云服务的 SaaS 应用模式、一体化的管理方式更加符合企业需求，这些都将成为未来人力资源管理的发展方向。

依据 IDC 的市场定义，人力资本管理（human capital management，HCM）应用市场分为员工绩效管理、招聘（人才收购）、核心人力（core HR）、劳动力管理、学习管理以及薪酬管理六个子市场。IDC（International Data Corporation，国际数据公司）2020 年人力资源 SaaS 市场跟踪数据显示：HCM 六大模块中，学习管理和招聘管理目前 SaaS 渗透率最高；薪酬管理与核心人力目前 SaaS 渗透率最低，基本采用传统的部署模式为主。HR 六大模块 SaaS 渗透率如图 2-26 所示。

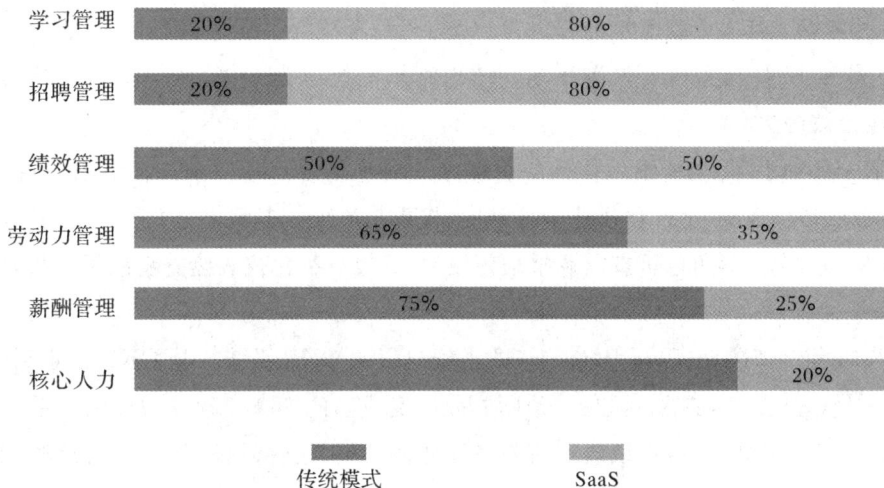

图 2-26 HR 六大模块 SaaS 渗透率

绩效管理的 SaaS 和本地部署各占 50%。绩效管理事关每位员工，也关乎企业整体，其本身也是一套比较复杂的系统，采用标准化的 SaaS 模式有较大难度。从调查数据来看，50%的企业采用了 SaaS 模式管理，其余 50%仍然在采用传统本地部署模式。

根据亿欧智库发布的《2023中国人力资源数字化企业需求分析》报告,HR SaaS平台增长势头较好,2022年市场规模突破40亿元,招聘和绩效管理模块的市场份额占比最大。SaaS平台的应用场景覆盖招聘、核心人事管理、薪酬福利管理和人才培训等人力资源管理的全流程。从细分市场来看,招聘管理和绩效管理仍然是市场规模占比最大的两个模块,二者的市场份额占比超过45%。

员工体验优化是企业在开展人力资源数字化转型时关注的关键目标之一。随着企业责任感的提升,提升员工体验的自助化和沉浸式终端设备将成为未来的发展趋势。智能终端机能够有效简化人力资源事务性工作,可用于手续办理和信息查询等场景,提升员工自助体验。AR/VR眼镜在招聘、培训和员工福利环节都广泛运用了智能经济终端机,以沉浸式的体验提升面试体验、客户体验和员工体验。

思考与讨论:调查你家乡的企业人力资源管理数字化应用情况并与其他同学交换信息,分享收获与发现。

(三)典型应用场景

以下为当前企业界数字化应用的典型场景。

(1)腾讯于2012年引入了PeopleSoft的人事模块和计薪模块。PeopleSoft的产品,以平衡计分卡的逻辑来配置绩效管理的模块,按平衡计分卡的四个模块——财务、客户市场、内部流程和学习成长设置各项指标。后来腾讯推出"腾讯HR助手",这是基于微信移动端的HR应用产品。腾讯对员工的绩效考核分为两个维度——业务评价与组织管理评价,也就是业绩考核和行为考核。其中业绩考核的权重为70%,行为考核的权重为30%。考核周期一般为一年两次(6月和12月),实行末位淘汰制。绩效结果等级分为五档,从一星到五星,如果得一星,有可能会被淘汰。

"腾讯HR助手"是全场景一体化的智能绩效管理平台。考核全流程清晰,易把控,自由选用各行业的考核模板,个性化搭建考核维度、权重与流程。多元化全方位评估,算分更智能,评价更客观。负责人等角色可按需调整绩效结果,通过可视化仪表盘查看结果分析,校准有据可依。

(2)2016年字节跳动(Byte Dance)正式上线自研的OKR系统。从OKR制定到中期跟进到OKR评分,进度一目了然。其中"云评估"是一套成熟的360度领导力评估体系,支持管理干部评估、人员晋升评估、组织绩效评估等多种评估场景。支持灵活配置评估模型,实时跟进评估进度,自定义评估规则,以及一键导出评估结果。

(3)另外一些高科技公司,在绩效结果分析与运用方面,采用如图2-27数字化九宫格工具。这是一个比较流行的人才评价与分析工具。在年度绩效考核结束后,企业明确了员工的业绩与能力情况,就可以用相关工具来做分析。借鉴人才盘点的九宫格工具,从绩效和能力维度来做"人才业绩——能力盘点"。从数字化的角度来说,每个员工在九宫格中应该是一个

XY的坐标,X是能力的评估分值,Y是绩效的分值,通过数字化的分布,能更加精准地识别员工在九宫格中的分布。

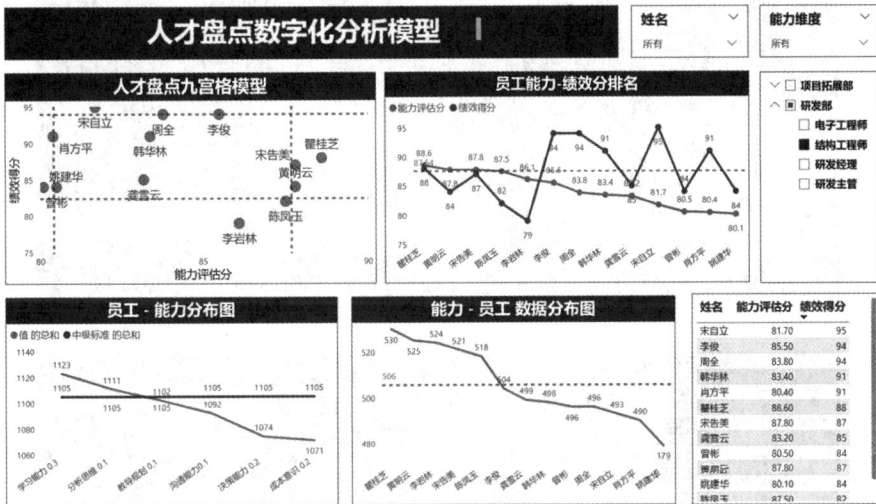

图2-27 数字化九宫格(来源:王佩军 人力资源数据分析公众号)

思考与讨论:寻找你所了解到的关于企业绩效管理的应用场景,分析它们的优点与不足,并在小组分享。

二、问题导学

【看理论与企业前沿】

"人力资源可视化大数据实践平台"是一款人力资源大数据可视化产品,该产品从人力资源整体变动监控、智慧招聘、智慧培训、智慧绩效、智慧薪酬入手,将人资数据进行可视化展现,使其直观,易于理解,帮助学生从不同角度分析和监控企业内部人力资源的变化,对人力资源产生深刻的认识。(平台资源选自浙江精创教育科技有限公司)

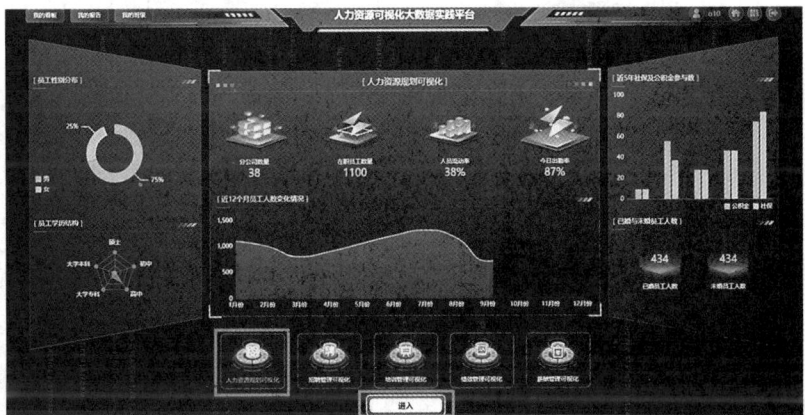

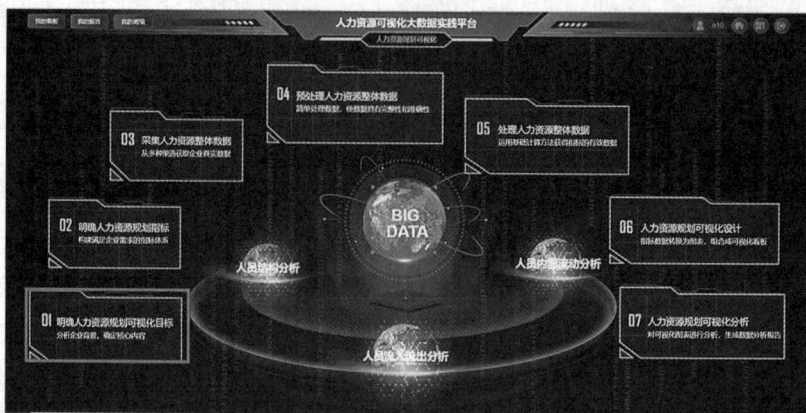

(一)问题一:在绩效管理流程中如何导入数字化技术?

企业开展人力资源数字化转型需结合自身规模、生命周期和企业特点,选择高优先级模块作为切入点,遵循"以点成线、以线带面"的发展思路,推动一体化平台搭建,实现全场景、全模块、全流程的人力资源数字化转型。人力资源数字化转型需要企业同步制定短、中、长期发展战略,同时培养数字化人才赋能企业发展。

1. 人力资源数字化发展的阶段

(1)HR数字化的初始级水平:应用 OA 及 Excel 等工具,开展 HR 数据化的获取、分析和应用。

(2)HR数字化的模块级水平:企业在 HR 的一些专业模块应用数字技术,在部分领域实现 e-HR 系统与 HR 业务的融合。

(3)HR数字化的流程级水平:企业通过 e-HR 套装软件的实施,提升 HR 业务流程的集成水平和资源配置效率。

(4)HR数字化的产品级水平:此时 HR 的理念与定位上发生了质变,通过大型产品化平台的实施,助力企业成功和员工成长,数据将是这个产品化平台运转中的核心要素,数据驱动型的管理方式也会推动企业业务模式不断创新。

（5）HR 数字化的生态级水平：能够基于生态圈和行业数据的获取、开发和利用，以及多样化的 HR 产品工具和数据应用，实现价值智能化在线交换，提升生态图和行业的智能化价值创造力和资源综合利用水平。

不同的企业处于不同的发展阶段，不同的业务特点以及不同的市场挑战都影响着企业对于人力资源管理数字化的需求程度与时间点安排。

2. 数字化技术导入的基础

一般来说，无论企业目前处于什么层次的数字化水平，都可以从以下三方面考虑数字化技术导入的基础性问题。

（1）人力资源管理者思想上的数字化，包括注重用户主权、敏捷响应、快速迭代等。

HR 数字化思想认知能力的提升是企业数字化转型成功的重要保障。首先要在企业机制上升级关注员工自我驱动属性，引导员工的自主性发生；其次在组织文化上升级，打造开放包容、尊重个性的组织文化；再次是员工场景化服务升级，以内容客户看待员工。

为此，人力资源管理必须具有用户思维、迅捷迭代思维、数据科学与工程思维、行为科学思维、HR 场景化产品解决方案思维。其中数据科学与工程思维是指根据现实背景提出合适的问题与假设，解读数据背后的含义并做出推论。这一思维要求人力资源管理者深入实际业务场景中，去感受员工和管理者如何留下种种行为及其背后的心理动机。比如，分析和预测员工保留或者预测员工未来业绩优秀时，需要什么数据？从哪里获得数据？如何让使用者清楚了解数据可视化？如何让分析真正影响、提升企业绩效？

（2）人力资源管理者技术上的数字化，包括积极引入数字化技术改造传统绩效管理场景等。

首先，基于场景化解决方案思维，人力资源管理者应站在用户的角度重构人力资源管理各项职能，有效识别不同用户的核心诉求。比如绩效评估工具的设计，须站在员工的视角而非HR 的视角，外部环境变化迅速，必然促使一线的决策权加强与响应客户的效率更高，绩效管理的目标和项目清楚透明，员工能够从全局角度观察总体进度，与上司能共同且随时可回顾KPI 的进展，并且评估可以是多维度、全方位的。技能相关度与个人成长直接嵌入绩效管理计划中。其次，引入适宜的数字平台，可称之为"数据中台"，如图 2-28 所示，包括业务技术支持与组织支持等服务平台，它存在的唯一目的就是更好地服务前台——服务用户的平台。中台让数据、工具、系统支持前端用户的诉求。最后，是组织的各项流程、制度的高效协同。其包括以用户为中心的组织重构、工作重塑等。

目前企业界热议的 HR 三支柱模型就是从理念和实践上推动 HR 数字化转型的有力工具。其中 COE 聚焦战略，HRBP 聚焦业务，HRSSC 则聚焦用户，HRSSC 则用更多的时间来处理员工事务，推动共享交付活动安全稳定、高效地进行。

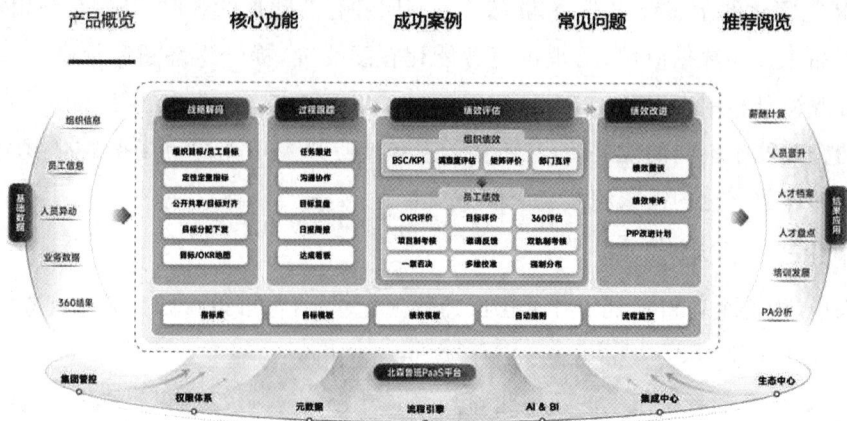

图 2-28　数据中台（来源：北森官网）

（3）人力资源管理者行动上的数字化，包括对数字时代各项相关技术的掌握等。

数字时代为人力资源管理创造了一个新职能 PA（people analytics，人力资本分析）。PA 对于衡量组织人力资源配置的有效性、HR 系统运行效率等具有重要作用。PA 通过全方位记录员工、岗位的所有历史与动态行为数据，为员工匹配合适的岗位；通过观察团队状态、组织政策与外环境对组织内部人力资本的影响，可以调整对应的人才对策与治理方针。比如在腾讯，PA 研究室专门提出了一个课题，研究管理者为下属写的绩效评语是否有显著特点。PA 研究室结合国内外有关绩效评语的经典理论与前沿研究，构建评语长度、评语感情和评语内容三个特征。同时设定两类假设：一是当期绩效对当期评语特征的影响，二是当期评语特征对下期绩效的影响。通过机器学习、语义解析、多元回归、层次回归和路径分析等方法，得出三个结论："管理者针对绩优、绩差员工评语更长""积极评语可能促进提高下期绩效""高绩效的特质是积极主动"。这些研究成果成为后续管理的有效输入。

AI 大模型应用，如图 2-29 所示。在绩效考核模块，可以根据不同的岗位来获取绩效考核的维度和方案，大模型会根据你的需求给出岗位的 KPI 绩效方案。

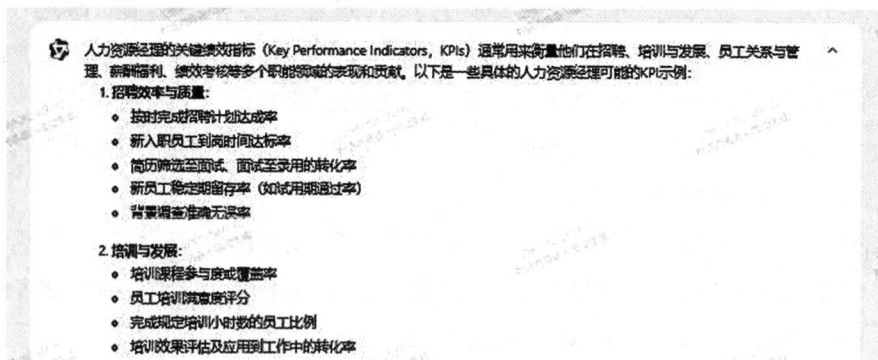

图 2-29　AI 大模型的应用

如果再做二次开发,还能针对各类的人力资源文档进行数据的分析和报告的生成,在未来,AI可能替代大部分的人力工作。但是作为HR不必焦虑,系统再智能也不能结合你的公司业务进行数据分析,所以对于HR来说,要更深入地了解公司的业务,结合业务,应用好工具,体现自身价值。

思考与讨论:如何评估绩效管理数字化应用的成效?

(二)问题二:绩效管理数字化应用过程中的问题及其解决途径是什么?

1. 数字化应用过程中的问题

亿欧智库2023年有关调查报告显示,人力资源数字化转型"痛点",不同企业各有特点,如图2-30所示。国企的主要"痛点":组织间协同难度大,缺乏定期评估优化;民企的主要"痛点":数字基础薄弱,缺乏转型战略,缺乏定期评估;外资/合资企业的"痛点":跨地区组织之间协同难度大。

图2-30 人力资源数字化转型痛点(亿欧智库,2023)

初创期、成长期和成熟期企业,企业面临的最主要"痛点"分别是,数字化基础薄弱、缺乏人力资源数字化转型战略和组织之间协同难度大。

(1)国有企业的突出"痛点"为组织间协同难度大,这和国有企业组织架构复杂,内部和内部沟通成本较高的企业属性密切相关。

(2)民营企业主要面临数字基础薄弱、缺乏转型战略和定期评估的问题,这也是民营企业在开展业务模块数字化转型"落地"中通常会遇到的"痛点"。

(3)外资/合资企业的关键"痛点"为跨地区组织之间协同难度大。

2.数字化应用过程中遇到问题的解决途径

随着企业数字化转型的持续深入,人力资源管理方面的需求也不断变化。相对于传统的人力资源管理方式,一体化 HR SaaS 模式更能解决企业人力资源管理所需的在线化、场景化、数字化、智能化要求,代表着人力资源管理的未来发展方向。

绩效管理是企业根据预先设置的评价标准,对员工工作表现进行全面评估,并给予相应激励或警示的专业模块。传统的绩效管理实际上无法做到对员工的量化管理,评价标准存在不合理的状况,员工价值难以体现,晋升通道也不透明。在电子 HR 时代,尽管使用了部分绩效管理的信息化管理手段,但仍然存在标准不确定,与其他模块应用分割,无法实现有效协同的问题。

企业开展人力资源数字化转型需结合自身规模、生命周期和企业特点选择高优先级模块作为切入点,遵循"以点成线、以线带面"的发展思路,推动一体化平台搭建,实现全场景、全模块、全流程的人力资源数字化转型。人力资源数字化转型需要企业同步制定短、中、长期的发展战略,同时培养数字化人才赋能企业发展。

人力资源数字化转型是企业整体数字化转型的组成部分,在遵循数字化转型整体规划的基础上,循序渐进,采取相应的步骤和方法才能完成。IDC 认为,数字经济时代企业人力资源管理的思路也应该转变。

(1)培养和招聘数字化人才。招聘和培养符合企业战略要求的人才队伍是人力资源管理的核心目标之一。企业规模越大,对数字化人才的需求量就越大。人力资源部门在招聘推广方面需采取包容性招聘策略,改善候选人体验,提高雇佣质量,建设多元化人才供应链。同时,鼓励数字化人才尽快了解业务及其技术优势,培养员工数字化意识,利用数字技术提升业务水平。

(2)搭建一体化的数字化平台。人力资源数字化转型目标之一是搭建融合所有业务场景的一体化管理平台。建议委托统一的数字化服务商来进行招聘到人才管理,从绩效管理到薪酬管理,这有利于数据集成和流程优化。以数字化平台为核心,拓展各类应用场景,完成人力资源的数字化转型,提高数字员工敏捷性、组织敏捷性,使员工薪酬差异化,优化人力资源运营中的各个具体场景。

(3)以优化员工体验为使命。人力资源系统是面向全员的管理系统,通过数字领导能力开发、适应性技能开发、实时学习影响、动态劳动力外包、自适应员工计划、适应性健康、全方位入职流程等场景的数字化转型,优化组织、流程,提升员工体验,激发员工的工作积极性。

（4）搭建数字化的人才管理体系。要建立健全招聘、绩效、薪酬、盘点测评等主要模块，形成集成化的管理体系，提高组织结构和团队组合的敏捷性。

（5）发挥数字化决策的效能。在系统建设初期需要建立规范化、标准化的数据治理规则，培养数据意识，建立数据驱动的运营管理体系。

（6）构建生态体系。人力资源管理系统不仅要与人才服务供应商建立生态体系，还要与业务伙伴建立共通的生态体系，优化整个产业链的人力资源管理体系。

> 思考与讨论：阅读数字时代的管理颠覆者——奈飞公司的人力资源管理。
> 思考：这家公司的做法需要什么条件？其做法背后的理论支撑是什么？

三、业务决策者的责任

在企业绩效管理数字化转型过程中，业务决策者们的责任在于：

（1）主动反馈部门业绩评估与员工绩效管理中存在的问题，尝试以数字思维与技术解决此类问题。

（2）在数字化平台方面提供有价值的信息与建议，促成各业务数字化系统之间的协同运行。

（3）培训与指导下属加强数字化平台的运用与学习，高效完成各项绩效管理工作。

【学习小结】

关键能力	能综合分析现实中的案例，具有一定的分析力与判断力□ 在实操平台上熟练地操作相关模块，并能明确表达其背后的理论知识□	模块四：绩效管理过程中数字化应用场景	基本知识	实际工作过程与理论学习场景	自我回顾所学，然后： 在教材中找到支持"关键能力/技能、核心素养和必备知识"的相关内容； 对于相关学习目标的掌握程度进行自我评价； 评价完后请在左边的小方框"□"中打上"√"
				人力资源管理与数字化	
				典型应用场景	
核心素养	通过学习绩效管理的数字化应用，培养学生数字意识、科学精神与时代精神□ 培养学生前沿思维及与时俱进的职业态度□ 通过中外数字化运用的学习，增强学生建设数字中国的信心□		问题导学	问题一：在绩效管理流程中如何导入数字化技术？	
				问题二：绩效管理数字化应用过程中的问题及其解决途径是什么？	
必备知识	数字化绩效管理相关概念、特征与作用 数字化绩效管理存在的问题及其解决对策□				

【看企业实际运作】

数字化时代的管理颠覆者——奈飞公司的人力资源管理

奈飞公司 2020 年市值就超过了 2500 亿美元,还创造了美股涨幅最高的奇迹。但是,这家业绩如此耀眼的企业,竟然没有工资级别,工作时间自由,没有考核没有 KPI 没有 OKR……如此不同寻常的管理原则,却深受员工追捧。2020 年,其 CEO 里德·哈斯廷写了一本书叫 *No Rules Rules*。这本书详细描述了他心目中优秀公司的特点,就是员工思考和做事的方式就像老板。这是这家公司能迅猛发展的非常重要的原因。在奈飞公司创立伊始,哈斯廷就决心不依靠流程和制度来约束员工,取而代之的是三个关键因素:人才密度、坦诚沟通、减少管控。由于公司从事的是创意类业务,所以需要充分释放每位员工的潜能,让员工在不受束缚的情况下大胆创新并及时决策。

奈飞的管理方式,给予自由,鼓励员工自我驱动,同时也借鉴了 GE 的末位淘汰制来保证组织的精简,避免出现"大企业病",可以说是把管理效率和激发人的潜能结合得很好的一种管理方式。

"放飞"的企业文化正是公司成功的秘诀。它内核中的"自由"与"责任"这一对概念,二者是并存且自洽的。企业激发创造力,最重要的是释放员工对工作的热爱和激情。从制度设计上,要吸引对工作负责的员工,给他自由,保护他的内在动力和责任感。在企业文化上,给予员工"信任"和"容错"。这就是这家与众不同的公司颠覆性密码。

(资料来源:https://www.163.com/dy/article/I7K7F72P0538U5AU.html)

理论
链接
实践
指引

七匹狼的企业绩效管理数字化运作平台

企业概述

七匹狼品牌创立于 1990 年,是中国男装行业开创性品牌,其明星产品茄克衫连续 18 年(2000—2017)荣列同类产品市场综合占有率第一位。2004 年七匹狼实业股份有限公司成为福建首家在深圳中小板上市的服装企业。七匹狼在行业内率先提出"男人不只一面"的服装品牌口号,将西方流行时尚元素融于自身设计理念,致力于推动中国传统文化与现代时尚创意产业的契合。

2015 年 6 月,七匹狼成为首家受到米兰时装周官方邀约的中国男装品牌,向世界展现了中国时尚的力量。2017 年,七匹狼成为"CCTV 中国品牌榜"的首批入围企业。未来,七匹狼将继续以品牌经营为基础,以资本运营为纽带,围绕生活方式产业,努力成为中国第一时尚产业投资集团。

绩效管理信息化动因

人才是企业在激烈竞争中的制胜关键。基于对这个理念的认同,七匹狼在人才管理上投入了大量资源。在绩效管理上,七匹狼引入咨询公司进行体系设计,并根据咨询结果进行线下管理实践。完善KPI制度,到位的目标分解程序,帮助七匹狼从"青春期"走到了"成熟期"。随着集团的多元化发展,七匹狼在绩效管理的执行程中,也遇到了三大难题。

1.员工基数大,原始手工作业导致信息传递慢。七匹狼的职能、运营、营销体系庞大,大量表单,反复分发/收集,耗费精力,管理难度大,信息对称难度大。

2.单据流程无法有效监控。考核节点拖拉严重,无法有效推进。HR无法直接深入一线,员工绩效提升、辅导无法有效落地。

3.绩效分析数据不能保证准确有效。数据抓取耗时耗力,准确性及有效性无法得到保障。

同时,原有的KPI管理方法,虽然能够较好地管理员工完成相关工作,但是在激发员工创新创造上,局限性很大。例如,侧重业绩从上到下的分解,控制驱动,强调组织意志,员工没有太多空间发挥创新能力。七匹狼也期待通过引入新的绩效管理手段解决原有问题,进一步通过管理手段激活员工创新意识。

绩效考核管理信息化目标

移动互联网时代,信息"爆炸",资讯透明,各类新技术应用层出不穷,给各个行业都带来了影响,七匹狼所在的服装行业同样在市场洪流中遭遇了巨大的变化与挑战。这也迫使七匹狼开始考虑在组织战略上进行创新变革。如何打破服装行业线下绩效管理难题,七匹狼选择的解决方案是:通过绩效管理系统实现绩效考核管理平台化、流程可视化、结果数据化。在项目落地程中,七匹狼提出了四项目标:灵活支撑KPI管理;加强全程管理;移动互联体验;目标管理微创新。

绩效管理项目实施过程

北森自2017年3月进场实施,2个月内就完成了整个系统的相关配置工作,2017年5月正式上线。七匹狼将近1000人的绩效管理都通过北森绩效管理系统实现了平台化、流程可视化管理。

绩效管理价值

灵活支撑KPI管理——分解、执行、评估、反馈

通过北森的绩效考核系统,七匹狼的整个绩效管理流程从指标的制定与审核开始,整个执行过程的跟踪与修订,直至最终的打分确认,全部实现线上管理。绩效系统可灵活支持以下功能:

- 定量指标和定性指标管理及打分;
- 算数求和计算考核表最终结果;
- 灵活支撑KPI管理——分解、执行、评估、反馈;
- 绩效结果的审批、复议、驳回。

绩效评价过程的实时沟通反馈与留痕

在"互联网+"的冲击下,市场变化快速,无论是技术还是管理方法都在快速迭代。快速利用工具+管理手段创新激活员工创新,对于企业变得越来越重要。通过关注员工完成业绩的过程,领导可以及时给予指导意见,帮助员工及时纠偏。最终,通过对全程的监管,促进员工整体业绩的达成。通过北森绩效系统,员工可以实现:

- 考核过程中可随时修改指标;
- 每半年度组织绩效指标复盘;
- 线上实时沟通、反馈、评价;
- 线下定期进行深入沟通反馈
- 移动办公——移动互联新体验

移动应用让互动更方便、快捷。北森通过系统集成,让员工通过企业微信平台就可以完成绩效管理全程。目标制定、目标对齐、员工自评、多角色评估、审批、全程辅导及激励等,都可以线上完成,而不再因为人员出差、跨地区而导致绩效管理无法及时完成。与此同时,也大量节省了 HR 全程监控、跟催等时间,大幅提升了 HR 的工作效率。

全流程线上化,进展实时过程监控,提升 HR 管理效率

多事业部绩效管理是 HR 面临的大挑战。每次进行绩效考核期间,HR 都需要不断收集各事业部的绩效考核表完成情况,但是对于公司整体的绩效考核执行进度无法做到有效了解和把控。通过系统上线,这方面的问题被直接解决。各事业部及员工在线填写考评的过程清晰在线呈现,HR 可随时了解各事业部的完成进度,在 deadline 前进行有效管理和催促,使全集团的绩效工作都能及时完成,且任何修改过程都可在系统进行记录,大大提升了公司整体管理效率。考评结果自动汇总,HR 可一键查看比例分布,批量进行结果调整等,提升了绩效结果校准的效率。对于进一步的绩效结果统计分析,系统也可便捷取数,使绩效结果应用更方便。

目标管理微创新

近年来,七匹狼深化多品牌发展战略,通过对国际品牌的收购,以及新品牌的孵化,构建了多品牌矩阵。在这个程中,多元化、创新是企业战略发展的核心,借助信息化让组织目标与员工目标快速统一,强调自上而下的目标分解与自下而上员工充分参与的统一,目标公开透明,更实时和频繁地对标目标,注重沟通反馈,促进目标的实现与员工成长,将是 HR 团队全力推动的重点工作。

"客户为本、保持狼性、拥抱变化、合作共享"是七匹狼面向未来、适应时尚产业和消费市场变化的文化特征。未来,七匹狼将以实业经营与投资并购双轮驱动,打造市值千亿的时尚产业投资服务集团。

（案例来源:北森 HRSaaShttps://www.beisen.com/）

【项目的工作场景】的回顾

一起回顾本项目开篇导入的工作场景提出的四个问题。本项目所学习的内容包括但不限于以上四个问题,希望同学们在老师的指导下进行思考与讨论,尝试回答这些问题,并去企业调研,看企业是否存在这些问题以及企业是如何解决这些问题的。

模块五 实训、探究与成效检验①

【实训操作与成效检验】

一、关键能力提升

(1)上网查询任一家公司的绩效管理制度,在课堂上进行讨论。讨论重点是:

①是否符合公司的实际情况,包括产品或服务特点、发展阶段、管理基础、各组成要件等?

②该公司绩效管理制度有什么特点?

(2)当下绩效管理正在不断演进和变革。从传统的 KPI 到如今的 OKR,再到近些年业界的一些趋势变化,比如谷歌的 GRAD、IBM 的 Checkpoint、西门子的 Growth Talk 等新方法。

①请思考此类变化的原因是什么。

②选取国内你熟悉的一家公司进行微研究,你认为这家公司适合以上绩效考核的新方法吗? 为什么?

二、核心素养培养

(1)小组讨论。查阅《中央企业负责人经营业绩考核办法》(下面简称《办法》),该《办法》从多角度构建了中央企业负责人年度与任期相结合的高质量发展考核指标体系,突出分类与差异化考核,并强化国际对标、行业对标。小组讨论《办法》对于实施高质量发展、提升我国企业的国际竞争力的意义。

(2)观点辩论。就以下观点先思考,必要时查阅资料,然后与同桌或同学进行对话、讨论,甚至辩论。

观点:绩效管理工作只须做绩效考核工作就可以了。

---

① 注:本模块的设计思路是,结合应用型本科的特点,以社会、企业所需的素质要求以及大学本科国家质量标准(人力资源专业),回溯设计训练内容。这些训练内容具有理论性兼顾实战性的特点,目的是让同学们在学校里养成这些素质,以达到大学本科毕业时社会的要求,同时也为同学们就业做准备。

三、必备知识巩固

(1)单选题(选出最佳选项)

①关于绩效管理工具,以下判断正确的是(   )。

A. OKR 一般适用于生产线上员工

B. BSC 适用于所有中小型企业

C. KPI 的特点是弹性和灵活性

D. EVA 可以设置为 BSC 的财务层面目标

②以下判断错误的是(   )。

A. 传统的绩效管理主要是以人力资源管理为核心,主要针对的是员工;

B. 按照公共部门绩效管理对象的差异,公共部门绩效管理可分为部门人力资源绩效管理、部门业务绩效管理、部门预算绩效管理和政府绩效考核四大类

C. 管理会计采取"花钱必问效,无效必问责"的全面预算绩效管理方法,通过精细化管理来对基层员工的工作进行约束和问责

D. 公共部门绩效管理不再遵循一般人力资源管理视角的绩效管理四环节循环原理,有其自身的运行规则

(2)多选题(选出至少两项你认为合适的选项)

①德鲁克认为,管理者必须同时考量三个方面的业绩(   )。

A. 提高现有业务的运营绩效　　　　　　B. 识别企业的发展潜能并能使之发挥

C. 创新变革以创造一个全新的企业未来　　D. 培养优秀的领导者

E. 数字化转型成功

②企业在制定绩效管理时,要特别注意以下原则(   )。

A. 针对性　　　　　　　B. 完整性　　　　　　　C. 简明性

D. 权变性　　　　　　　E. 全面性

【课外修学与我的探究】

一、悦读秒扫

(一)课外悦读

(1)分析下列绩效管理"五定模型"。用已学相关理论知识解释之,并思考其是否有改进之处?

(2)课外查询国家财政部官网,了解其"管理会计应用指引第 100—101 号":战略管理及战略地图。

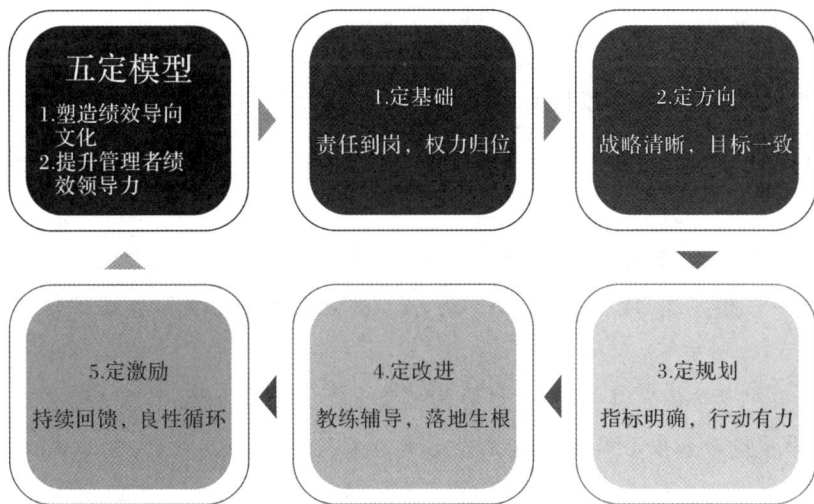

（来源：精创：绩效管理实训系统）

（二）行业了解

国际绩效改进协会（ISPI）

国际绩效改进协会（International Society for Performance Improvement，ISPI）1962 年成立美国，总部位于美国马里兰州，是全球绩效改进领域的专业协会，是深入研究绩效改进的专业机构。该机构致力于通过绩效技术的应用，提高组织生产力。波音、百思买、IBM 等全球500 强企业皆通过绩效改进理论和技术来提升企业业绩。

国际绩效改进协会（ISPI）目前拥有一万多名会员，主要来自美国、加拿大等 40 多个发达国家。国际绩效改进协会（ISPI）在全球目前有三大从业资格认证：绩效改进专家（CPT）认证、国际绩效改进师（IPP）认证、国际课程设计师（CID）认证。

2017 年，中国留美学者顾立民先生当选为 ISPI 董事会成员，成为 ISPI 唯一一位华人董事。在顾立民先生推动下，2018 年 4 月，ISPI 董事会决定，成立国际绩效改进协会亚太中心，其宗旨是引进先进的绩效改进技术，为中国及亚太地区其他国家和地区企业的发展提供支持。

亚太中心成立以后，将通过绩效改进论坛、案例评选、月度研讨、绩效改进师认证、国际课程设计师认证等系列活动，集聚中国优秀企业，致力于新时代、新经济背景下绩效提升的研究、传播、推广和应用，致力于国际化企业管理改进、绩效提升方面人才的培养，为提高中国企事业单位的组织能力、战略变革能力做出贡献。

（资源来源：https://www.gps-ie.com/）

（三）前沿话聊

美世《2023—2024 技能微调研报告》：加速人才与薪酬的未来发展

- 来自中国 122 名人力资源管理者的调研反馈，结果显示了企业向技能驱动型战略的积极转变。
- 超过三分之二的中国公司现在将技能导向应用到职业发展、人才招聘和绩效管理等实践中。
- 为了支持这些实践，49％的公司建立了技能库，约 60％的公司会跟踪监控市场对技能的需求。

随着企业人才战略的发展，技能已成为人力资源工作讨论的共同话题。将识别、使用、验证、发展和奖励技能融入核心员工实践是当前的一种既定趋势。美世《2023—2024 技能微调研报告》强调了基于技能的人才和薪酬实践的收益，包括提高员工留用率、增强员工队伍的灵活性，以及更灵活地应对不断变化的市场需求。该报告还提供了实施基于技能的人才管理的建议，分享了企业将会面临的挑战，最后呼吁企业采取行动，向技能驱动型组织迈进，并提供了转型的启动步骤。本文摘选了部分调研成果，为企业提供参考借鉴。

弥合技能差距

在劳动力规划、项目和工作机会以及工作设计方面，技能的使用虽然有限，但却在不断增加，这表明企业应从更简单、颠覆性更小的用例入手。例如：增加项目和工作机会需要改变人才流动的方式；工作设计改变了工作的内容、对象和方式；劳动力规划对人才评估、发展和灵活的人才库具有深远的影响。因此，与吸引、发展和留住员工相关的基于技能的做法已经成为常态。

技能导向型实践的益处

1 员工发展和机遇
2 员工生产率
3 吸引和保留关键技能
4 员工敏捷性和灵活性
5 职业/学习文化
6 其他

解密技能匹配困境

在识别各个岗位所需要的具体技能上,许多企业已经取得了巨大进展,53%的受访者正在实行此重要任务,然而与此同时,企业却无法将这些技能很好地与员工个人相匹配(43%)。有趣的是,这些已经成功完成技能与岗位匹配的受访者中,39%将其与所有岗位类别和级别相匹配;相比于其他功能,35%的受访者优先关注技术功能(例如 IT、数据科学以及工程),这表明在企业内部需要优先考虑关键角色和专业技能组合。有意向技能型人才战略转型的企业需要解决以下问题:

1. 企业需要哪些技能? 如何将技能分类融入企业的工作架构?

2. 企业对每个工作岗位有哪些技能要求?

3. 企业该如何评估促进其发展的技能?

4. 企业怎样奖励顶尖技能?

5. 企业如何实施技能导向型战略?

走向技能型人才战略

您是否正在寻找一种技能优先的人才管理方法,但不知道从何入手? 美世专家概述了五个关键步骤,帮助您开始迈向更加灵活敏捷的员工队伍。

步骤一:建立业务案例;

步骤二:调整关键绩效指标(KPI);

步骤三:以终为始进行设计;

步骤四:优先考虑变革管理和沟通;

步骤五:推动和维持。

(资源来源:美世人才微咨询官网)

二、我的探究

(1)回顾课前"带着问题来课堂"中我提出的问题,学习完本章后,我的思考是＿＿＿＿＿

＿＿＿＿＿＿＿＿＿＿＿＿＿＿＿＿＿＿＿＿＿＿＿＿＿＿＿＿＿＿＿＿＿＿＿＿＿。

(2)回顾"项目的工作场景",我的收获是＿＿＿＿＿＿＿＿＿＿＿＿＿＿＿＿＿＿＿

＿＿＿＿＿＿＿＿＿＿＿＿＿＿＿＿＿＿＿＿＿＿＿＿＿＿＿＿＿＿＿＿＿＿＿＿＿。

(3)学习本项目后,我想与老师或同学们探讨的问题是＿＿＿＿＿＿＿＿＿＿＿＿＿

＿＿＿＿＿＿＿＿＿＿＿＿＿＿＿＿＿＿＿＿＿＿＿＿＿＿＿＿＿＿＿＿＿＿＿＿＿。

(4)经过我的社会实践,我提出的观点是＿＿＿＿＿＿＿＿＿＿＿＿＿＿＿＿＿＿＿

＿＿＿＿＿＿＿＿＿＿＿＿＿＿＿＿＿＿＿＿＿＿＿＿＿＿＿＿＿＿＿＿＿＿＿＿＿。

每位同学填写好以上"我的探究"后,建议与同学们分享。

思考可以与他人讨论

收获可以当众分享

问题可以与同学共商

观点可以与他人交换

项目三
基于工作场景的绩效管理

【本项目知识图谱】

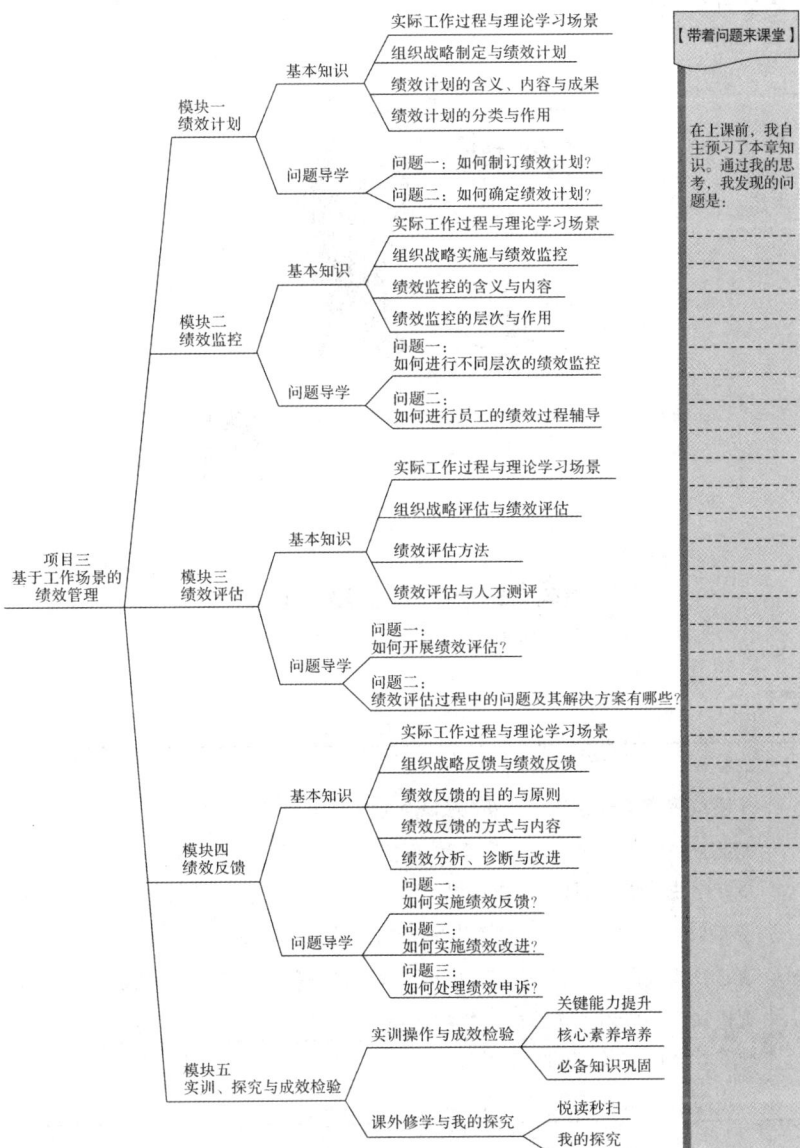

项目三
基于工作场景的
绩效管理

模块一 绩效计划
- 基本知识
  - 实际工作过程与理论学习场景
  - 组织战略制定与绩效计划
  - 绩效计划的含义、内容与成果
  - 绩效计划的分类与作用
- 问题导学
  - 问题一：如何制订绩效计划？
  - 问题二：如何确定绩效计划？

模块二 绩效监控
- 基本知识
  - 实际工作过程与理论学习场景
  - 组织战略实施与绩效监控
  - 绩效监控的含义与内容
  - 绩效监控的层次与作用
- 问题导学
  - 问题一：如何进行不同层次的绩效监控
  - 问题二：如何进行员工的绩效过程辅导

模块三 绩效评估
- 基本知识
  - 实际工作过程与理论学习场景
  - 组织战略评估与绩效评估
  - 绩效评估方法
  - 绩效评估与人才测评
- 问题导学
  - 问题一：如何开展绩效评估？
  - 问题二：绩效评估过程中的问题及其解决方案有哪些？

模块四 绩效反馈
- 基本知识
  - 实际工作过程与理论学习场景
  - 组织战略反馈与绩效反馈
  - 绩效反馈的目的与原则
  - 绩效反馈的方式与内容
  - 绩效分析、诊断与改进
- 问题导学
  - 问题一：如何实施绩效反馈？
  - 问题二：如何实施绩效改进？
  - 问题三：如何处理绩效申诉？

模块五 实训、探究与成效检验
- 实训操作与成效检验
  - 关键能力提升
  - 核心素养培养
  - 必备知识巩固
- 课外修学与我的探究
  - 悦读秒扫
  - 我的探究

【带着问题来课堂】

在上课前，我自主预习了本章知识。通过我的思考，我发现的问题是：

141

【项目工作场景】

接项目二,话说国内某民营高科技企业"小豆"公司的 HR 总监雷某和他的团队解决了关于制度制定、工具选用、部门间协同以及数字化平台的引入等问题后,他又遇到新的挑战:公司绩效管理制度的具体实施。

问题:

(1)如何建立与实施链接公司战略制定的各层次、各级别的绩效计划呢?

(2)如何建立与实施链接公司战略实施的各层次、各级别的绩效监控、纠偏、辅导与调整机制呢?

(3)如何建立与实施链接公司战略评估的各层次、各级别的绩效评估机制呢?

(4)如何建立与实施链接公司战略反馈的各层次、各级别的绩效反馈机制呢?

模块一 绩效计划

【学习目标】

关键能力	能够制订简单的绩效计划书;
	能够运用相关理论知识分析、解释企业实际案例;
	能够分解简单的公司、部门、个体三层次目标
核心素养	培养学生严谨、认真的工作作风;
	培养学生关注社会、企业实践与理论前沿的意识;
	通过分析我国企业相关案例,让学生体会绩效提升的责任感与紧迫感,从而增强学好理论知识并应用于实践的信心与意识
必备知识	绩效计划的含义、内容、作用与分类;
	制定绩效计划的流程与方法

一、基本知识

"惟事事,乃其有备,有备无患。"

——《尚书·说命中》

美国科罗拉多商学院管理学教授赫尔曼·阿吉斯(Herman Aguinis)指出,绩效管理是指识别、衡量以及开发个人和组织绩效,并且使这些绩效与组织的战略目标保持一致的一个持续性的过程。凡事预则立,不预则废。在组织实施绩效管理制度时,绩效计划的有效制定及实施首当其冲。

我们在本模块主要学习绩效计划的基本知识以及如何制订绩效计划。

(一)实际工作过程与理论学习场景

1.实际工作过程

在【项目工作场景】中,雷某在解决了项目一中的难题后,他又遇到了另一个难题。那么作为一名人力资源管理者,在真实工作场所中,一般遵循"事前—事中—事后"的逻辑思路,如图3-1所示。即首先应明确制订绩效计划的先决条件并做好有关宣传与沟通工作;其次是确定各层次、各级别绩效计划的内容;再次是以高效的方法与流程制订各级各层的绩效计划;最后,人力资源部门应及时帮助业务部门沟通与确定绩效计划。

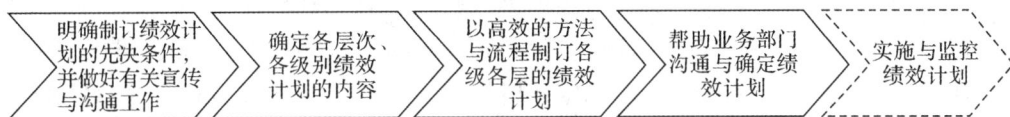

图3-1 项目实际工作过程

2.理论学习场景

同学们,在以下内容的学习过程中,请注意"工作过程与学习场景"矩阵,如表3-1所示。它表明了学习内容知识点与工作过程中场景的链接点。"√"表示纵向表格中的学习内容知识点是支持对应的横向表格中的工作过程场景的。请在学习过程中进行思考,并有意识地在社会实践中检验、练习。

表3-1 工作过程与学习场景矩阵

学习场景	工作过程			
	明确制订绩效计划的先决条件;并做好有关宣传与沟通工作	确定各层次、各级别绩效计划的内容	以高效的方法与流程制订各级各层的绩效计划	帮助业务部门沟通与确定绩效计划
组织战略制定与绩效计划	√	√		
绩效计划的含义与内容	√			
绩效计划的分类与作用	√			
如何制定绩效计划?		√	√	√
如何确定绩效计划?				√

(二)组织战略制定与绩效计划

绩效管理——"战略、业绩、发展"是本书的主题。本项目的内容就是围绕这个主题而设计的。该主题贯穿在接下来的绩效管理的计划、监控、评估与反馈四个环节中。

首先,让我们来回顾组织战略与绩效计划的关系。让我们来看一个笔者的真实企业经历。

> 某年,在经济下行的背景下,公司做了几项业务战略调整。笔者作为中外合资集团公司的地区公司的 HRD,在年度公司战略会议后,各部门根据战略目标、预算与工作计划,先自行提出本部门以及各岗位的 KPI,与 HR 部门进行商讨。结果发现各部门递交上来的 KPI 几乎与上一年一样,各岗位 KPI 也都聚焦各自的岗位职责,与部门战略的支撑缺乏内在逻辑。我在思考,是什么原因会造成这种情况呢?

同学们,你认为上述情况可能是什么原因造成的呢?

绩效管理是企业实现战略目标的强有力抓手。绩效管理的首要职能就是支持企业战略,没有以战略为导向的绩效管理可以说是失败的。人力资源管理者必须从战略视角重新看待绩效管理。

(1)一方面,从广义来讲,若将战略管理视作一个项目,那么战略管理的整个流程其实也是项目的绩效管理流程。比如,战略管理第一阶段战略分析阶段就暗含着绩效管理的四个关键环节。即管理者需要为内、外环境分析制定计划与目标,需要实施战略分析步骤,对战略分析的成效进行评估、调整与反馈等。战略管理的其他环节同样也包含了绩效管理的四个环节的实施。

另一方面,从狭义来讲,战略实施的六大关键任务,即分解目标、落实责任、行动计划、制定政策、配置资源、反馈调整等,实际上也是绩效管理的第一环节"绩效计划"的主要任务。这里的"绩效"是指组织业绩。可以说,绩效计划为战略实施提供了具体的解决方案。绩效监控、评估与反馈也是战略控制、评估与反馈的主要内容。

(2)战略目标需要有效的绩效管理去推动去实现。绩效管理需要战略管理指明方向。战略管理与绩效管理的协同是企业高效实现其战略目标的重要保障。其协同模型如图 3-2 所示。

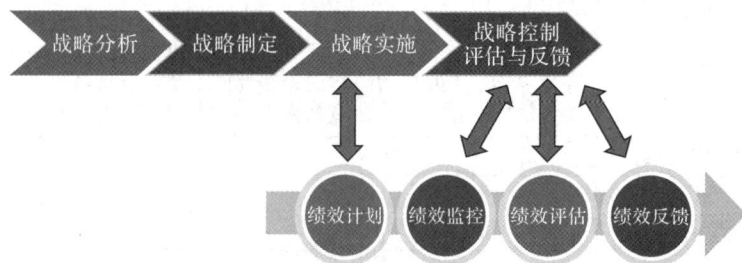

图 3-2　战略管理与绩效管理的协同

请小组思考并讨论：试讨论企业全面预算管理中的哪些行动是战略实施中的"配置资源"。

（三）绩效计划的含义、内容与成果

1.绩效计划的含义

为方便讨论，我们将公司组织机构简化为三个层次，即公司层、部门层和员工层。绩效计划是指公司与部门、部门与所属各岗位员工依据组织的战略目标，通过绩效目标的分解与沟通，确定组织、部门以及个人的 KPI 和工作任务，并签订绩效协议的管理过程。简单来说，绩效计划是组织为实现其既定的绩效目标所做出的行动安排和形成规范的管理文件的过程。绩效计划实施是绩效管理的首要环节，是绩效管理的基础，也是绩效管理成功实施的关键环节。

2.绩效计划的内容

作为绩效管理的首要工作，绩效计划的主要内容为确定绩效目标、绩效指标、绩效标准、责任人、行动方案和相关费用预算等。在制订绩效计划前，管理者必须充分考虑以下问题：

（1）在绩效周期中，企业的战略目标与年度经营计划是什么？各级员工是否清楚了解？企业的战略目标与员工的关系是什么？

（2）各级员工的岗位职责明确了吗？员工是否充分理解？

（3）各级岗位的晋升发展路线和相关胜任条件是否明确？员工是否充分理解？

（4）员工在实现目标过程中可能会遇到什么样的困难？为了帮助员工实现其绩效目标，管理者应该提供哪些支持与帮助？

（5）管理者如何与员工沟通绩效计划？绩效考核的结果如何应用？员工是否清楚了解？

3.绩效计划的成果

绩效计划沟通与确定后的成果就是"绩效计划书"或"绩效合约"或"绩效承诺书"等。名称不同，含义相似。它反映了团队合作、目标达成与执行措施之间的关系，体现了一种企业绩效文化，强调了在企业成员共同参与企业目标实现的过程中承诺的重要性。表 3-2 是一个绩效计划书的示意版本。

表 3-2　绩效计划书示例(技术总监绩效计划书)

姓名		职位		部门	
计划适应时间					

一、目的

为了完成公司赋予的业绩目标,提高个人的工作能力和业务水平,特制订本绩效计划书。

二、岗位职责

(一)参与制定公司发展战略、年度经营计划和预算方案

(二)组织研究行业最新的产品技术发展方向,主持制定技术发展战略规划

(三)管理公司的整体核心技术,组织制定和实施重大技术决策和技术方案

(四)与用户进行技术交流,了解并分析用户的需求,解答用户的相关技术问题

(五)组织修订分管部门制度并实施年度工作计划,完成年度任务目标

(六)制订技术人员的培训计划,并组织安排公司其他相关人员的技术培训

三、绩效计划目标

(一)公司目标:

(二)个人目标:

四、个人上期考核结果分析

五、个人绩效计划

序号	目标	完成时间	权重	分值	考核标准	所需资源	备注
1	新产品开发达成率98%	年终	25%	25	指标值每减少__个百分点,扣__分;指标值低于__,该项不得分		
2							
3							
4							

六、考核等级评定

得分	90~100分	80~90分	70~80分	60~70分	60分以下
等级	A——优秀	B——良好	C——合格	D——有待改进	E——差

七、考核结果应用

八、考核申诉

注:本绩效计划在实施时如有变更,应提交绩效计划变更表。最终考核结果以变更后的绩效计划为准。

编制人员		审核		审批	
编制时间		审核时间		审批时间	
员工签字		时间			

华为公司实施的 PBC(personal business commitment，个人绩效承诺书)，即个人承诺计划，就是绩效计划书。它是华为学习了 IBM 的有关做法而引入的绩效管理制度。下面是一个 PBC 的示意版本。

个人绩效承诺书（PBC）

员工姓名/工号		现任岗位/角色	
主管姓名/工号		承诺有效期	20**年**月**日—20**年**月**日

公司绩效考核导向:
在坚持责任结果的基础上，从单一强调"个人有效产出"到坚持"个人有效产出"加"为客户创造价值"、"对他人产出的贡献、利用他人产出的贡献"的牵引，更好的支撑"多打粮食、增加土地肥力"。

【说明】: (1) 描述该考核周期内个人的总体目标和方向，是 PBC 的纲; (2) 要求简单、清晰，建议不超过 200 字。

总体目标和方向:

【说明】: (1) 展示自己所处最小部门的上级部门的绩效导向 (如四级部门管理者应填写三级部门的绩效导向)，协助制定工作目标和举措; (2) 若上级部门无导向，则填写上上级部门的导向。

部门绩效导向:

个人绩效承诺书（PBC）

第 1 部分: 组织绩效目标

【说明】(1) 主要以 KPI 形式表现。管理者组织绩效目标是指其所负责组织的绩效目标，员工组织绩效目标是指其所在组织 (最小部门) 的绩效目标。(2) 未达到底线值得分为 0 分。达到底线值得分为 60 分，底线以上按线性关系计算其 KPI 得分。

牵引点	序号	KPI 指标	权重	上半年目标/全年目标			单位	指标统计公式	指标数据责任部门	实际完成结果	得分
				底线(60)	达标(100)	挑战(120)					
财务	1										
	2										
客户	3										
	4										
内部运营	5										
	6										
学习成长	7										
	8										

个人绩效承诺书（PBC）

第 2 部分: 重点工作及关键举措

【说明】(1) 重点工作要考虑短期与中长期结合，要考虑岗位职责要求等。(2) "关键举措"主要体现工作的执行措施 (HOW)。体现对业务目标的支撑。"衡量标准"应以结果为导向，可视化、SMART 化 (即具体、可衡量、可达成、结果导向、有时间要求)。(3) 重点工作应聚焦主业务，数量建议为 3-5 个。

序号	重点工作	权重	关键指标	衡量标准	完成时间	自评
1						
2						
3						
4						
5						

个人自评等级标准:

等级名称	定义描述
超出目标	工作超越预定目标，为公司创造了超出期望的价值。
达到目标	工作达到预定目标，符合对该岗位的预期。
低于目标	工作低于预定目标，还需付出额外努力才能达到对该岗位的预期。

个人绩效承诺书（PBC）

第 3 部分：个人能力提升目标

（通过思考和分析在实现业务目标/人员管理目标时本人能力方面的挑战，设定针对性的目标，共2-3项）

需要提升的能力	能力提升的目标	序号	发展/学习活动计划	计划完成时间	目标完成情况及效果	个人自评等级
		1				
		2				
		3				
		4				
		5				

个人自评等级标准：

等级名称	定义描述
超出目标	能力提升超越预定目标，与之相关的绩效表现有较大提升。
达到目标	能力提升达到预定目标，与之相关的绩效表现有一定提升。
低于目标	能力提升低于预定目标，还需付出额外努力。
员工签名：	主管签名：
签名日期：	签名日期：

个人绩效承诺书（PBC）

考核结果

主管整体评价	
PBC 等级	
员工签名：	主管签名：
签名日期：	签名日期：

（资源来源：https://baijiahao.baidu.com/s？id＝1791030059944827019）

当然，对于中小企业也不必完全按上述表格实施，可根据自身实际情况自行制作表格。

对于 PBC 中的重点工作，为了更好地实现目标，尤其是那些比较复杂的目标，还需要一个更加详细、具体的行动方案，即个人绩效行动计划或方案。如表 3 - 3 所示。

表 3 - 3　个人绩效行动计划示意

序号	目标或关键任务	行动方案或步骤	资源要求	完成时间	责任人	预期成果	备注

以下摘选自《中央企业负责人经营业绩考核办法》中规定的经营业绩责任书，也就是本模块所说的"绩效计划书"。

第三十一条 经营业绩责任书内容：

（一）双方的单位名称、职务和姓名；

（二）考核内容及指标；

（三）考核与奖惩；

（四）责任书的变更、解除和终止；

（五）其他需要约定的事项。

第三十二条 经营业绩责任书签订程序：

（一）考核期初，企业按照国资委经营业绩考核要求，将考核期内考核目标建议值和必要的说明材料报送国资委。

（二）国资委对考核目标建议值进行审核，并就考核目标值及有关内容同企业沟通后予以确定。

（三）由国资委主任或者其授权代表同企业主要负责人签订经营业绩责任书。

请小组思考并讨论：上述 PBC 是使用了什么绩效管理工具来分解目标的？

（四）绩效计划的分类与作用

1. 绩效计划的分类

根据不同的分类标准，可将绩效计划分为不同的类型。

（1）根据绩效层次的差别，绩效计划可分为组织绩效计划、部门绩效计划、个人绩效计划；

（2）根据不同人员在组织内所处岗位层次的不同，绩效计划可分为高层管理者绩效计划、部门管理者或团队领导绩效计划、一般员工绩效计划；

（3）根据绩效周期的差别，绩效计划可分为任期绩效计划、年度绩效计划、半年绩效计划、季度绩效计划、月度绩效计划、周计划甚至日计划等；

（4）根据绩效考核的目的，绩效计划可分为能力测评计划、胜任力考评计划、晋升考评计划等。

各类绩效计划并不是独立的，而是相互影响、相互渗透、相互融合的。本模块如不作特别说明皆是按绩效层次划分，即组织绩效计划、部门绩效计划和个人绩效计划。如图 3-3 所示。

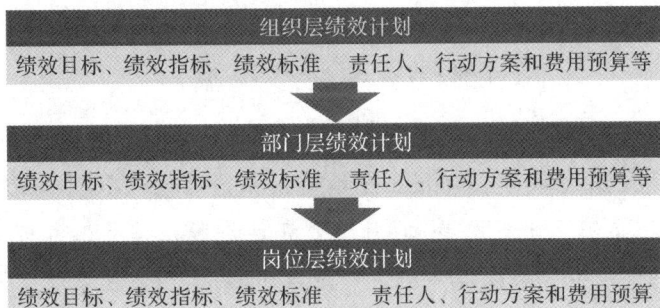

图 3-3 组织三层次绩效计划

2. 绩效计划的作用

通过本模块前述内容的学习,我们明确了绩效计划与战略管理的关系,明确了绩效计划是战略实施的重要工具。绩效计划在绩效管理中具有多方面的作用。

(1)分解战略目标和展示期望。绩效计划帮助企业明确公司、部门和员工三层次的目标和目标的衡量标准,以确保各级员工明确工作重点和职责以及所应达到的绩效水平。

(2)反馈和指导。绩效计划提供了对各部门、各级员工绩效的定期评估和反馈机制。通过定期的绩效评估,各级员工可以及时了解自己的业绩表现情况,并获得针对性的指导和建议,以改进工作。

(3)激励和约束。通过与绩效表现相关联的奖励措施,如薪资调整、奖金、晋升等,可以激励员工更好地履行职责,提高工作绩效,并激发员工的工作动力,提高表现满意度。

(4)职业发展。绩效计划可以与员工的职业发展规划和目标相结合,为员工提供发展机会和职业挑战。通过识别员工的潜力,对他们进行相应培训,绩效计划可以帮助员工在工作中取得成功,并为他们的职业发展路径提供指引。

(5)建立承诺意识。绩效计划能通过各级员工对绩效的承诺来增加其参与感。在绩效计划制订过程中,员工可以表达对企业、部门和个人绩效的观点和看法,并且绩效计划使员工的个体情况与企业目标相匹配,进一步保证个人承诺对组织目标的完成,以增强员工完成目标的自我驱动力。

(6)绩效决策。绩效计划提供了有效的绩效管理工具,支持企业进行绩效评估、绩效比较和决策制定。它提供了有关员工表现和绩效的数据和信息,以便企业进行人力资源规划、激励策略和绩效改进等方面的决策。

(7)提升企业绩效。通过有效的绩效计划,企业可以促使员工更努力地工作,加快个人发展。明确的目标和期望、定期的反馈和指导以及激励和奖励措施,可以激发员工的工作动力,提高工作质量,进而提高企业整体绩效。

请小组思考并讨论:阅读《中央部门项目支出核心绩效目标和指标设置及取值指引(试行)》。你获得的启示是什么?

二、问题导学

【看理论与实践前沿】

2022年,Google CEO桑达尔·皮查伊(Sundar Pichai)在公司会议上宣布将对Google员工的管理方式进行彻底改革——Google开始使用一种名为GRAD(Googler reviews and development,Google员工评述与发展)的新绩效评估流程。将员工考核从过去的"一年两评",简化成了现在的"一年一评"。需要注意的是,Google本次人才激励体系的改革并不调整OKR制度,新的绩效考核GRAD计划旨在为Google员工提供一个新工具来管理目标期望或者OKRs。换言之,OKR是目标管理工具,而GRAD是绩效考核工具。在狂飙突进的年代,

OKR 的"O"可以"满天飞";但在"冬天","普惠"且简单的 GRAD 可能是科技公司更稳妥的选择。这也包括绩效计划的简洁性和易操作性。

（资源来源：https://baijiahao.baidu.com/s? id＝1734312935857968443＆wfr＝spider＆for＝pc,本书作者有修订）

（一）问题一：如何制订绩效计划？

1.制订绩效计划的原则

绩效计划要将组织的战略目标转化为组织、部门和个人三个层面的绩效目标,使每个员工的工作行为和结果都能够有效促进组织绩效的持续改进和提升。其制订的原则是：

（1）战略导向。绩效计划要以组织战略为导向,以战略目标和经营计划为指引与目标分解的基础。

（2）系统原则。绩效计划要与战略规划、资金规划、预算计划、激励计划、人力资源的晋升发展计划等紧密链接,配套使用。

（3）员工参与。对于各级绩效计划,管理者应与所属员工互动沟通,达成共识。

（4）可行性。绩效计划中各项目标符合 SMART（specific、measurable、attainable、relevant、time-based）原则。

2.制定绩效计划的流程

社会心理学家多伊奇（M. Deutsch）和杰勒德（H. B. Gerard）的研究表明,做出了公开承诺或比较强的私下承诺的人非常倾向于坚持最初的意见。大量研究发现,人们坚持或改变某种态度的可能性主要取决于两种因素:一是他在形成这种态度时的卷入程度,即是否参与了态度形成的过程;二是他是否为此进行了公开表态,即是否做出了正式承诺。因此,人们对于自己亲自参与做出的选择投入程度更大,这增加了行动方案的可执行性和实现目标的可能性。

在制订绩效计划阶段,通过沟通,管理者和下属对绩效目标达成共识,签订正式的绩效合约或协议,就是为了让下属对自己的绩效计划内容做出很强的公开承诺,促使他们履行自己的工作计划;同时,管理者也通过向下属做出承诺,提供必要的支持、帮助和指导,从而实现管理者和下属上下一心,共同推动组织目标的达成。

制订绩效计划的全过程都贯穿着"参与与沟通"。一般来说,制订绩效计划流程可分为六个阶段,如图 3－4 所示。

图 3－4　制定绩效计划的流程

1）培训宣导

企业对全体员工进行必要的培训、宣传与引导是开始制订绩效计划前的"规定动作"。通过培训与宣导，让员工理解绩效计划的重要性和可行性，积极主动参与进来。

2）分解目标

在分解企业战略目标的过程中，企业的决策层对于企业战略的诠释与沟通，可以增强员工的主人翁意识，增强实现目标的信心。员工对企业的现状、目标了解得越多，就越容易认同企业的发展目标。通过层层分解公司战略目标，最终就能形成各岗位的绩效计划。

3）制订计划

根据上一级的目标，各岗位员工制定自己的目标和重点工作任务，并与直属上司沟通，初步形成绩效计划。

4）沟通审核

针对各岗位员工的绩效计划，考核双方应本着诚恳、务实的态度共同讨论绩效计划中的各项内容，并按绩效管理制度进行审核。

5）达成共识

考核双方就绩效计划沟通的最终目标达成共识以避免误解。

6）签字认可

考核双方就绩效计划达成共识后，共同签字认可，就形成了绩效计划书或个人业务承诺书。对于较为复杂的工作，考核双方还应就具体的行动计划达成共识。此时，上司应给予下属指导和帮助，并对下属表达鼓励与支持。

3.制订绩效计划的方法

理论上，制订绩效计划的方法可分为三类：一是"自上而下"；二是"自下而上"；三是将二者结合起来。企业一般不采用完全的"自下而上"方式制订绩效计划，因为所有员工的绩效计划必须有效支撑公司的总体目标。

根据目前企业的实践，逐步从第一类方法过渡到第三类方法，就是将"自上而下"与"自下而上"结合起来。通常的做法是先确定部门目标，再由部门各级管理者先提出各自所属单位或岗位的绩效目标，然后与各级下属沟通、确认。有的成熟公司的目标、指标已经相对稳定，那么，本部门总体目标公布后，由各级下属根据本部门绩效目标，先提出自己岗位的绩效目标，然后由上司做出调整并与下属沟通确认。

请小组思考并讨论：PBC中的个人能力发展的目标如何确定？

（二）问题二：如何确定绩效计划？

1.沟通绩效计划

绩效计划的制订和实施是一个双向沟通、确认的过程。员工内心对于企业战略、部门目标和个人目标的理解和认同是完成目标最好的动力。

1)沟通的内容

绩效计划沟通的内容就是绩效计划本身的内容,主要就是绩效目标、绩效指标、绩效标准、行动方案和相关所需资源等。如果实施 PBC,那么还应有个人发展计划等内容。另外,在正式沟通前双方还应对上一个绩效周期中公司、本部门和下属的业绩进行回顾,分析当期影响业绩目标达成的内、外部环境以及下属在上一个绩效周期的能力表现等情况。

2)沟通的方式

当前,绩效计划特别是其中的关键部分如绩效目标的沟通与确认,一般都是采取"自上而下"和"自下而上"相结合的方式。上司与下属在进行绩效计划沟通时,应该注意企业的文化、环境因素、工作特点、下属成熟度与个体性格等因素,权变地应用各种恰当的沟通方式。主要的原则有:一是注意以一种平等互利的关系进行沟通;二是上司应当尊重下属在自身岗位上的专业性,在沟通中更多地激发下属的主动性,注意聆听下属的意见;三是上司应更多地采取引导的方式与下属一起做决定,而不是代替下属做决定。

2.确定绩效计划

"确定绩效计划"主要是对绩效计划中的关键内容——绩效目标、指标与标准——进行确定。目标是由部门目标或岗位职责分解而来的,指标是用来衡量目标的。所以对于这两方面内容,双方一般都没有什么异议。双方需要重点讨论的问题就是"标准",也就是指标值的确定。指标值的确定分为以下两种情况。

1)指标值偏低

特别是以"自下而上"的方法制订绩效计划时多会出现此类情况。究其原因主要包括:公司的激励制度不科学,员工存在做多奖少或做多做少差不多,或是一旦目标值定得高,没完成反而受罚的心理;员工对部门目标没信心;员工思维老化,不思进取,缺乏挑战精神,害怕失败或是能力不足;部门领导欠缺鼓励与支持;等等。

针对这些问题,作为管理者就要"对症下药"地采取相应的措施。具体就是要通过绩效计划的沟通找出员工指标值偏低的真正原因。当然管理者也要有一定的预见,比如针对员工能力不足而订立较低目标值的情况,要给员工提供相应的帮助。

2)指标值偏高

在实践中这种情况较少出现,但时有发生。特别是在新绩效考核制度颁布初期或新人上岗时会出现这种情况。管理者一方面应保护员工这种积极挑战的精神,另一方面也要与员工客观分析环境、能力与资源等情况,制定合理的目标值。

3.执行绩效计划

1)公示

绩效计划一旦确定后,就要进行公示。绩效计划作为企业绩效管理的重要环节,一定的仪式感是必要的。将各级员工包括部门负责人的绩效计划在部门内进行公示,让员工明确绩效计划的效力与作用,让同事进行监督,共同推动绩效目标的实现。在这方面,绩效计划的公示在实施 OKR 工具的公司已成为必选项。

公示的具体方式有正式文件公示、年度大会宣布、部门例会、内部邮件、宣传板报等。

2）实施

绩效计划公示后，就进入实施阶段，各级员工按行动计划或方案进行日常工作。此阶段管理者需要进行绩效监控、绩效辅导等工作，与下属一起分析出现的问题，并帮助与指导下属解决这些问题，这样也会增加下属战胜困难的信心与勇气。

具体的绩效监控的内容，我们在下一模块学习。

课堂微PBL：提前研读下一模块"绩效监控"中的某一部分内容，标出疑惑之处或有质疑之处，在课堂上分享你的发现与困惑。

三、业务决策者的责任

作为绩效管理项目重要的干系人，业务决策者（主要指负责业务职能部门的直线经理）在本模块所演示的工作中应负的责任是：

（1）业务经理在制订绩效计划的整个过程中扮演着十分重要的角色，是制订部门绩效计划的主要责任人。

（2）充分理解公司的总体战略目标，分析本部门业务的内、外环境，并据此提出本部门的业务目标。

（3）在公司绩效管理制度的指引下，分解部门目标，并与下属各岗位沟通，确定KPI和工作重点与任务目标。

（4）在绩效计划执行过程中，全力配合与支持人力资源部门的相关工作，并提出相应的意见与建议。

【学习小结】

关键能力	能够制订简单的绩效计划书□ 能够运用相关理论知识分析、解释企业实际案例□ 能够分解简单的公司、部门、个体三层次目标□	模块一绩效计划	基本知识	实际工作过程与理论学习场景 组织战略制定与绩效计划 绩效计划的含义、内容与成果 绩效计划的分类与作用	自我回顾所学，然后：在教材中找到支持"关键能力/技能、核心素养和必备知识"的相关内容；对于相关学习目标的掌握程度进行自我评价；评价完成后请在左边的小方框"□"中打上"√"
核心素养	培养学生严谨、认真的工作作风□ 培养学生关注社会、企业实践与前沿理论的意识□ 通过分析我国企业相关案例，体会绩效提升的责任感与紧迫感，从而增强学好理论知识用于实践的意识与信心□		问题导学	问题一：如何制订绩效计划？ 问题二：如何确定绩效计划？	
必备知识	绩效计划的含义、内容、作用与分类□ 制订绩效计划的流程与方法□				

【看企业实际运作】

华为的PBC(个人业务承诺计划)

华为的PBC个人绩效管理方法实际上来源于IBM,但经过自己的改良,内容已经有很大的不同了。华为像一个军营,从新员工入门接受培训起,被要求行为化一。先在行为上规范了,再在思想上要求员工认同华为的企业文化。

华为能有今天的成绩,PBC管理功不可没。下面给大家分享一篇华为全球招聘前总监的文章,详细介绍华为的PBC绩效管理。

PBC即个人业务承诺计划,它是基于战略制定后保障战略执行落地的工具。PBC原是IBM创立的基于战略的绩效管理系统,IBM之前所有员工都要围绕"力争取胜、快速执行、团队精神"的价值观设定各自的"个人业务承诺"。

PBC协议书包括以下三大部分:

1.业务目标(权重80%),包括KPI和关键任务;

2.管理目标(权重20%);

3.个人发展目标(参考指标)。

01

华为PBC设置的原则

第一,以责任结果和关键事件作为行为导向,引导员工做正确的事。

考核目标不是扣钱,而是让员工正确做事,去改善绩效。出发点和动机不同,结果是完全不同的。

第二,确保个人目标和组织流程目标的一致性。

个人绩效管理最终要跟公司的全流程达成一致,不是为了个人的所谓高效。任正非特别讲到这一点,说不能为了局部的改善,让全流程牺牲,这是变革管理中的七个"坚决反对"之一。

第三,客观公正。

考核必须以客观事实和数据为依据,不能搞人情分,所以华为不搞360度考核,也不搞什么德、能、勤、绩等抓也抓不住的问题。华为一直强调的是以客观事实和数据为依据,不搞人情分。

笔者有一个朋友在华为工作了六年,换了五任领导,但绩效从没受影响。每个领导来了都会继承前面的事情,都会以客观数据和事实为依据,不会凭个人喜好考核下属。

第四,分层分类。

PBC绩效管理如何把目标设置好,设好目标,分解目标,形成书面承诺?

华为每年从10月份开始到第二年的2月份,要层层做战略解码,形成目标及指标集,然后2月份、3月份、4月份完成,全员PBC签署。所以每年从10月份到4月份就干这一件事情。

每年坚持,为什么呢? 就是要确保目标分解,既设定了目标,还要明确怎么干,形成书面承诺。

02

华为 PBC 管理的流程

第一步，目标设置。

遵循上面的四个原则，做好目标设置，这是基石。

第二步，绩效辅导。

过程很重要，且管理过程永远是动态的。定期回顾重点工作进度，这是必须要做的。绩效辅导是一种随时可以进行的双向过程。

绩效辅导的本质，是管理者和他的下属共享知识和经验，最大限度挖掘下属的潜力，帮助他达成一致目标。领导者只有复制自己，才能培养出接班人。一万个干部能复制自己，这个组织就能提升。所以绩效辅导不是为了完成考核去做过程检查，最重要的是帮助员工成长。

第三，及时刷新 PBC。

有一些指标落后了，就得调整，若环境发生变化了，也要调整。但这种调整不是随意的，而是一定要回到目标分解，得有依据，要有独立的部门审核才行。如果完成不了目标就把指标调低，不可能有这种事；到第四季度了开始集中调指标，也没这种情况。

第四，关键事件的记录。

实施过程中的好经验要拿出来分享。这一点华为做得非常好。好的经验、好的信息就要通过人力资源体系传播到全公司，应该让全员知道，这也是为什么在招人的时候要选择心胸豁达的人。

第五，绩效评价。

华为有绩效评价这个环节，除了个人自评、主管评价，还要集体评议。每个干部都要层层述职，所以就形成了人人有目标、人人有压力、人人要考核、人人要汇报的机制，不存在任何特殊人群。

第六，结果反馈。

这步一定不能缺失，一定要反馈。这个环节的反馈需要面谈，做得不好的员工要纳入绩效改进计划当中，领导不能这时候不作为，过后让人力资源部门"炒"人。平时不作为，遇到紧急的事情都推给 HR 去做，这是不行的。

最后，考核申诉。

03

华为 PBC 的主要内容

第一部分：个人目标承诺，包含以下三个方面。

1.个人业务目标承诺。

做什么业务，就得承诺对应的业务目标，例如市场目标就是客户覆盖率、高端客户管理等。

2.个人重点关注的项目。

比如重点交付项目,可能几亿美金,也许全年就干这一件事情,那这个项目的完成情况就是全部的 KPI。

3.年度组织建设与管理改进目标。

需要注意的是,管理类工作不是一朝一夕就能完成的,它需要时间,尤其人力资源管理,从制度设计到最后落地,往往需要 10 年才可能取得效果。

华为强调延续性,管理一个公司,不管引进了多么先进的思想,都不能昙花一现,而是要把这些先进思想贯彻并固化到日常行为当中,且不断地发展。

第二部分:人员管理目标承诺。

这部分适用于管理者。在华为,管理者需要根据组织的挑战去设定人员管理目标,包括人才培养、人才引入、知识共享、知识建设等。

第三部分:个人能力提升目标。

用 PBC 的模式把个人成长需要的东西列出来。比如,华为前些年推进国际化,每个人都要考过托福,且总分超过 600 分才算及格。学英语是个人提升的目标之一。

04

华为 PBC 的考核周期与等级

华为在很早期的时候做过月度考核,后来变成季度考核,再后来变成半年和年度考核,趋势是不断拉长目标责任制员工的考核周期,用一段较长的时间去度量它的过程和结果。

简单的月考、季考,很多事情根本就没结果,所以适度拉长考核周期,还能减少绩效考核的工作量,聚焦工作结果。

通常越高级的领导,考核时间周期越长,以年为单位。中、基层员工每年之中进行半年和年度考核两次考核。

华为强调结果输出,结果怎么衡量呢?绩效评价最经典的方式是打分,比如说 100 分是满分,结果很可能高度集中在 100 分上下,所以拉不开层次。

华为制定的考核标准是:在结果评定方面设置五个等级。2010 年版的华为绩效管理,在等级上清楚地做了定义,是最大的一个亮点。

1.杰出贡献者 A

分数排名前 10% 的就一定是 A 吗?很多绩效考核都会这样操作。但我们认为这不够准确,高位值只是相对排名,没有绝对的意义。

有没有一个对优秀的精准定义呢?华为的答案是"杰出贡献者",就是明显超越所在岗位层级的职责和绩效期望,取得杰出成果的标杆人物。

简单地讲,考核标准 100 分为界的话,客观数据上起码要超过 100。华为会根据不同岗位层级的职责要求去定义绩效目标,如果你的评分数据和 KPI 指标都超出预期,那么证明你是出类拔萃的 A 级人才。

2.优秀贡献者 B

相对于杰出贡献者,优秀贡献者 B 要达到并经常超出组织期望,他也要有一些超出期望的部分。

为什么华为能够以 30% 的增长率成长,绩效是巨大的驱动因素。

要想做好,就要努力往前冲,这样就产生了巨大的动力,所以这是绩效对公司业务的巨大推动力。

3.扎实贡献者 B

贡献者 B 指能够达到组织期望、完成任务目标的人。B 是一个分水岭,B 以上的人都是能实现期望的,B 以下的人,是达不到期望的。

4.较低贡献者 C 和 D

C 和 D 是无法完成组织目标的人。根据目标完成的差异,做出 C 和 D 的区分。

05

华为 PBC 考核结果的应用

1.决定钱多钱少

考评等级中,C、D 是不涨薪的。华为员工收入差距很大,若没有奖金,意味公司平均年薪 48 万,你年薪可能就只有 10 来万元。

若员工绩效为 C 和 D 的时候,就得不到配股。换句话说,这公司啥好事会跟你没关系,这是一票否决的,没有任何一个干部敢跳出来挑战这个规则。

谁要是挑战这个规则,就得下台,这是公司达成的共识和形成的企业的文化。绩效考核结果出来后,大家都要尊重,谁都有权利在考评过程中提出意见,但没有权利去挑战考评结果。

考评等级为 A、B 和 C,这三类都会有机会进行工资调整,有机会发奖金。对 A 来说,一定会获得配股,而 B 要根据条件来看。

2010 年任正非提出要给"火车头""加满油",绩效好就要加大配股力度。所以在华为,同样一个部门的员工,同样一个阶段、一个层级的员工,实际收入差距是很大的,这真正体现出了绩效考核的威力。

2.决定晋升资格

华为提拔干部的时候,绩效评价等级是重要的参考维度。对 A 来说,人岗匹配、职位晋升、成长机会都是优先的。

华为的惯例是两年升级,越往上走,级别越高,但晋升比例越低,所以在华为的成长确实很不容易,必须杀出一条血路。但是在华为,不用"跑关系",老老实实把公司定的指标超额完成就行了,目标的设定和完成情况是公开透明公正的,所以员工之间的关系极为简单。

对 B 来说,有机会晋升,但排名相对靠后,C 和 D 就不用考虑了,没有机会。

在华为,干部的压力很大。每年的干部任职考察,淘汰率 10%,绩效排名后 10% 的干部一定会被降职,低绩效员工不一定会被辞掉,但是干部一定会被免职。

很多公司的内部调动是这个岗位做得不好,就调换个岗位,这在华为是行不通的。在一个岗位做不好,不能调动,想被调动,必须干出好绩效。

在华为,绩效评价的结果涉及员工发展的全部状态。职级提升、干部任命、任职资格、内部调动,甚至再入职等六个领域,全部以绩效为依据,没有特例。

员工在公司的一切成长都与绩效挂钩。员工只要老老实实把工作做好,做得卓越,做得优秀,结果一定是好的。不用担心站错了队,跟错了人,这样就建立了一个清晰透明的企业文化——绩效文化,解决了全员的出路问题。

华为绩效管理能够做得很好的原因就在于此:流程设置闭环合理,过程跟进有据可依,结果刚性拿来就用。

所以在华为内部,绩效是一个很强的指挥棒。绩效做得好,职级就提升得快,职级也提升得快,工资就涨得快,奖金也多。当然,大家一定要知道的一点是,全面绩效是无法绝对用数字来衡量的。

绩效管理是一把双刃剑,好的绩效管理可以促进企业整体业绩良性发展,使强者更强,激励、鼓舞上进绩优的员工,淘汰、鞭策绩差的员工。反之,便会出现干好干坏一个样的现象,久而久之,"劣币"就会驱逐"良币",公司的"南郭先生"就会越来越多。

(资源来源:https://zhuanlan.zhihu.com/p/665162692? utm_id=0)

理论
链接
实践
指引

绩效计划常见问题解析

企业在绩效计划的实施过程中往往会出现各种问题,有的也是笔者在企业实践中亲历过的问题。以下是常见的问题及其解析。

(1)企业战略管理问题。缺乏规范有序的年度战略分析与目标分解,以至于绩效计划中的目标缺乏"源头"。

(2)缺乏双向承诺与自我驱动的绩效文化。员工缺乏完成目标的自我驱动意识,管理者缺乏培养、辅导、支持下属发展提升的意识。

(3)员工缺乏参与度。在绩效计划的各项目标分解与形成过程中,员工缺乏参与,管理者缺乏与员工互动的过程。

(4)各级岗位的目标或指标与上一层的目标和指标没有形成支撑关系。这样就失去了绩效管理的战略导向作用。

(5)管理者与员工缺乏绩效意识,将绩效计划当成一种形式。

这样看来,有效的绩效计划并非轻而易举的事,需要企业从高层关注入手,从制度、流程、文化、人员能力等多方面加强落实。

模块二　绩效监控

【学习目标】

关键能力	能够运用理论知识分析与判断现实案例
	能够运用一定的技术分析绩效辅导中存在的问题并提出改进措施
核心素养	培养学生关注结果的同时也须关注过程重要性的意识
	培养学生一丝不苟、兢兢业业的职业素养
必备知识	了解绩效监控含义、内容、层次和作用
	掌握不同层次的绩效监控的基本流程与方法
	掌握员工的绩效过程辅导的技术

一、基本知识

"人们只会做你检查的,而不会做你期望的。"

——路易斯·郭士纳(Louis Gerstner)

郭士纳认为,人可以分成四类:积极采取行动促使事件发生的人;被动接受所发生的事件的人;对事件持旁观者心态的人;什么事也不关心的人。对一般员工,郭士纳秉持的方法是原则性领导。因为所有高绩效的公司都是通过原则而不是通过程序来进行领导和管理。管理是一门技术,更是一门艺术。在绩效计划执行过程中,根据企业特点、发展阶段以及员工特点,管理者应采取适宜的管理监控与激励手段来促使员工保持高昂的士气,保证战略目标的按期实现。

本模块我们学习绩效管理的第二环节:绩效监控。

(一)实际工作过程与理论学习场景

1. 实际工作过程

在本模块所涉及的绩效监控学习内容中,雷某在实际工作过程中的思路,首先是要明确绩效监控的内容与作用,建立相关工作流程与规范;其次,要在公司内宣传与沟通绩效监控的作用与流程;最后,要关注业务部门的绩效监控实施过程成效并给出专业建议。如图3-5所示。

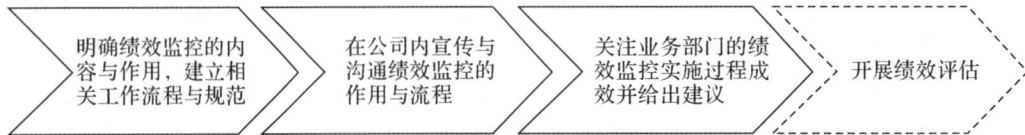

图3-5　项目实际工作过程

2.理论学习场景

同学们,在以下内容的学习过程中,请注意"工作过程与学习场景"矩阵,它表明了学习内容知识点与工作过程中场景的链接点。"√"表示纵向表格中的学习内容知识点支持对应的横向表格中的工作过程场景。请在学习过程中进行思考,并有意识地在社会实践中检验、练习。

表3-4 工作过程与学习场景矩阵

学习场景	工作过程		
	明确绩效监控的内容与作用,建立相关工作流程与规范	在公司内宣传与沟通绩效监控的作用与流程	关注业务部门的绩效监控实施过程成效并给出建议
组织战略实施与绩效监控	√	√	√
绩效监控的含义与内容	√	√	
绩效监控的层次与作用	√	√	
如何进行不同层次的绩效监控?	√	√	√
如何进行员工的绩效过程辅导?	√	√	√

(二)组织战略实施与绩效监控

根据模块一的"战略管理与绩效管理的协同(图1-2)"模型,我们可以明确"绩效监控"在实现企业战略管理过程中的战略位置。从广义来讲,"绩效监控"也可以是"战略实施"的工作。为便于理论学习,我们将其归为"战略控制、评估与反馈"环节。

让我们来看笔者的一个真实的企业经历。

> 某年,笔者作为中外合资集团公司的江西某地区公司的负责人。公司业务链上下游合作伙伴有多家,分别由公司各业务部门负责对接。
>
> 在当年3月份,董事会有两件要事,一是回顾去年业绩实现情况,二是批准来年战略目标包括预算方案。在检讨与回顾上一年业绩时,通过"战略协同检讨表"工具发现,合作伙伴的任务完成情况与预期目标有差距,于是公司责成有关对接部门检讨与分析问题,以便在来年解决这些问题……

以上案例很显然是目标实现过程中的监控问题。事实上,在年终业绩检讨时发现问题并非最佳时机。绩效监控是贯穿整个绩效周期的,所以在绩效计划、绩效实施阶段的绩效监控尤为重要。

战略实施的分解目标、行动方案、确定责任人、制定政策、配置资源与战略调整这"六大任务"无不存在着"监控",企业只有做好了"监控",才能有效实施战略的反馈、纠偏、调整等工作。

绩效计划开始执行后,各级员工在实际工作过程中会遇到各种各样的问题,需要管理者与员工双方及时沟通。管理者需要实施必要的监控工作,以保证员工绩效计划按预期执行,对本部门的绩效计划进行全局性控制。

请小组思考并讨论:绩效计划如何做好监控? 从何入手分析此问题?

(三)绩效监控的含义与内容

作为管理的四大职能之一,"控制"是监督和评估组织,以确保组织各项工作按绩效计划进行,并进行相应的调整和改进的管理过程。控制的主要任务是收集和分析绩效数据,比较实际绩效和预期绩效,发现问题并采取纠偏和改进措施等。组织的绩效管理当然也符合管理学的一般原理。

1.绩效监控的含义

绩效监控,有的教科书称其为绩效辅导。它是针对员工的辅导,对于组织或部门则被称作绩效监控。绩效监控是指在绩效计划实施过程中,组织对属下各级部门绩效计划的执行情况进行监督、控制与纠偏等工作的管理过程。从员工角度来看,则是管理者通过与下属进行持续的绩效沟通与辅导,采取有效的监控方式对下属的行为及绩效目标的实施情况进行监控,提供必要的工作指导与工作支持,并收集相关绩效信息的过程。其目的是为了确保组织、部门及个人绩效目标的达成。

2.绩效监控的内容

绩效监控连接绩效计划和绩效评估,是绩效管理周期最长的环节。绩效监控其实也是战略管理中战略控制中的主要内容。绩效监控主要是针对绩效计划书或个人业务承诺书所载明的内容。它包括以下内容:

(1)资源和预算费用的安排;

(2)项目执行进度与里程碑任务完成情况;

(3)绩效指标值的实现程度;

(4)各部门、各级员工绩效计划推进过程中遇到的问题;

(5)各级员工在工作中的工作表现如专业技能、综合能力的表现等。

对于公用事业单位的绩效监控的主要内容包括项目资金的使用情况、项目管理情况、提供公共产品和服务的情况、预算控制、项目支出计划带来的经济与社会效益、生态效益的实现程度及趋势以及相关满意度指标的实现程度及趋势等。

(四)绩效监控的层次与作用

1.绩效监控层次

绩效监控的层次可分为三大类,即组织层面的绩效监控、流程或部门层面的监控、个人或岗位层面的绩效监控。

1）组织层面的绩效监控

组织层面的绩效监控也可以分两个层次，第一层次是股东或董事会对经理层的绩效监控。这类监控从经济学或公司治理角度来看属于委托-代理关系的协调。第二层次是经理层对整个公司绩效的监控。组织层面的第二层次绩效监控的主要关注点如下：

（1）业务部门与职能部门之间的协同；

（2）企业与外部利益相关者的协同；

（3）企业的整体绩效是否达到预期；

（4）董事会与经理层之间的协同；

（5）企业的供应商是否达到预期绩效。

2）流程或部门层面的绩效监控

流程或部门层面的绩效监控主要包括以下内容：

（1）部门业绩计划书的实现程度；

（2）部门之间的协同；

（3）业务流程的运行情况及协同。

3）个人或岗位层面的绩效监控

个人或岗位层面的绩效监控主要包括以下内容：

（1）个人绩效计划书的完成情况；

（2）个人行为、态度、能力或技能等的表现情况；

（3）影响个人执行绩效计划书的外部环境。

2.绩效监控的作用

1）管理会计视角或公司对于部门的绩效监控视角

从该视角来看，绩效监控的作用主要表现为：在公司各项预算执行过程中，通过绩效计划执行中反馈的信息及相应的调控，随时发现和纠正实际业绩与预算的偏差，从而实现对公司财务经营活动过程的控制。从管理学的角度来看这是属于事中控制。

2）人事管理视角

绩效监控的作用可从管理者和员工的角度来看。

（1）对于管理者来说，绩效监控的作用如下：

①全面了解下属的工作状态与工作进展情况；

②公正地评价员工工作过程中的成绩与不足；

③帮助员工拓展思维，提供帮助，提升员工工作技能，进而提升部门整体业绩；

④提高绩效计划的有效性，提高员工的认可程度，有利于绩效的激励作用的发挥。

（2）对于员工来说，绩效监控的作用如下：

①能及时认识到自己在工作中的不足，明确工作的进展；

②提供与上司沟通的机会，有利于建立与上司的良好合作关系；

③明确自己工作的状态,保持与部门目标的一致性;

④通过将工作的困难与上司沟通,获得帮助和支持,进而有利于实现绩效计划书中的各项目标;

⑤获得上司的认可,提升工作信心。

3)公用机构视角

从该视角来看,绩效运行监控对象包括部门整体支出和项目支出。绩效监控则是全过程预算绩效管理承上启下的重要环节,是确保绩效目标实现、提高财政资金使用效率的机制性安排。绩效监控的作用集中体现在以下几方面:

(1)强化各部门的预算绩效责任,避免"重分配轻管理""重支出轻绩效"等问题发生。

(2)促进绩效目标实现,通过对绩效目标实现程度和预算执行进度实行"双监控",发现问题及时纠正,确保绩效目标如期保质保量实现。

(3)规范资金使用,保障预算执行进度,确保财政资金使用的安全性、合规性和有效性。

请小组思考并讨论:为了实现你在大学四年的学习目标,你在日常学习过程中采用了哪些监控目标执行的方法?试以所学理论分析之。

二、问题导学

【看理论与实践前沿】

专项转移支付预算绩效管理中的"绩效监控"

1994年实行分税制改革以来,经过不断演变和完善,当前我国转移支付体系主要包括一般性转移支付、专项转移支付和直达资金,共同财政事权转移支付纳入一般性转移支付统筹管理。2015年实施的新的《中华人民共和国预算法》提出预算"讲求绩效"的原则,并明确了建立转移支付定期评估与退出机制的要求。

预算执行环节主要开展绩效运行监控、中期绩效评价等工作。在中期和年度"双循环"体系中,绩效运行监控和中期绩效评价往往独立开展,绩效运行监控侧重于年度预算监控,中期绩效评价侧重于政策中期监管。

1.绩效运行监控

专项转移支付绩效运行监控是指围绕确定的绩效目标,通过采集项目绩效运行信息,对专项转移支付绩效目标实现程度和预算执行进度进行"双监控",以促进专项转移支付绩效目标的实现。专项转移支付绩效运行监控主要对绩效目标完成情况、资金执行情况等进行跟踪,以提高资金管理使用安全性、规范性和有效性。专项转移支付涉及多个层级、多个单位,需要各级财政部门和主管部门分工协同,共同做好监控工作。中央对地方专项转移支付绩效运行监控包括:财政部负责专项转移支付监控指导工作;各地监管局对各省专项执行情况开展监控;

中央主管部门负责对本部门所涉及的专项资金开展整体监控;地方各级财政部门和主管部门对本行政区域内专项转移支付绩效进行监控。

2.中期绩效评价

《中央对地方专项转移支付管理办法》要求"积极推进中期绩效评价"。《中央对地方专项转移支付绩效目标管理暂行办法》要求"各级财政部门和主管部门应按要求及时开展专项转移支付年度或中期(实施期)绩效评价"。《专员办开展中央对地方专项转移支付监管暂行办法》(财预〔2016〕136号)要求专员办对执行时间达到一定期限的专项转移支付开展中期绩效评价。专项转移支付中期绩效评价是在专项转移支付的项目实施期间,对专项转移支付决策、管理、产出和效果等方面开展的阶段性回顾和前瞻性评价。从项目实施全生命周期的角度来看,中期绩效评价是一种事中监控和跟踪管理活动,从年度角度来看,又是一种溯及既往的事后评价和关涉未来的事前评估活动,有时候与事前绩效评估和定期评估可以合并开展。

(资源来源:乌兰察布市人民政府官网,原文名:绩效管理专项转移支付预算绩效管理体系研究——基于财政支出政策全生命周期和年度预算循环的分析,2023.11)

(一)问题一:如何进行不同层次的绩效监控?

1.绩效监控的过程

同学们在学习绩效管理知识时,应学会跨学科、跨专业思考问题。企业实施绩效管理必须与企业战略管理中的战略执行链接起来,这样实施绩效管理才能不偏差、不折腾,才能聚焦绩效管理的关键功能之一:企业战略的落地执行。

绩效监控也遵循 PDCA 循环,即:做好绩效监控计划;收集及分析绩效监控信息;采取适宜方式实施绩效监控;监控总结及填报绩效监控情况表。如图 3-6 所示。

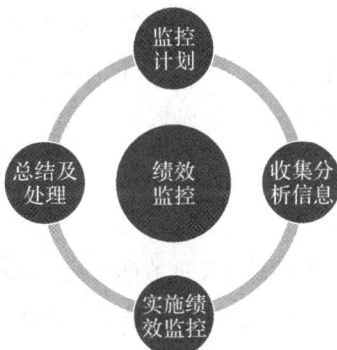

图 3-6　绩效监控循环流程

为方便讨论,我们从公司—部门—个人三层次组织架构角度来分析绩效监控的过程。从以下几方面来讨论。

1)公司—部门层面

首先,公司有关管理部门应提早制定绩效监控计划,包括监控主体、监控方式、信息收集、分析工具、反馈形式等。对于此部分内容,有的企业在绩效管理制度中规定,有的单独予以规定。

其次,在收集各部门绩效信息的基础上,有关部门对偏离绩效目标的原因进行分析,对全年绩效目标完成情况进行预计,并对预计年底不能完成目标的原因及拟采取的改进措施做出说明。

再次,采用相应的措施进行具体的绩效监控。

最后是绩效监控的总结及填报绩效监控情况表等。有的企业或机构还要撰写《绩效监控实施报告》并作为绩效评价的依据。比如中央部门年度集中绩效监控工作完成后,及时总结经验,发现问题,提出下一步改进措施,形成本部门绩效监控报告,并将所有一级项目的《项目支出绩效目标执行监控表》于规定时间内报送财政部对口部门司和预算司。

2)部门(管理者)—个人层面

部门(管理者)—个人层面的绩效监控原理和流程同以上"公司—部门"层面类似。不同的是,管理者还应就员工在绩效计划实施过程中所表现的能力、态度和行为等进行评价、督导、辅导。这部分内容我们将在下面讨论。

3)公用部门的绩效监控

对于公用部门的绩效监控,我们以预算执行监控为例。对于公用机构项目资金使用的绩效监控流程可以分为数据收集、数据分析、绩效监控和撰写报告四个阶段。

数据收集主要是围绕项目资金安排与管理、项目管理与实施及项目预算绩效目标为主要内容,进行数据收集。

数据分析的主要内容为:首先对数据的真实性进行分析,从而确保绩效分析的真实性;其次是对项目的绩效数据进行分析,主要采取目标比较法,用定量分析和定性分析的方式,将财政资金的绩效实现情况与预期绩效目标进行比较,围绕预算执行、任务完成、实施措施、资金管理及使用、效益情况等进行分析评判。

绩效监控具体包括运用相关方式进行督导、警示、提示、纠偏、鼓励等控制手段。

撰写报告的主要内容包括项目概况、项目完成情况及偏差分析、监控结果分析、影响项目绩效目标完成的主要问题及对产出类指标完成情况的预测、建议和改进措施等。

2.绩效监控的信息

1)绩效监控数据或信息

绩效监控的信息是指与绩效计划书有关的在部门运行或个人工作中的绩效数据、信息。这些数据或信息不但是绩效监控、辅导的依据,也是绩效评价、绩效反馈的依据,还是发现绩效问题并加以改进的依据,有时也是劳动争议处理的重要证据。

对于部门来讲,绩效监控的信息主要是业绩实现情况。对于员工来讲除了业绩实现情况,还有能力、技能、态度和行为等的表现情况。

2)绩效监控数据或信息的收集

针对部门的绩效数据或信息,根据数据或信息的特点,主要来源于公司财务部门、客户服务部门等。针对员工的绩效数据或信息,则来自于人力资源部门、财务部门、客户服务部门、销售部门等。针对员工能力、态度等的信息,则主要来自上司、下属、同事等。

数据或信息的收集流程和方式,如统计口径、采集周期、各方责任、数据系统等,应由人力资源管理部门在绩效管理制度中予以确定。目前数字化平台的建立大大方便了数据和信息的收集与分析。

3.绩效监控的方法

(1)无论是"公司—部门"还是"部门—个体"层面,监控的方法皆与企业的文化、业绩目标的特点、领导者的领导风格、工作流程的复杂性等有关。一般来说,对"公司—部门",则多是以会议、报表、报告、阶段性述职、现场督导等方式进行绩效监控;对于"部门—个体",除了会议、报告、述职、现场督导外,还有一对一沟通与辅导、早班会以及其他非正式形式等。

(2)从公用机构的视角来看,绩效监控主要采用目标比较法,将定量分析与定性分析相结合,并以定量分析为主,将绩效实现情况与预期绩效目标进行对比,对目标完成、预算执行、组织实施、资金管理等情况进行分析评判。

> 请小组思考并讨论:阅读以上【看理论与实践前沿】,思考公用机构的绩效监控原理是否符合绩效管理一般原理。

(二)问题二:如何进行员工的绩效过程辅导?

1.绩效过程辅导中的角色认知

绩效过程辅导是属于"部门—个体"层面的监控行为。为了确保辅导工作的高效性,管理者和员工都需要对各自的角色有清晰的认识。管理者需要精准把握与员工沟通和辅导过程中的角色定位,这样才能有效地推进绩效辅导的实施。在这一过程中,管理者应扮演的角色包括工作指导者和合作伙伴。相应地,员工则应定位为自我激励者和团队协作者。

1)管理者——工作教练

根据国际教练联盟(International Coach Federation,ICF)的定义,专业教练作为一个长期伙伴,旨在帮助客户成为生活和事业上的赢家。教练通过激发思考、创造性过程,激励客户最大限度地挖掘其个人及职业上的潜能。当员工出现业绩目标偏差时,考核人员应及时提供帮助,纠正其工作中的不当之处,包括工作态度、工作行为等。管理者以教练式的启发、辅导为主,当然也可以成为员工的职业导师,帮助员工判断正确的发展方向,帮助其分析方法是否得当、方式是否合理等。

当"教练"用于企业的时候就是"企业教练",当"教练"用于管理风格的改善时,就有"管理者要做教练型的领导者"之说。当管理者懂得运用教练技术帮助下属通过学习获得成长从而提高绩效时,就成了"教练型管理者"。

2)管理者——合作伙伴

管理者作为工作指导者,不仅要传授技能和知识,更要激发员工的潜能,帮助他们实现自我超越。如果员工的成熟度较高,那么管理者应适当授权,让员工多些自我管理,培养其自我驱动的意识和行为。如果员工遇到困难,管理者应及时以合作伙伴的态度予以帮助,与员工共同面对挑战,共同研究解决问题的办法,以使其增强自信心,提升工作士气,实现业绩目标。

3)员工——自我驱动者与合作伙伴

员工作为自我激励者,需要主动设定目标,积极寻求成长机会,不断提升自我。作为团队协作者,员工应积极参与团队活动,与同事共同协作,为实现团队目标贡献力量。员工在绩效辅导过程中同样应担负起应有的责任。这主要表现在:

(1)与上司沟通获得绩效实现的情况;

(2)积极主动反馈工作中的遇到的问题,寻求上司的资源支持和帮助;

(3)与上司探讨实现目标的进度与可能遇到的问题;

(4)为自己建立工作成果记录。

管理者和员工双方通过以上的角色定位的把握,可以促进双方在绩效辅导过程中的互动与合作,共同推动个人与组织目标的实现。通过明确的角色认知和有效的沟通,绩效过程辅导可以成为推动个人成长和组织发展的重要工具。

2.绩效过程监控与辅导的主要形式

绩效辅导的形式可分为正式和非正式两大类。正式的辅导形式有工作报告、面谈、会议沟通;非正式的辅导形式有现场随机走访、非正式交流、各种新媒体沟通等。正式和非正式辅导各有其特点,没有优劣之分,企业应根据自身文化、领导者风格、员工特点、工作地点等选择使用。值得注意的是,新生代员工更喜欢新媒体。它简捷、迅速,成本更低,但是不如面对面交流有深度。

1)工作报告

工作报告是管理者与员工之间通过书面报告的形式传递、沟通绩效辅导信息的方式。

(1)工作报告的形式。企业实践中工作报告具体形式多种多样,如业绩报告、绩效进度报告、绩效计划书进度、会议汇报等,有些机构如公用机构也采取阶段性述职报告等形式。

(2)工作报告的时间。工作报告的时间应根据企业的业绩特点、岗位特点、管理制度等因素予以明确。

工作报告的优点是规范,信息全面,突破了空间距离,资料便于保存,可以为绩效辅导提供正式支撑材料。但其缺点也很明显,员工需要花较多时间准备,绩效辅导有可能成为单向沟通等。

2)面谈沟通

在企业实际工作中,面谈辅导形式最为常见。

面谈的一般步骤为:管理者与员工双方确定面谈时间;填写绩效辅导沟通表;双方签字确认;人力资源部进行检查、分析、记录和存档;等等。在实际工作中,企业一般采用类似《绩效辅导沟通表》等形式来记录面谈沟通的信息。

绩效辅导沟通表(见表3-5)一般包括以下四方面的内容:一是工作进展情况回顾。其主要针对的是绩效计划书中各项指标或工作的完成情况。二是工作行为和工作态度的反馈。管理者通过对绩效数据和信息的收集,明确员工在哪些方面的行为和态度值得肯定,哪些行为或态度需要改进,并给出具体改进的建议。三是个人能力与职业发展的反馈。通过员工在工作中的表现,管理者就员工能力给出评价,以及给出帮助其提升关键能力的建议。四是下一阶段的工作计划。管理者与员工应就下一阶段的工作计划进行讨论,达成共识。

表 3 - 5 绩效辅导谈话记录表(示例)

时间		员工所属部门	
员工姓名		员工职位	
面谈者姓名		面谈者职位	
员工业绩目标完成情况回顾			
员工工作能力、技能表现情况			
员工工作行为与工作态度方面的反馈			
改进方向及措施			
部门经理意见			
考核人签名: 时间:		员工签名: 时间:	

3)会议沟通

会议沟通在绩效辅导中扮演着重要角色。以会议沟通形式开展的绩效辅导是一种集体辅导活动。管理者在此过程中与下属员工共同参与,以绩效回顾和绩效辅导为核心议题。它是管理者与员工集体讨论绩效状况、识别改进空间、携手提升业绩和能力的有效途径。该形式尤其适用于那些以项目制、团队制或班组制运作的一线工作团队。

(1)会议沟通与个别面谈的比较。会议沟通绩效辅导在流程上与个别面谈沟通相似,但关键在于集体讨论的形式。管理者在此过程中需要特别注意群体意识的影响。例如,如果个别员工因顾虑而不愿表达真实想法,或者出现需要即时应对的突发情况,管理者需要具备控制会议走向的能力。通常,会议沟通并不能完全取代一对一的面谈,因为每位员工的业绩、能力、行为和态度都是个性化的。

(2)企业实践中的会议沟通。在企业日常运作中,部门业务会议往往与绩效辅导会议相结合。比如,许多公司将绩效辅导内容融入了周一的管理例会、班组早会或工作日结束时的总结会等会议中。这种做法旨在节省时间,提高工作效率,并确保绩效反馈的及时性。

(3)会议沟通后续行动。会议沟通绩效辅导结束后,管理者应负责撰写会议纪要。会议纪要应准确反映会议讨论的内容、达成的共识以及后续行动计划。会议纪要需递交给人力资源部门进行存档,以备日后查阅和评估。

3.绩效过程辅导的检查制度

为了保证绩效辅导有效执行,加强绩效辅导的规范性,完善员工绩效信息的完整性和准确性,为绩效评估提供基础信息,作为主管部门的人力资源部应建立相关检查督导机制,并评估各业务部门绩效辅导的工作质量。检查督导包括以下三方面的内容。

(1)检查绩效辅导的书面记录表。主要从检查记录的完整性、辅导的及时性、内容的有效性等几方面进行检查。

(2)通过与业务经理沟通了解情况。了解业务经理在进行绩效辅导时遇到的问题以及提供的相关建议和帮助,同时也听取他们对于有关制度与流程的意见和建议。

(3)通过与员工沟通了解情况。了解员工在与上司进行绩效辅导时遇到的问题以及得到的相关建议和帮助,同时也从员工及获得关于绩效辅导的第一手信息,有利于完善有关制度。

对于发现的问题,人力资源部门应按有关制度进行督促改进,并且应提出专业性建议。

4.绩效过程辅导的操作技巧

绩效过程辅导不仅能帮助员工提升工作表现,更能激发他们的潜能,促进其职业生涯全面发展。绩效过程辅导相关操作技巧主要包括辅导理念、营造氛围、有效倾听与沟通、告知结果与传递期望、提供帮助与支持和鼓励行动几方面内容。

1)辅导理念

领导生命周期理论由美国心理学家卡曼(A. Korman)首先提出,后来由保罗·赫西(Paul Hersey)和肯尼斯·布兰查德(Kenneth Blanchard)共同创立。该理论的主要观点是:领导者的风格应适应其下属的成熟程度。在被领导者日趋成熟时,领导者的行为要做出相应的调整,这样才能被称为有效的领导。将此理论运用到绩效辅导实践中十分有效。

员工的成熟度是指有成就欲、有负责的意愿和能力等。根据领导生命周期理论,当下级成熟程度提高时,领导行为也需相应地改进,从以工作为主逐渐转变为以关系为主,要关注其自我驱动力,如图3-7所示。该理论认为,随着从不成熟到走向成熟,领导行为应按下列程序逐步推进:高工作与低关系、高工作与高关系、低工作与高关系、低工作与低关系。

领导生命周期理论形象地反映了领导工作行为和下属的成熟程度的关系,为管理者进行绩效辅导提供了很好的借鉴,但是不能教条地搬用这个理论,在现实的领导过程中,也不一定必须沿着这条曲线进行。

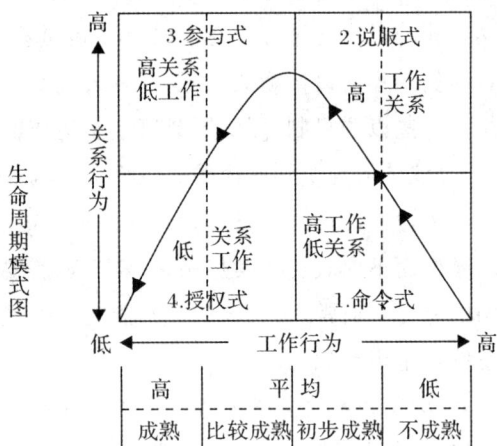

图3-7 领导生命周期理论与绩效辅导

2)营造氛围

由于职位、职级和组织文化等原因,员工存在天然的"弱势",所以管理者在与员工作正式辅导沟通前应营造适宜的谈话氛围以利于双方信息的畅通传递。应注意以下几点:

(1)注重平时。管理者应在平时注意提升个人的领导力和形象,与员工建立彼此信任、友好相助的部门文化。将所属员工看作完成共同目标的合作伙伴,身正为范,公平公正地对待每位员工。平时应适当组织一些团队活动,增进了解与互信。

(2)肯定在先。管理者一般应以肯定员工成绩为先,要善于发现员工的闪光点,营造较为轻松的气氛,后面批评员工、指出员工的不足时也会令员工容易接受。

(3)环境创设。谈话时要注意环境的适宜性。要营造一个适宜放松的环境以便于双方顺利地沟通,管理者要做好专门的辅导计划时间表,将绩效辅导当作与业务一样的重要管理事项来看待。

3)有效倾听与沟通

辅导双方认真倾听,一是体现对对方的尊重,二是有助于抓住对方表现出的关键信息。应做到:

(1)专注用心。通过一些非语言动作表达专注,如对视、友好的表情、微笑、时不时点头、身体略微前倾等。

(2)不随意打断。管理者有时会表现得不耐烦,打断员工说话。一般不要随意打断员工说话,也不要着急下判断和评价;否则很容易给员工以挫折感,影响以后的沟通。

(3)反馈与共鸣。管理者通过恰当的回应表达对员工陈述情况的关注,也可通过适当的点头与微笑来表达反馈,还可记下重要的信息。管理者还应注意与员工就工作事项讨论时表达出共鸣,以利于下一步的有效沟通。

(4)高效与双向沟通。沟通过程决定绩效辅导的质量。一是要注意绩效辅导沟通是双向的,而不是管理者对下属业绩评价的单向训导。沟通中要聚焦绩效计划书上的关键内容,不要漫无边际、无效率。针对问题迅速达成共识,以便形成方案解决问题。

4)告知结果与传递期望

管理者应明确告知员工本部门业绩的完成情况和员工的各项表现情况,传达对于员工提升业绩的期望以及指出不足之处。

5)提供帮助和鼓励行动

管理者听取员工对于部门各项工作的意见和建议。员工听取上司对于自己在业绩、能力、行为、态度等方面提出的建议,同时听取上司提供的关于能力提升的途径和培训方式等。

在绩效辅导最后环节,双方应表达感谢之意。管理者要特别注意此时应多鼓励员工,增强他们完成下一阶段目标的信心。

课堂微 PBL:回顾辅导员或班主任与你的一次面谈。你认为那次面谈是一次绩效沟通与辅导吗?采用合适的调查研究方法,试分析之并与其他小组分享。

三、业务决策者的责任

作为绩效管理项目重要的干系人,业务决策者(主要指负责业务职能部门的直线经理),在本模块工作上应负的责任是:

(1)理解公司绩效监控、绩效辅导的有关制度与操作规范;

(2)实施具体的绩效监控、纠偏与反馈调整工作;

(3)根据本部门业务特点或流程实施具体的绩效辅导;

(4)反馈绩效监控过程中存在的问题及意见建议。

【学习小结】

关键能力	能够运用理论知识分析与判断现实案例□ 能够运用一定的技术分析绩效辅导中存在的问题并提出改进措施□		实际工作过程与理论学习场景	自我回顾所学,然后: 在教材中找到支持"关键能力/技能、核心素养和必备知识"的相关内容; 对于相关学习目标的掌握程度进行自我评价; 评价完成后请在左边的小方框"□"中打上"√"
核心素养	培养学生关注结果的同时也须关注过程重要性的意识□ 培养学生一丝不苟、兢兢业业的职业素养□	基本知识	组织战略实施与绩效监控 绩效监控的含义与内容 绩效监控的层次与作用	
必备知识	了解绩效监控的含义、内容、层次和作用□ 掌握不同层次的绩效监控的基本流程与方法□ 掌握对员工进行绩效过程辅导的技术□	问题导学	问题一:如何进行不同层次的绩效监控? 问题二:如何进行员工的绩效过程辅导?	

（模块二 绩效监控）

【看企业实际运作】

IBM 的个人业务承诺计划的执行与监控

IBM 的个人业务承诺计划由 IBM 在 1996 年推出,已经成为公司确定每个员工工资涨幅的一个关键参考指标。

每年初,每个员工都要在其经理批准的条件下确定自己的年度承诺计划(董事长的个人业务承诺计划由董事会通过之后,董事会评估其绩效)。年末,经理们要审核这些个人业务承诺计划是否已经实现,而且要对自己部门员工的绩效打分,并确定该员工的总等级。经理对员工绩效的回顾是基于员工在当年年初以书面材料的形式所作的承诺,如果工作在这一年中发生了变化,则以工作变动时所作的新承诺为准。把这个程序称为"个人业务承诺计划"。每一个

IBM 人都要评估自己的工作绩效及其对公司的影响,包括公司职责所适用的领域。

评价标准有以下三个:

第一,制胜(win)。即你必须完成你制订的个人业务承诺计划,无论遇到什么困难,都必须完成。

第二,执行(executive)。即对于上级规定的任务,都要不折不扣地执行。

第三,团队精神(team)。IBM 是一个跨国家、跨地区、跨领域的大型企业,很多工作需要不同部门甚至不同国家的人相互合作,团队精神是必不可少的。

在执行过程中,经理和其他员工针对个人业务承诺的绩效(包括与公司职责有关的承诺)会影响自身的晋升和职业发展。个人业务承诺的绩效评估是决定员工绩效奖金的因素之一。2003 年,IBM 采用了新的评估系统。这个评估系统中除了其直属上司的评估外,每个员工都会由六名同事匿名对其进行评估。评估之后,根据评估结果,把员工分为以下三类:

第一类员工一般没有完成定额任务,必须更加努力地工作,以取得更好的表现;

第二类员工能达到目标定额;

第三类员工则取得了非常好的成绩,超额完成了任务,并且没有犯任何错误。

在这个新的评估系统下,大多数人都会被归入第二类。之后,公司对个人业务承诺计划进行了修订,让一线经理在决定员工的评估等级时拥有更大的灵活性和自主权。员工相信企业的激励机制是合理的,并完全遵从这种机制的裁决,这是企业激励机制成功的标志。个人业务承诺计划从制度层面保证了 IBM 的高绩效标准有一个实施的载体,从而有效地激励了每一位IBM 人。

(资料来自于网络,本书作者根据网络整理)

理论
链接
实践
指引

提高管理者的绩效监控与辅导能力

绩效辅导是绩效管理的关键环节之一,作为管理者应当具备相应的能力,绩效辅导能力也是管理者管理能力的重要内容之一。其主要包括有以下几方面内容。

一、目标管理能力

管理者要提高自己绩效辅导的能力,首先要对自己所负责的工作目标具有判断力和操控力。主要是:

(1)理解公司大目标,有效分解目标到部门各团队、岗位的能力。

(2)绩效监控、反馈、纠偏与调整能力。即可以有效运用各种监控技术和手段进行绩效管理的能力。

二、沟通与表达能力

美国著名未来学家约翰·奈斯比特曾说：未来竞争是管理的竞争，竞争焦点为每个社会组织内部成员之间及其与外部组织的有效沟通。

首先，要建立沟通的有关制度规范，厘清正式沟通与非正式沟通的"度"。

其次，领导者要建立适宜的沟通文化，倡导符合企业特点的积极的企业文化、工作风格等。

再次，领导者要以身示范，勤于沟通，善于沟通。

最后，企业应提供各级管理者关于人际沟通表达的培训。在绩效辅导中，管理者特别要体现出三种行为：一是不带情绪地沟通；二是客观务实地沟通，要有针对性；三是与员工达成共识。

三、激励与鼓动能力

管理者应坚持以激励为导向，正面鼓励为主。这对于新生代员工具有特别的意义。应学会相应的激励与鼓动能力。

首先，管理者要以身作则，对自己工作严谨负责，执着追求部门目标的达成，不断挑战自我，给下属做出榜样。

其次，当员工在工作中提出求助时，管理者应认真对待，分析原因，提供有效的指导与帮助，帮助员工解决问题。

再次，管理者平时处事应坚持公平公正原则，树立威信。

最后，管理者应掌握一定的激励手段，通过各种适宜的形式，不断激励和鼓动员工，形成自己独特的风格。

模块三　绩效评估

【学习目标】

关键能力	能够运用相关理论知识分析与解决现实问题； 能够采用恰当的方法进行信息收集、考核主体、周期等的选择； 培养学生学习的合作力、思考力与逻辑思维力； 能够设计简单适用的绩效考核表
核心素养	能够在案例分析、小组讨论过程中体现团队精神和认真负责的态度； 能够通过学习中外优秀企业的绩效评估方法，形成兼容并包的格局观
必备知识	了解绩效评估与组织战略评估、人才测评的关系； 掌握绩效评估、信息收集以及处理误差的方法； 掌握绩效评估的流程、方法的选择以及处理相关问题的知识

一、基本知识

"凡用人之道,采之欲博,辨之欲精,使之欲适,任之欲专。"

——北宋·司马光《稽古录·卷十六》

2018 年 11 月 26 日,十九届中央政治局就中国历史上的吏治举行第十次集体学习,习近平总书记在主持学习时引用了此句表达了用人的方法。用人之道在于广泛地采纳选拔,精准地辨别甄选,委派合适的任务,根据各自的专长任用。对管理干部的考察任用,必须按相应的选拔考察制度,科学规范地进行业绩、能力、德行等全面考察,这是组织委之以重任的前提。我国历朝历代都重视官吏选拔和管理,在吏治方面留下了很多思想和做法,其中不乏真知灼见,闪耀着中华传统智慧的光辉。

本模块我们学习绩效管理四环节的第三个环节:绩效评估。

(一)实际工作过程与理论学习场景

1.实际工作过程

本项目实际工作场景中的雷某的工作思路是,检讨绩效计划实施过程中的绩效信息的完整性和准确性,然后回顾绩效评估有关流程、周期、主体、方法等,并在公司内统一行动规范,接着,各部门实施各级员工的绩效评估工作并注意评估中的问题,做好有关误差的预判和应对措施,最后还应注意评估过程的有效性,并注意与公司战略评估、人才能力测评相协调。其过程如图 3-8 所示。

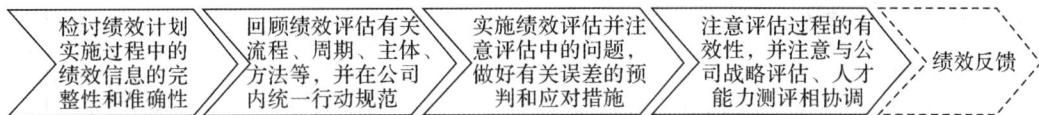

图 3-8 项目实际工作过程

2.理论学习场景

同学们,在以下内容的学习过程中,请注意"工作过程与学习场景"矩阵,它表明了学习内容知识点与工作过程中场景的链接点。"√"表示纵向表格中的学习内容知识点是支持横向表格中对应的工作过程场景的。请注意在学习过程中进行思考,并有意识地在社会实践中检验、练习。

表 3-6 工作过程与学习场景矩阵

学习场景	工作过程			
	检讨绩效计划实施过程中的绩效信息的完整性和准确性	回顾绩效评估有关流程、周期、主体、方法等,并在公司内统一行动规范	实施绩效评估并注意评估中的问题,做好有关误差的预判和应对措施	注意评估过程的有效性,并注意与公司战略评估、人才能力测评相协调
组织战略评估与绩效评估	√			√
绩效评估方法		√	√	
绩效评估误差			√	√
绩效评估信息	√			√
绩效评估与人才测评				√
问题一:如何开展绩效评估?	√	√	√	√
问题二:绩效评估过程中的问题及其解决方案有哪些?	√	√	√	√

(二)组织战略评估与绩效评估

组织建立绩效管理制度,实施绩效评估行动,在本质上就是组织检讨其战略实现的程度。让我们来看一个笔者的真实企业经历。

> 某年,笔者作为中外合资集团公司某地区公司的企业负责人。当年正处于外部经济环境不佳、主要大客户减产等不利状况。公司做出了"保存量、拓增量"的总体战略。
>
> 年初,在各部门绩效计划合约书签订后,市场发展部全力以赴开拓市场。在当年年度业绩评估时,发现市场发展部的某业绩分部(工业市场分部)的业绩表现不佳,只完成了绩效计划合约书中销售额的80%,但他们却成功签约了一家大客户。此大客户所在的行业是公司从未涉足的行业。此大客户的拿下,意味着明年就有潜在的业绩提升,并且有利于开拓新的市场……

同学们,该如何评价此业绩分部的表现呢?

组织必须深刻理解绩效管理与组织战略管理之间的内在联系。我们之前所学习的知识强调了组织战略管理与绩效管理之间的紧密关系。绩效评估不仅是衡量员工或部门表现的工具,更是检验组织战略实施效果的重要手段。

对于人力资源管理人员而言,这一点尤为重要。他们需要超越狭隘的专业视角,不应局限于自己的专业领域而忽视了组织整体的战略目标。避免陷入"一叶障目"的局限,即不要因为过分专注于细节而忽视了整体。应在自己的专业领域内发挥作用,关注组织的整体战略,确保绩效管理制度能够有效支持战略目标的实现。

请小组思考并讨论:如何将组织的战略评估与绩效评估融合起来?

(三)绩效评估方法

当前,在绩效管理的理论与实践中,对于绩效管理工具、绩效管理技术和绩效管理方法多有混淆,对于绩效管理工具与绩效管理技术,我们在上一模块作了区分与学习。本节内容我们着重讨论绩效评估的方法。

方法的含义较广泛,一般是指为获得某种东西或达到某种目的而采取的手段与行为方式,也指为达到某种目的而采取的途径、步骤、手段等。本书认为,绩效评估方法是指组织用来衡量部门或员工绩效的各种手段、途径和程序。

绩效评估的方法是随着绩效管理工具、技术特别是指标量化技术发展变化的,同时也受到具体组织的实际情况如发展阶段、企业文化等因素的影响。如早期的简单排序法、配对比较法、交替排序法等在正式的绩效评估方法中较少使用。这些方法简单、粗糙,很容易造成不公平、不公正现象。所以本书不再讨论这些方法,有兴趣的同学们可以自行查找资料去了解。

另外,对于关键事件法(描述法的一种)、行为观察法、强制排序法等,实质上这些方法并不能单独使用,而必须与其他方法结合起来方有意义。企业在正式绩效评估实践中也没有单独使用这些方法。

关键事件法、描述法这两种方法可辅助量表法的应用,使量表法更加科学、完整。这两类方法主要考核员工的行为、态度等。而行为观察法是采用描述法或关键事件法考核的主要成果。

强制排序法,严格意义上说,它并非一种绩效评估方法,而是一种对绩效评估结果的人为区分与控制手段。它是依据数理统计中正态分布概念硬性将员工表现分为几个档次,有时所有员工表现都优秀,那么此种区分方法的古板性也会造成员工的不满,所以企业应变通使用。在某些特定时期,如企业发生大范围的变革,进行企业整顿,减员增效等,也可采用此类方法。例如,2001年阿里集团引入GE著名的"活力曲线"法则来加强淘汰与激励制度建设,就是一种强制排序法的应用。但后来,阿里也没有象GE那样严格了。

下面就几类主要的定量评估和定性评估方法作一简单介绍,并将其作为本模块"问题导学"的基础。

1.量表法

评级量表法(见表3-7)和行为观察量表法(见表3-8)分别是对绩效要素达标等级和行为发生频率的测量。评级量表法是各种考核中最普遍采用的方法。即用一种评价尺度表,对员工的每个考核项目的表现做出评价或者计分。采用这种方法,可以在一个等级表上对业绩的判断进行记录。在等级分类中,通常采用五点量表,或者采用诸如"优秀""一般"和"较差"等形容词来定义。

表3-7 评级量表法示意

评估维度	评估指标	指标释义	评定标准(分)	考评事实或依据
工作态度	积极性	对工作任务不畏难,认真推进;主动寻找解决问题的方法,而不是等待指令或帮助;对工作有浓厚的兴趣和激情,愿意投入时间和精力去完成任务	A级:9~10 B级:8~9 C级:7~8 D级:6~7 E:6分以下	

特别说明,表3-7中的"考评事实或依据"可以结合以上所述的"关键事件法"或"行为观察法"对员工的表现等级(如表中的 A 级或其他等级)进行取证。

表3-8 行为观察量表法示意

评估维度	评估指标	指标释义(部分)	评定标准(分)	考评事实或依据
行政经理	协调能力	在组织内部和外部环境中,有效沟通、组织和整合资源,以确保行政任务和项目顺利进行的能力	几乎没有　　　几乎总是 1　2　3　4　5	

由于每个岗位的行为差异很大,必须花费大量的时间来开发这个量表,行为观察量表法比较适合行为稳定、不太复杂的工作。

2.关键事件法

关键事件法(critical incident method,CIM),由美国学者弗拉赖根和贝勒斯在1954年提出。通用汽车公司在1955年运用这种方法获得成功。它是通过对工作中最好或最差的事件进行分析,对造成这一事件的工作行为进行认定从而做出工作绩效评估的一种方法。这种方法的优点是针对性比较强,对评估优秀和劣等表现十分有效。缺点是对关键事件的把握和分析可能存在某些偏差。这种方法被企业主要应用在绩效评估后的绩效反馈环节上。

关键事件法用于绩效评估时,不仅要注意对员工行为本身的评价,还要考虑员工行为发生所处的环境。这种评估方法的对象通常是员工的特定行为,而不是他们的个性、态度或品质。关键事件法的"关键"是通过观察和记录员工有关工作成败的"关键性"事实来寻找员工绩效评估的依据。有经验的主管经常会保留员工最有利和最不利的工作行为的书面记录。在考评后期,主管会运用这些记录和其他资料对员工的绩效进行评估。如上述表3-7或表3-8中的"考评事实或依据"的取证。

1）关键事件法的要点

关键事件法包含了以下三个要点。

（1）开展观察。

（2）书面记录员工所做的事情。其包括事情发生的背景或原因、员工有效的行为和无效的行为、关键行为的结果等。

（3）有关工作成败的关键性的事实。

"STAR"技术就是关键事件法很好的搭档。这也是招聘甄选中用于判断应聘者后续行为和能力的最常用的测评方法之一。应用关键事件法记录员工某个事件可从以下四个方面来进行。

S——situation（情境）。这件事情发生时的情境是怎么样的？

T——target（目标）。他为什么要做这件事？

A——action（行动）。他当时采取什么行动？

R——result（结果）。他采取这个行动获得了什么结果？

2）运用关键事件法应注意的事项

运用关键事件法时要注意以下几点：

（1）关键事件应具有岗位特征代表性；

（2）关键事件的数量不要过多，有代表性即可；

（3）记录时要言简意赅，清晰准确；

（4）必须结合其他评估方法。

3）关键事件法的用途

关键事件法的主要用途如下：

（1）提供绩效评估的事实依据。在绩效实施与辅导阶段，特别是对于那些定性考核指标，管理者将一个员工的绩效判断为"优秀""良好"或者"差"需要有关证据做支撑。这些关键事件除了可以用在对员工的绩效进行考评以外，还可以作为晋升、加薪等人事决策的依据。

（2）提供绩效改善的事实依据。在绩效改进阶段当管理者对员工说"你在这方面做得不够好"或"你在这方面还可以做得更好一些"等判断时，他就可以举出该员工的某个具体事例来说明。比如，管理者对员工说："我们发现你对待客户非常热情主动，这是很好的。但是客户选择哪种方式的服务应该由他们自己做出选择，因为这是他们的权利。但我发现你在向客户介绍服务时，总是替客户做决策。比如上次……我觉得这样做不太妥当，你看呢？"这样就会让员工清楚地看到自己存在的问题，有利于他们以后改善和提高绩效。

（3）提供优秀绩效的事实依据。不仅在指出员工有待改善的方面需要提供事实的依据，即便是在表扬员工时也需要就事论事（以事实为依据），而不是简单地说"你做得不错"。由此，不仅可以向员工传递"管理者对他们的每一件优秀事迹都是非常清楚"的信息，而且会促使员工今后更加努力地工作，同时还可以帮助管理者发现优秀绩效背后的原因，然后再利用这些信息帮助其他员工提高绩效，使其他员工以优秀员工为标杆，把工作做得更好。

3.行为锚定法

行为锚定评分法(behaviorally anchored raring scale,BARS),由美国学者史密斯(P. C. Smith)和肯德尔(L. Kendall)于 20 世纪 60 年代提出。它通过一个等级评价表,将关于特别优良或特别劣等绩效的叙述加以等级性量化。该评分法实质上是把量表评分法和关键事件法结合了起来,兼具两者之长。行为锚定法特别适合应用于定性考核指标的量化设计,所以行为锚定法成为绩效评估量表法中设计定性指标(如能力、态度)考核标准的最佳方法之一。

行为锚定评分法通常按照以下步骤进行。

1)岗位分析,确定关键行为事件

首先要求对岗位工作较为了解的人员或优秀员工对一些代表优良绩效和劣等绩效的关键事件进行描述。

2)建立评价等级

将关键事件合并为几个绩效指标,并对绩效指标的内容加以界定。一般可分为5~9个等级,多数为5~6级即可。

3)对关键事件进行评定与验证

对关键事件中所描述的行为进行评定。审查该关键事件能否有效地代表某一绩效指标所要求的绩效水平。

4)建立最终的工作绩效评价体系

对于每一个绩效指标来说,都会有一组关键事件作为其"行为锚"。

行为锚定评分法最大的优点是为员工的绩效改进建立了一个明确的行为标准,是一种以员工成长与发展而不是以考评为主要目的的方法,这些代表着从最劣到最优典型绩效的、有具体行为描述的锚定说明词,使被考评者不但能较深刻且信服地了解自身的现状,还能找到具体的改进目标,有助于实现绩效考评的行为导向功能。

但其缺点也很明显,如行为锚定评分量表的设计比较麻烦,与其他行为量表法相比,需要花费更多的时间。另外,一般很难做到被考评者的实际表现恰好与锚定说明词完全吻合。表3-9展示了一个行为锚定法的例子。

表 3-9　行为锚定法示意——客户服务行为等级划分

等级	描述
7 级	能把握企业长远的盈利点,与客户形成良好而稳定的伙伴关系
6 级	关注客户潜在需求,能为客户提供专业咨询服务
5 级	主动为客户而行动,为客户提供周到的服务
4 级	能够与客户保持紧密而清晰的沟通
3 级	在一定的提醒下,能够跟进客户的回应,有问必答
2 级	能回应客户的诉求,偶尔会出现被动局面
1 级	被动对待客户的回应,拖延或含糊回答客户的问题

表 3-10 是某企业以行为锚定法制定的技术人员定性指标的考核量表。

表 3-10　行为锚定法示意

KPI 分类	考核内容	考核权重	考核标准				
			S(权重×120)	A(权重×110)	B(权重×100)	C(权重×90)	D(权重×80)
文化 (50%)	合作精神	12.5%	1.具备1~2个行业前瞻性 2.整合行业资源形成壁垒 3.推动合作方案并达成目标	1.提出超出行业常规的方法 2.推动该方法的实施	1.以顾客为中心思考问题 2.有成效地解决顾客体验问题	1.参与探讨顾客体验问题 2.能够完成体验改进工作	以顾客问题为出发点按要求解决
	主人翁精神	12.5%	1.强烈的使命感和热情 2.用于创新并积极推动公司成长	1.主动发现新方法来提高业绩及效率 2.勇于承担风险,不计个人得失带领团队	1.主动发现、挖掘新机会 2.承担风险,不计较个人得失,不以升职加薪为条件	1.用行动支持和参与创新 2.提出建设性的意见,与他人合作	乐于接受新的工作
	创业精神	12.5%	1.积极正面地影响团队 2.改善团队士气和氛围	1.善于和不同性格的同事合作 2."对事不对人"	1.主动分享业务知识和经验 2.主动给予同事必要的帮助	1.决策前,积极发表建设性意见 2.决策后,完全执行	1.积极融入团队 2.乐于接受同事的帮助
	追求极致	12.5%	创造变化,并带来绩效突破性地提高	在工作中有前瞻意识	面对因变化产生的困难和挫折能自我调整	面对变化,理性对待	适应公司的日常变化

请小组思考并讨论:表 3-9 与表 3-10 同样是行为锚定法制定的指标分级标准,二者有何不同?

(四)绩效评估与人才测评

有人问:可以用人才测评技术来衡量员工一年来的表现吗?答案是否定的。

人才测评是通过一系列科学的手段和方法对人的基本素质及绩效进行测量和评定的活动,一般被应用于组织发展与人才管理等企业管理领域。人才测评的实质是运用现代心理学、管理学及相关学科的研究成果,通过心理测验、情境模拟等客观化方法对人的能力水平、素质、性格特征等因素进行测量,并根据职位需求及企业组织特性对其素质状况、发展潜力、个性特点等心理特征作出科学评价,为企业用人、选人、育人等人力资源管理和开发工作提供有价值的参考信息。心理测验、面试与评价中心是现代人才测评的三种主要方法。其中心理测验的应用最为方便与常见。

需要特别注意的是,人才测评概念中的"绩效"非本书所讲的绩效评估中的"绩效",二者概念间虽有交叉,但不完全重叠。

二者应用领域不同。绩效评估是为了评估员工的业绩、能力、态度三维的绩效,而人才测评是为了测评人才某项素质的现状或今后的发展潜力。绩效考核是对员工绩效反馈与管理的有效结合,是针对员工在既定工作目标下的考核评估。它们的关注点是不一样的。

所用的工具也不尽相同,当然也有重叠之处。比如,测评员工的能力素质,同样是测评能力素质,二者也有不同。人才测评是测评员工在一段时间内较为稳定的心理素质和较为稳定的能力。而绩效评估中的能力测评是对员工在某一绩效周期内的能力表现,重在考核人的一种行为方面的表现。

请小组思考并讨论:绩效评估的工具与人才测评的工具可以通用吗?

二、问题导学

【看理论与实践前沿】
绩效管理的新视角

创新绩效管理体系其实并不复杂,仅需要回归最基本的常识,即"管理是什么"。管理是计划、组织、领导、控制,但当前的绩效管理理论与实践却经常忽略对绩效的"组织",对绩效的"领导"也仅仅表现为"沟通与辅导"。组织与管理者即使非常认可目标与计划的重要性,但未能投入足够的重视与精力,而把更多的关注放在了"控制"之中的"绩效考核"上。如果一定要做个量化评价,管理的四项职能在绩效管理领域可能仅分别实现了"1/2、0、1/4、1/2"。当组织和管理者能够从管理职能出发,开展绩效的计划、组织、领导、控制,相信绩效管理一定能够做得更好!

组织不能生活在真空中,绩效管理也是如此。在计划、组织、领导和控制之外,绩效管理还要受到组织文化与组织战略的影响,其中文化是绩效管理生存的环境,而战略是绩效管理的起点。

全过程绩效管理以组织文化为环境,以组织战略为起点,通过"绩效目标—绩效计划—任务管理—绩效考核—绩效改进"形成绩效管理的"主循环",通过"组织目标—组织流程—组织结构"形成目标管理的"小循环",通过"员工管理"和"绩效跟踪"对绩效管理过程进行控制,帮助组织实现业绩目标并推动组织绩效的持续改进。

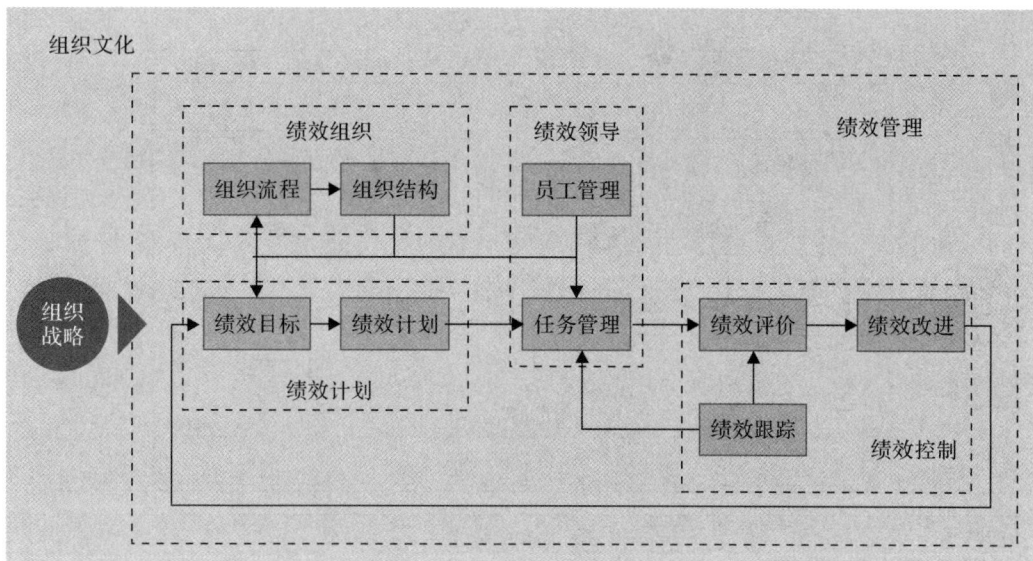

全过程绩效管理的完整流程如下：

第一，组织从战略出发建立组织的绩效目标体系；

第二，根据绩效目标的要求，组织提出业务流程优化需求，并进一步提出组织结构优化的需求，这些需求将随后纳入组织的目标体系；

第三，组织制定绩效计划以推进绩效目标与组织优化目标的实现；

第四，管理者开展任务管理和员工管理，推进业务流程与组织结构的优化和绩效计划的实施，并对绩效计划的实施过程进行追踪，对过程中出现的差错及时纠偏并收集绩效考核证据；

第五，根据绩效目标、任务完成情况和绩效追踪收集的信息开展绩效考核；

第六，根据绩效考核结果进行绩效复盘、绩效奖惩和绩效改进等活动，组织进入下一个绩效管理周期。

业务领导力模型（business leadership model，BLM）是华为从 IBM 公司引进的战略管理工具，是基于业绩与机会差距分析，在价值观引领和领导力支撑的基础上，通过战略制定、战略解码、战略执行和战略复盘迭代改进促进华为公司战略的有效落地。

BLM 模型的"战略制定"要素构成了华为绩效管理的起点，"价值观"要素和"战略执行"要素中的"氛围/文化"则是华为绩效管理的组织文化背景。

在"战略解码"要素中，华为通过业务战略执行力模型（business strategy execution model，BEM），将公司战略分解为各业务发展战略、关键成功因素、KPI、重点工作任务和各级管理者的个人绩效承诺（personal business commitment，PBC），建立了公司的目标体系。

在"战略执行"要素中，华为通过"关键任务依赖关系"环节将"业务设计"的目标转化为关键任务和里程碑，提出行动举措并关联到具体的部门和岗位，通过"人才"环节提出了"业务设计"所需的人才需求和人才策略，建立了公司的计划体系。

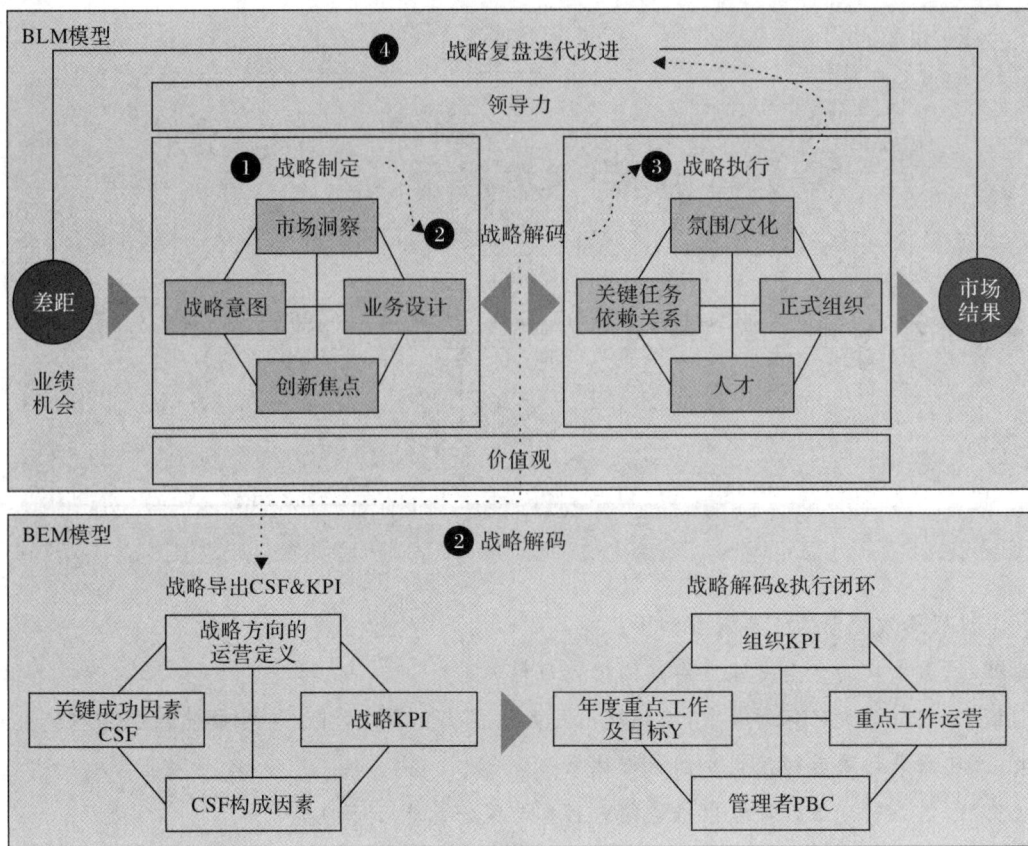

在"战略执行"要素的"正式组织"环节,华为提出保证关键任务执行的"组织结构""管理系统"和"业务流程"要求,并根据公司的战略意图、客户需求、业务设计、关键任务等进行组织变革。

在"领导力"要素中,华为提出管理者推动公司战略实现与战略转型的能力要求,而不仅仅是绩效管理相关的领导力。

在"战略复盘迭代改进"要素中,华为对战略执行情况进行复盘总结,并在不断改进业绩的同时,通过个人发展计划(individual development plan,IDP)促进员工与公司的共同发展。所以说,华为的"BLM 模型"就是典型的"全过程绩效管理"。

(资源来源:https://www.sohu.com/a/389219745_343325 华夏基石 e 洞察,有删节)

(一)问题一:如何开展绩效评估?

依据我们先前学习的绩效管理的"四循环"模式,绩效评估构成了这一循环的第三阶段。在企业制定了绩效计划之后,各级部门与员工在既定的绩效周期(例如一年)内推进绩效计划,并通过持续的绩效监控、辅导、反馈和调整,员工和团队不断优化工作表现。当绩效周期接近尾声,便迎来了检验这些努力成果的重要时刻——绩效评估阶段。

在这个阶段,组织将对员工和团队在绩效周期内的表现进行全面审视和评价。这不仅是对过去工作成效的总结,也是为未来的绩效改进和职业发展提供依据。绩效评估的目的是确保员工的努力与组织目标保持一致,并为员工提供明确的发展方向和激励。

1.绩效评估的实施流程

尽管不同企业根据自身的特定需求和实际情况,绩效评估的具体实施方式可能有所差异,但大多数企业都会遵循一系列步骤来确保评估过程的完整性和有效性。这些关键步骤通常包括:

(1)准备工作,包括起草考核通知、HR 部门召开内部会议等;

(2)启动,包括发出正式通知、召开公司各部门会议、培训等;

(3)信息收集与处理,收集和处理有关绩效数据或信息;

(4)考核评价,各部门按有关制度各表格进行打分、评价等;

(5)反馈调整,汇总考核初步结果、处理个案情况、进行相关调整平衡等;

(6)结果公布。

其后就进入绩效管理的第四个环节即"绩效反馈"了。图 3-9 是某公司的绩效评估流程。

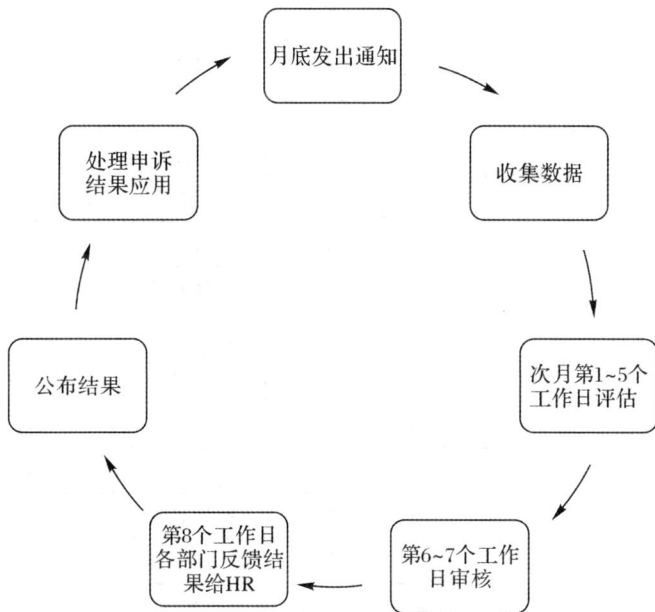

图 3-9　某公司绩效评估流程

2.评估方法选择与实施

基于本模块"基本知识"中我们所讨论的有关绩效评估方法的内容,结合企业实践,可以就"定量指标"和"定性指标"两个维度应用相应的绩效评估方法来制订绩效评估表。

在制订绩效评估表的过程中,选择绩效评估方法的注意事项如下:

(1)总体原则。一是考核指标尽可能量化,二是考虑管理成本与企业实际需要。

(2)考核内容。对于企业各部门,一般考核内容为业绩指标或关键任务,对于企业员工一般是业绩或关键任务、能力或技能、工作态度。

（3）定量指标。直接采用数据打分法即可。对于定量指标的选取、权重与指标值的设计，我们在本项目的模块二已学习。

（4）定性指标。采取行为观察量表法或评级量表法。尽可能减少人为主观因素的影响，主要以行为锚定法确定评价等级。

表3-11是某企业对于管理人员能力维度的考核情况，就是结合了评级量表法和行为锚定法制定的能力考核表。

表 3-11 意管理人员能力考核表

部门		职位	姓名	考核日期				
				年　月　日				
因素	考核指标	指标编码	具体内容	得分				
能力因素	决策能力	01	及时决策	5	4	3	2	1
		02	合理决策	5	4	3	2	1
	计划能力	11	部门计划	5	4	3	2	1
		12	变化管理	5	4	3	2	1
	创新能力	21	创新提议	5	4	3	2	1
		22	创新管理	5	4	3	2	1
	组织能力	31	管理能力	5	4	3	2	1
		32	激励能力	5	4	3	2	1
责任因素	自律意识	41	廉洁自律	5	4	3	2	1
		42	自我修养	5	4	3	2	1
	敬业精神	51	责任心、事业心	5	4	3	2	1
		52	遵守制度	5	4	3	2	1
	学习能力	61	基础知识	5	4	3	2	1
		62	知识扩展	5	4	3	2	1
调整因素	沟通能力	71	部门间沟通	5	4	3	2	1
		72	部门内沟通	5	4	3	2	1
	公共关系	81	外部公关	5	4	3	2	1
		82	内部公关	5	4	3	2	1
	信息能力	91	搜集能力	5	4	3	2	1
		92	分析能力	5	4	3	2	1

总得分：

上级主管意见：　　　　　　　　　　　　　　　　　签字：
　　　　　　　　　　　　　　　　　　　　　　　　年 月 日

总经理意见：　　　　　　　　　　　　　　　　　　签字：
　　　　　　　　　　　　　　　　　　　　　　　　年 月 日

说明：

1.上级主管对直接下级经理人员如实评判。

2.分数加总后为该管理人员的上级考核得分。

3.考核项目详细说明如下：

01：(5)能前瞻性地分析情景，做出预先控制性的决策；

　　(4)对出现的情况能快速反应，迅速控制损失或把握市场机会；

　　(3)能做出反应；

　　(2)决策迟缓，给公司造成一定损失或丧失机会；

　　(1)决策滞延，给公司造成重大损失或丧失机会。

02：(5)对本职工作全面综合分析，能运用现代化的手段进行科学、全局的决策；

　　(4)在对工作全面了解的基础上，凭多年丰富的经验进行决策；

　　(3)有一定的决策程序，能对外界情况进行反应；

　　(2)部门内没有建立科学决策的程序；

　　(1)决策过于偏激，不能采纳同事的建议。

11：(5)积极搜集和分析公司内外的信息，制定明确的部门长、短期工作目标；

　　(4)能搜集公司内外信息，制订部门的工作计划，确定下属工作任务；

　　(3)有部门工作计划，但同公司整体计划的配合不强；

　　(2)部门工作计划模糊，制订不及时；

　　(1)部门没有工作计划，下属工作时有很大的随意性。

12：(5)能前瞻性地了解内外界环境的变化，迅速调整部门计划，最大限度地配合公司发展；

　　(4)能分析外界环境变化，并调整部门计划；

　　(3)能按公司要求，对部门计划进行一定的调整；

　　(2)对内外环境缺乏认识，反应较为迟缓；

　　(1)漠视内外环境的变化，不做部门计划的调整。

21：(5)能分析公司未来的发展，提出创新的公司发展思路；

　　(4)从本部门出发，提出创新的具体方法；

　　(3)有一定的创新思路；

　　(2)能够模仿其他部门的做法，进行有限的创新；

　　(1)工作因循守旧，缺乏创新。

22：(5)能以部门的创新带动公司其他部门创新；

　　(4)在部门内能营造创新的气氛，鼓励员工积极创新；

　　(3)虽然能够吸取和采纳员工的创新建议，但缺乏激励；

　　(2)没有鼓励员工创新，部门内没有创新氛围；

　　(1)对员工的创新漠然处之，甚至反对创新。

31：(5)能有效组织下属，配合公司整体战略，实现部门目标；

　　(4)能以部门为重，出色地完成工作任务；

　　(3)能较好地实现部门目标；

　　(2)仅仅完成了预期绩效的一部分；

(1)由于管理不当,导致实际绩效远远落后于预期绩效。

32:(5)部门成员士气高涨,工作富有进取心和积极性,并产生良好的外部效果;

(4)能利用一些基本的激励手段,去联合部门成员;

(3)部门成员有一定的工作积极性;

(2)部门成员积极性不高,工作任务的完成也不够理想;

(1)部门成员士气低落,涣散。

41:(5)廉洁自律,不以权谋私,做其他员工的表率;

(4)有自律意识,在工作中以身作则;

(3)部门成员基本认可;

(2)偶有违规行为;

(1)缺乏自律意识,常违规。

42:(5)作风严谨,以公司利益为重,有强烈的奉献精神;

(4)能为公司利益牺牲本部门甚至个人的利益;

(3)能把公司利益放在思考问题的首位;

(2)有一定的奉献精神;

(1)不能为公司利益主动去做自我牺牲的事。

51:(5)具有强烈的责任心、事业心,与企业荣辱与共;

(4)热爱本职工作,克尽职守,勇于承担责任;

(3)能够兢兢业业地完成本职工作;

(2)有一定的责任心、事业心;

(1)缺乏责任心、事业心。

52:(5)能带头严格遵守公司各项制度,做公司其他员工的表率;

(4)能严格遵守公司各项制度,并约束部门其他员工;

(3)能较好地遵守公司制度;

(2)自己能遵守公司制度,但部门员工有违反公司制度的情况;

(1)经常有违反公司制度的情况。

61:(5)拥有公司经营方面深厚的专业知识基础;

(4)在公司经营方面,有一定的专业知识基础;

(3)在部门经营方面,有一定的专业知识基础;

(2)对本部门、本专业有一定的了解;

(1)基础知识薄弱。

62:(5)能根据公司的未来发展,主动地进行知识准备;

(4)能根据目前存在的工作差距,主动学习;

(3)能根据部门的发展,进行知识准备;

(2)能够按照公司的要求,进行学习;

(1)忽视学习和自我提高。

71:(5)能够运用多种沟通手段,融洽与其他部门成员的关系,取得最佳绩效;

(4)运用多种沟通手段,得到其他部门成员的帮助,完成工作;

(3)与其他部门成员能够沟通,对工作的负面影响不大;

(2)与其他部门成员沟通不良,对工作有一定影响;

(1)很难与其他部门成员沟通,对工作有很大影响。

72:(5)运用多种沟通手段,保证部门成员理解部门目标,以达成最佳绩效;

(4)部门成员间关系融洽,能够顺利完成工作任务;

(3)部门成员间能定期沟通;

(2)部门成员间沟通不畅,工作受到一定影响;

(1)部门成员缺乏沟通,工作成绩受到很大的影响。

81:(5)能代表公司,积极保持并发展与外界人士的良好关系;

(4)能代表公司,积极保持与外界人士的良好关系;

(3)工作中,比较注意处理与外界人士的关系;

(2)工作中,忽视与外界人士的关系;

(1)个人行为在外界人士中造成不好的影响。

82:(5)积极处理好与其他部门的关系,并带动其他部门形成凝聚力;

(4)能够保持与其他部门紧密团结协作;

(3)与其他部门的关系较好;

(2)与其他部门的关系一般;

(1)与其他部门的关系不好。

91:(5)主动发现搜集市场信息,对各种与公司相关的情报十分敏锐;

(4)能根据部门的情况,积极搜集相关的信息;

(3)能根据工作要求,搜集信息;

(2)不知道应该搜集什么样的信息,对信息反应迟钝;

(1)对与工作相关的信息不感兴趣。

92:(5)能运用现代化的手段,分析信息,并提出有价值的报告;

(4)能提出有关信息的判断性和方向性的书面意见;

(3)能粗略地发现信息与工作的相关性;

(2)对信息进行简单的判断;

(1)不知道应该怎样分析,缺乏分析技术。

(资源来源:精创绩效管理数字化平台)

3.绩效评估主体的选择与培训

1)绩效评估主体选择的原则

(1)具备评价资格。

评价主体必须具备相应的知识和能力。一般来说,评价主体应该是公司内部的管理人员或专业人员。

(2)了解评价对象。

绩效评价是针对具体的人员或者部门进行评价,因此评价主体必须了解评价对象的工作内容、任务要求和业绩表现等信息。

（3）独立与自主性。

评价主体只有不受其他因素的影响，才能够进行客观、公正的评价。应特别注意避免利益冲突的情况出现。

在企业实战中，根据岗位特点与管理归属的原因，分配不同的权重予各评价主体。一般来说，直接上司是当然的评价主体，并且权重相对最大。

根据各企业组织机构设置的不同，在具体考核评价时大致会出现以下三种情况。

一是在常见的职能型机构中由职能经理直接对员工进行考核评价。有的企业规定某些岗位或这些岗位的某些考核指标采用360度，职能经理占有指定的权重，但最后评分仍由职能经理决定。

二是项目型机构中，如技术、研究类型的企业，则由项目经理对项目中所属员工进行考核评价。

三是矩阵型机构中，其特点是员工处于"双线领导"模式之下。在这种模式中，员工既受项目经理的指导，也属于某个固定部门。具体到绩效评估流程，通常由项目经理负责提供关于员工工作表现的基本评价信息。这些信息随后被传达至员工原本所属的部门，由该部门综合考量并做出最终绩效评估等级决定。

这种评估机制的优势在于，它结合了项目管理的灵活性和部门管理的系统性，确保了评估结果的全面性和准确性。项目经理对员工的日常表现和项目贡献有深刻的了解，而员工所属部门能够从组织整体角度出发，对员工的长期发展和绩效进行评价。

通过这种双重评估流程，矩阵型机构能够更有效地激发员工的工作积极性和创造力，同时也为员工提供了更多元化的成长和发展机会。然而，这种模式也要求组织内部有清晰的沟通机制和协调流程，以确保评估过程的公正性和透明度。

（4）自评主体与他评主体相结合。

员工本身也是绩效评估的主体之一。所以在设计考核表时，应有员工本人自我评价这部分内容。一是尊重员工工作独立与自主性，二是便于管理者了解员工的自我认知，三是有利于管理者与员工建立友好的绩效评估与沟通氛围。

但是否设计员工自评环节，员工的自评分是否占有一定的权重，企业需要根据考核的目的、绩效文化、管理风格等因素确定。一般来说，企业可做如下规定：一是对员工量化的业绩考核（如销售员的周或月度销售成绩），无须设计员工自评这一评分环节。二是对员工年度的绩效考核（如考核职能部门员工的业绩、能力和态度），可以设计员工自评这一环节，也可以不设计。如果设计了员工自评这一评分环节，则一般员工自评分不计入该员工最终的绩效考核得分。三是对员工晋升、发展等的能力素质考核（如提拔一名经理为总监），员工自评则应占有一定权重，其自评分应计入该员工最终的能力素质考核得分。

2）培训工作

为加强企业各部门、各级员工对于绩效评估制度或流程的正确理解，消除理解偏差，统一思想，为顺利实施评估打下良好的基础，企业应在正式进行绩效评估前进行全员培训与宣导。培训内容一般包括：

(1)公司价值观、市场环境、战略目标与实现路径等；

(2)绩效管理理念；

(3)绩效管理制度、流程；

(4)考核原则、考核表格的填写、数字平台的使用等；

(5)人力资源管理部门、业务部门以及员工的绩效管理责任；

(6)考核结果的应用；

(7)其他与绩效考核有关的重要事项。

培训与宣导主讲人一般由人力资源部人员担任，有的企业也请外部专家一同参与。需特别注意公司最高负责人应参加培训并发表讲话，以视对绩效管理工作的高度重视。

4.绩效评估周期的确定

(1)概念。绩效评估周期是指企业规定多长时间进行一次绩效评估。评估周期与评估指标、企业所在行业的特征、岗位或业务的特点、职位类型等因素有关。

(2)原则。考核周期过短会增加企业的管理成本，过长又会降低绩效考核信息的准确性，不利于部门业绩的及时监控与调整，也不利于员工工作绩效的改进，从而影响绩效管理的效果。

(3)分类。一般来说，绩效考核周期可以分为月度考核、季度考核、半年度考核和年度考核等。其中月度考核和年度考核最常见。

在企业实践中，生产和销售日常消费品的企业一般按月进行绩效评估，有的岗位更短，如按佣金计酬的纯销售岗位，有的按周甚至按天进行业绩评估。

中高层管理者的绩效评估周期一般是一年。随着管理级别的升高，评估周期一般会相应延长。这种延长的评价周期有助于更准确地捕捉到高层管理者在复杂项目和长期战略中的绩效成果。

此外，延长的评价周期也有助于减少评估的频繁性，给予管理者更多的时间和空间来实施长期计划，并观察这些计划的效果。这样的评估体系更能够鼓励高层管理者进行深入思考和长远规划，从而推动组织实现可持续发展。

研发人员的绩效评估周期通常划分为两种类型。第一种类型是与项目周期同步的评估周期，这种评估方式专注于考核研发人员在特定项目中的业绩表现。此评估机制主要用于项目完成后的奖金分配，确保奖励与个人贡献直接挂钩。第二种类型则是遵循年度评估周期，与组织内其他员工保持一致。这类评估不仅涵盖业绩成果，还包括对研发人员的专业能力及工作态度的综合评价。年度评估有助于全面了解员工的长期表现和发展潜力，为员工的晋升、培训和发展提供重要依据。

通过区分项目周期评估和年度评估，组织能够更灵活地适应研发工作的特点，同时确保对研发人员的工作贡献给予公正的认可和奖励。这种双重评估体系既体现了对研发成果的重视，也关注了员工的持续成长和其职业发展。

请小组思考并讨论：调查现实企业的绩效评估表是怎样设计的，然后各小组将各自的发现与其他小组分享并讨论。

(二)问题二:绩效评估过程中的问题及其解决方案有哪些?

1.绩效评估过程中常见的问题及其对策

绩效管理包括绩效计划、绩效实施与监控辅导、绩效评估、绩效反馈与结果应用几个阶段。管理者若认为绩效评估只是填填考核表格就完事了,敷衍行事,那就大错特错了。在绩效评估过程中要避免陷入以下误区。

(1)绩效评估就是挑员工的错误。通过绩效考核找出员工的不足或失误是一个方面,但不是最终目的,也不是绩效评估的主要方面,在肯定员工成绩的同时,指出员工的不足是为了帮助员工不断提高和改进。当然,若员工犯了错,违反了制度,按相关制度处理即可。

(2)忽视对员工平时表现的记录。除了定量指标可以从财务等部门获取外,许多定性的考核指标的评定需要管理者平时做好记录,为考核提供事实依据。管理者应通过明确的、有效的方法记录或借助数字平台做好记录,或采用360度评估方法避免单一评估主体评分的不足。

(3)评估主体的非理性。在前面模块我们学习了有关绩效考核过程存在的误区,比如近因效应等。这些非理性的误区一般发生在管理者对员工进行定性考核指标评价时。除了做好定量指标的设计外,加强培训、多层次考核、加强监督、完善申诉机制等也是企业必须注意的。

(4)仅打分评价但缺乏交流沟通。特别是针对定性考核指标,即使采用了行为锚定法确定的定性指标评价等级,也存在着一定的主观判断。管理者应在平时记录员工表现,特别是关键事件表现。在打分前应将员工的关键行为表现与员工沟通,尽可能地与员工达成一致。有利于保证绩效评估工作的顺利开展,同时也让员工明了上司对自己工作的意见,明确自己未来改进方向,增强工作信心。

具体的沟通反馈技术,我们在下一个模块学习。

2.提高绩效评估有效性的建议

为了提高绩效评估的有效性,应做好以下几个方面的工作。

1)制度建设方面

(1)根据企业特点选择合适的绩效考核工具与方法;

(2)科学地设计考核指标与指标值;

(3)考核周期与指标权重设计恰当;

(4)建立适宜的数字化操作平台。

2)文化建设方面

(1)绩效评估制度应与企业文化相适应;

(2)大力宣导企业绩效文化,并进行相关培训;

(3)加强各级员工的培训。

3)领导力与管理能力方面

(1)培训管理者绩效管理能力;

（2）提升各级管理者的领导力，并作为管理者晋升发展的考核要素之一；

（3）主要负责人以身垂范。

课堂微 PBL：自行查找华为的"BLM 模型"有关资源，分析该模型与绩效管理中哪些环节相链接，并思考该模型实施的条件是什么。

三、业务决策者的责任

作为绩效管理项目重要的干系人，业务决策者（主要指负责业务职能部门的直线经理）在本模块工作上应负的责任如下：

（1）提前了解绩效评估的流程、方法、注意事项等；

（2）提前研读公司绩效评估表打分各项注意事项，按规定时间和有关规范对所属员工进行绩效评估；

（3）做好员工平时工作表现记录；

（4）在评估过程中应注意信息的分析，特别是员工能力、态度与行为表现方面的信息；

（5）发现问题并及时与人力资源部门沟通。

【学习小结】

关键能力	能够运用相关理论知识分析与解决现实问题；能够采用恰当的方法进行信息收集，选择考核主体、周期等；培养学生的合作力、思考力与逻辑力；能够设计简单适用的绩效考核表	模块三绩效评估	基本知识	实际工作过程与理论学习场景；组织战略评估与绩效评估；绩效评估方法；绩效评估与人才测评	自我回顾所学，然后：在教材中找到支持"关键能力/技能、核心素养和必备知识"的相关内容；对于相关学习目标的掌握程度进行自我评价；评价完后请在左边的小方框"□"中打上"√"
核心素养	能够在案例分析、小组讨论过程中体现团队精神和认真负责的的态度；能够通过学习中外优秀企业的绩效评估方法，形成兼容并包的格局观		问题导学	问题一：如何开展绩效评估？问题二：绩效评估过程中的问题及其解决方案有哪些？	
必备知识	了解绩效评估与组织战略评估、人才测评的关系；理解绩效评估、信息收集以及处理误差的方法；掌握绩效评估的流程、方法的选择以及处理相关问题的知识				

【看企业实际运作】

某企业的管理层述职

前言:述职,指古时诸侯向天子陈述职守。现泛指下级干部向上级干部进行工作汇报。《孟子·梁惠王下》:"诸侯朝於天子曰述职。述职者,述所职也。"而述职报告则是任职者陈述自己任职情况、业绩完成情况、评议能力,接受上级领导考核的一种应用文体。具有汇报性、总结性和理论性的特点。下面是某企业的管理层述职运作方案。

示例:《某集团企业中高层管理职位述职考评管理规定》

一、目的

1. 强化中高层管理人员的责任和目标意识,关注组织绩效,促使中高层管理人员在实际工作中不断改进管理行为,促进员工和组织持续的绩效改进。

2. 中高层管理人员述职考评管理是公司绩效管理体系的有机组成部分,通过述职管理深化中高层管理人员绩效管理理念,提升公司组织运营绩效,通过述职进行工作检讨,明确工作重点,及时发现短板和管理瓶颈。

二、原则

1. 以岗位责任为基础,关注最终目标成果的达成;

2. 坚持实事求是,注重具体实例,强调数据和事实;

3. 坚持考核与评价结合,促进绩效改进与提升。

三、适用范围

适用于集团公司及其各分公司总经理、副总经理、总经理助理、总监及各部门经理等人员。

四、述职类型

集团公司高层管理职位的述职周期原则为每半年一次;中层管理职位的述职周期原则为每季度一次;述职者对照考核评价期间制定的绩效目标等进行工作述职,并明确下一阶段工作目标。

五、述职内容

对中高层管理职位的考核主要是依据战略目标实现而设定的部门工作计划目标、直接上级领导交办的事项完成情况及下属绩效目标完成情况相结合进行考核。考核的基本内容包括:任职期间工作目标计划承诺完成情况;本期工作中遇到的问题及改进策略;直接上级要求汇报的其他工作。

其中对营销、运营等职位的考核是依据营销、运营业务目标分解而设定的个人或区域工作计划目标,营销、运营工作周报及直接上级领导交办的事项完成情况相结合进行。考核的基本内容包括:任职期间工作目标计划承诺完成情况;营销、运营工作周报提报情况;直接上级要求汇报的其他工作。

六、述职评议会

1. 中高层管理人员述职

中高层管理人员述职,采用有全体中高层、人力资源中心人员参加的述职评议会的形式进行,述职者对考核期内工作情况按照述职模板的要求进行全面述职。

2.营销、运营人员述职

营销、运营人员述职，采用有全体中高层，全体营销、运营人员，营销、运营服务支持人员，人力资源中心人员参加的述职评议会的形式进行，述职者对考核期内工作情况按照述职模板要求进行全面述职。

3.述职评议会由人力资源中心主持，根据工作需要，按述职关系相关要求可以确定其他参会人员。

述职会上，评议人在述职会上填写述职评议表，根据述职者所在部门业务情况，提出评议意见。评议意见主要包括工作改进点、部门协作情况、部门间主要接口关系及需要的支持等，并作出评议。

4.进行述职评议的人员权重分配为：述职人直接主管：述职人非直接主管：述职人平级人员：其他人员为40：30：20：10。

七、述职结果

述职评定等级根据其部门及个人的绩效承诺完成情况，结合管理措施开展的效果和其他述职项进行评定。比例控制应按照强制正态分布。

中高层管理人员述职结果将被作为年度经营目标责任综合绩效的主要内容之一。相关内容参见集团公司年度经营目标责任书。

八、述职过程

1.辅导阶段

述职人员按述职通知的要求，提前将述职报告提交直接领导及人力资源中心。述职人员的直接领导负责对述职报告进行审定，并提出增补、修改意见。

2.实施阶段

由述职人员的直接领导主导、人力资源中心协助对计划的实施进行过程管理与控制（包括工作计划、改进计划等），并与述职者保持沟通。

3.述职阶段

述职者以述职评议会的形式进行述职，述职评议人对述职人员其述职的内容、目标的达成情况及其期初承诺进行比对，听取未达成的原因分析，并加以判断、评议。

4.应用阶段

述职评议结果作为述职人员任职期间的绩效考核结果按公司相关要求执行，并根据述职评议结果由人力资源中心根据集团公司绩效管理有关规定进行结果应用。

九、管理职责

述职管理的管理机构是人力资源中心，负责述职管理制度的拟定、优化和分析，以及述职管理的组织、协调、统计、计算考核分数和经验教训总结，并将结果向公司汇报。

述职人的直接上级对述职人的业绩成果及考核结果负责。

十、其他

本管理规定的解释、修改权归人力资源中心所有。

（资料来源：咔朴猎头 https://zhuanlan.zhihu.com/p/89658182）

理论
链接
实践
指引

企业集团的绩效评估、监控与战略协同

随着 BSC 战略管理思想和管理工具在中国企业的深入应用,众多企业实践包括笔者的企业项目经验,在企业集团化的发展中,只有加强"协同",方能更高、更快、更好地提升集团企业价值。

作为集团总部,首先应明确如何进行自身价值定位。不同发展阶段、特定的商业生态环境、治理结构等直接影响到集团总部的价值定位。由此笔者认为,集团总部的职能主要包括企业发展重大战略方向、战略化服务、风险管控、重大资源整合等四个方面。

根据经典 BSC 理论,集团总部 BSC 的四个维度所要解决的问题如下:

(1)财务维度。如何通过帮助各业务单元提升它们的股东价值来实现集团整体价值的提升?

(2)客户维度。如何通过集团大品牌优势和协调各分支来共享客户资源以提升整体客户价值? 如何在与下属业务单元发展至关重要的关键战略要素(如重大政策、多元化、品牌形象、资源协调等)方面为业务单元提供战略化支持?

(3)内部流程维度。如何在集团范围整合价值链,发挥协同效应,从而提升整体内部流程价值?

(4)学习和成长维度。如何发展和共享无形资产? 如何建立并发展统一的领导力及文化? 如何在集团内优化人才系统,并帮助各业务单元建立战略性人力资源体系,在引、选、用、育、留才方面提供专业支持?

由此可得,实现集团协同群所产生的价值体现如表 3-12 所示:

表 3-12 集团协同群所产生的价值体现

集团总部 BSC 的四个维度	价值体现	体现价值实现的行动
财务维度	集团/股东价值	收购兼并,投资决策,监督管理(财、人、信息等)资源
客户维度	客户价值	打造并发挥品牌优势,整合销售平台,共享客户资源,开展产品交叉营销,统一客户价值定位
内部流程维度	流程价值	为业务单元提供高水平的专业服务。开发、整合以及分享下属业务单元在各自营运方面的核心能力以及协作链。通过 BPR、标杆管理、价值链延长等最佳实践实现规模经济
学习和成长维度	组织与文化价值	建立统一的知识管理与分享系统以提升组织价值。建立集团内部人才交易市场,实现人才配置、人才招聘、领导力培养与提升、管理工具落地等共享

1. 企业集团协同的价值创造流程

根据集团企业与利益相关者的链接方式,可以绘出以下价值创造的流程(协调链及协同点)。

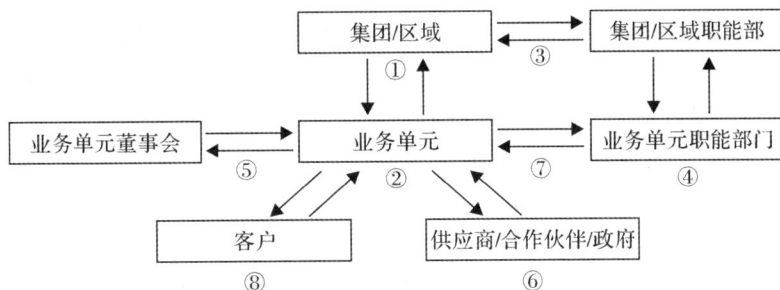

图 3-10 企业集团协同的价值创造流程

2. 协同群、协同的主要问题及协同实现的途径

根据利益相关者理论,企业的本质是利益相关者的契约集合体。一般来说,企业集团总部处在一个战略信息交汇点位置,其周边必定存在利益相关者,我们可称之为"协同群",下面笔者结合所在企业集团的具体实战案例总结了协同群类型、协同群之间需要协同的主要问题以及协同实现的途径(表 3-13 中协同的主要问题是笔者在企业实战中的举措)。

表 3-13 协同群、协同的主要问题及协同实现的途径

序号	协同群	协同的主要问题	协同实现的途径
1	集团总部价值定位及管控模式确定	要传递什么样的统一价值; 如何确定管控模式	总部确定
2	集团总部与业务单元的协同	通过承接或分解途径,将集团的战略意图下达到各业务单元以实现集团总体战略目标。这是一个从上到下,再从下到上的沟通过程; 下属业务单元的计分卡在体现自身特点的同时也支持对集团的价值贡献	主要通过BSC: 1.财务与客户战略; 2.内部流程与学习成长战略之间的协同实现
3	集团总部与其职能部门的协同	执行集团总部政策,分解、落实交由总部职能部门管理跟踪; 职能部门要确定其价值定位。职能部门的战略要支持集团的战略	职能支持部门的协同
4	集团的职能部门与业务单元职能部门的协同	集团总部职能部门把控职能总体方向与策略,为业务单元职能部门提供战略化服务支持,同时加强对下属业务单元职能部门的管控或调节; 以上管控通过业务单元职能部门计分卡的形式来实现	职能支持部门的协同

序号	协同群	协同的主要问题	协同实现的途径
5	业务单元与其董事会的协同	按一般规则,各业务单元的董事会对其下属业务单元的战略进行批准和监督; 战略图和BSC计分卡信息作为董事会与业务单元战略执行沟通的主要信息资源	业务单元与其董事会的协同
6	业务单元与其合作伙伴的协同	以BSC体系整合、协同各合作伙伴; 具体通过合作协议、战略联盟合同等形式与合作伙伴协同	与外部合作伙伴协同
7	业务单元与其职能部门的协同	将业务单元策略转变为业务单元的政策,由职能部门管理跟踪; 职能部门要确定其价值定位。要通过其计分卡为业务单元提供战略化服务与支持	职能支持部门的协同
8	业务单元与其客户的协同	将其特定的客户价值主张呈现给客户(产品/服务特征、客户关系或品牌形象); 要平衡服务成本与客户钱包份额的关系	与外部合作伙伴协同

3.管理协同

随着外部环境的不断变化,企业战略也必须不断变化以应对竞争环境的变化,因此企业中的协同也需要不断变换"阵形"以形成新的协同,这就需要我们对协同进行动态管理。

企业必须拥有一整套积极的策略来教育、沟通、激励和链接员工与公司战略。企业还必须将其现有的管理流程、资源分配、BSC的设定、战略主题和行动方案管理、BSC的检讨、管理回顾等与公司战略相链接。

1)建立战略执行管理机构

建立战略执行管理专门机构,对组织协同链进行管理。战略执行管理专门机构职能(略)。

2)对协同点进行检视

这项工作由公司战略执行管理专门机构负责组织。对八个协同点的检视,见前述有关内容。为了检验各种协同点的成效是否取得协同效应,我们必须对此进行衡量,具体内容如表3-14所示(表中表现指标是笔者在企业实战中的举措,数据为假设)。

表 3 - 14 协同点的检视

序号	协同群 (协同点)	协同点表现指标	成效评估 (完成百分比: 0、25%、50%、 75%、100%)	总计指标 平均值	指示
1	集团总部 价值定位	总部的价值定位已经明确; 总部的战略规划已经建立并已作沟通; 总部的战略图和计分卡已经建立; 总部战略办公室已建立并已运作	50% 100% 75% 75%	75%	蓝灯
2	集团总部与业 务单元的协同	集团战略目标已分解到各业务单元; BSC已经在业务单元制定并得到有效执行	100% 100%	100%	绿灯
3	集团总部与其职 能部门的协同	集团总部策略已转变为集团政策并已由总部职能部门管理跟踪; 集团战略已分解到所有总部职能部门	50% 50%	50%	黄灯
4	集团的职能部门 与业务单元职能 部门的协同	业务单元职能部门的业务战略已体现业务单元战略并反映了集团总部职能部门的业务战略(具体以工作重点分解和KPI承担); 集团总部职能部门以前瞻效应、信息聚焦优势服务于业务单元职能部门	50% 50%	50%	黄灯
5	业务单元与其 董事会的协同	业务单元董事会根据四大目标管理工具对业务单元的发展战略进行批准、评估、监督和反馈; 业务单元以BSC报告向董事会报告和沟通业绩; 董事会根据四大目标完成情况对业务单元进行奖惩; 董事会对业务单元高管建立个人计分卡	50% 100% 75% 75%	75%	蓝灯
6	业务单元与其 合作伙伴的协同	业务单元已通过有效形式将其对合作伙伴的要求或期望予以表达; 业务单元与合作伙伴沟通良好	50% 50%	50%	黄灯
7	业务单元与其 职能部门的协同	业务单元策略已分解到所有职能部门; 所有职能部门均已与业务单元签订绩效合约	50% 100%	75%	蓝灯
8	业务单元与其 客户的协同	业务单元的客户价值定位已明确,并以有效的形式传递给客户; 业务单元已建立客户服务指标来反映其服务水平; 业务单元建立客户管理系统,包括客户关注小组、客户投诉处理、回访制度	50% 50% 50%	50%	黄灯
			合计(平均值):	65.6%	蓝灯 (注意)

我们以图 3-11 表示某公司八个协同点的情况,据此建立"集团协同指数"这一 KPI 以评估协同的成效(主要是过程成效),进而采取措施以改进。

检视协同

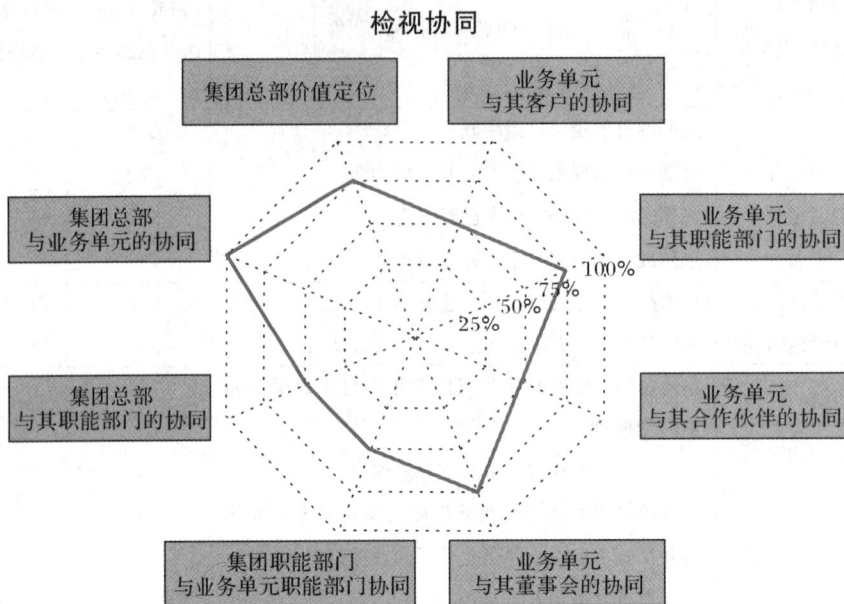

图 3-11　公司协同点

(资源来源:陈强,平衡计分卡促集团协同,企业管理,2022.6,有删节)

模块四　绩效反馈

【学习目标】

关键能力	通过角色扮演或案例分析培养学生的表达与沟通力; 培养学生的问题分析与判断力; 通过小组活动培养学生的领导力、协作力
核心素养	通过绩效改进、分析与诊断的学习,培养学生不断进取、改进工作的精神; 通过国内企业相关案例的学习,培养学生精益求精工匠精神和创新突破的意识
必备知识	了解绩效反馈的原则、流程、方式与内容; 了解绩效改进、诊断的原则、流程、方式与内容; 掌握绩效反馈、改进、诊断的方法与计划的执行; 掌握绩效投诉的处理流程

一、基本知识

"质量不是来自于检验而是来源于过程的改进。"

——威廉·爱德华兹·戴明(W. Edwards Deming)

"大部分质量问题是管理层的错误而并非工作层的技巧问题。总的来说,管理层控制的缺陷占所有质量问题的 80% 还要多。"

——约瑟夫·M.朱兰(Joseph M. Juran)

"组织应该建立一个能够从错误中学习的文化。"

——菲利浦·B.克劳斯比(Philip B. Crosby)

质量就是绩效,质量就是利润,质量就是生命。从跨专业、跨学科学习的角度来看,质量管理的原则、模型、工具对绩效管理也有启发或引用意义。同时,绩效管理四环节、原则方法、评价工具等也适用于质量管理。在本模块我们将运用相关跨学科、跨专业的知识来分析绩效管理的问题。

戴明博士是一代质量宗师、质量控制之神,朱兰博士是举世公认的现代质量管理的领军人物,克劳斯比博士被称为零缺陷之父、世界质量先生。

戴明的管理哲学的宗旨是对人正面引导和激励。他认为调动一线员工的积极性和责任感,就可以在生产和服务过程中减少差错和浪费。也正是基于这样的理念,戴明才反对以恐惧和追究过失为手段的绩效考核。

克劳斯比认为绝大多数公司的质量成本占销售额的 15%～20%,而质量管理良好的公司能达到质量成本不足销售额 2.5% 的水平,且成本主要用于预防和评价领域。与朱兰和戴明不同,克劳斯比的方法主要用于行为方面,它强调运用管理过程和组织过程而非统计技术来改变企业的文化和态度。

(一)实际工作过程与理论学习场景

1.实际工作过程

本模块学习绩效管理的第四个环节——绩效反馈。在真实工作场所中,雷某的工作思路是首先做好绩效反馈的启动准备工作,理清绩效反馈的注意事项、方式、流程和内容等,然后与业务部门沟通获取有关对绩效反馈、绩效分析与改进的建议,最后帮助业务部门制订绩效改进计划并指导实施,处理绩效申诉等。

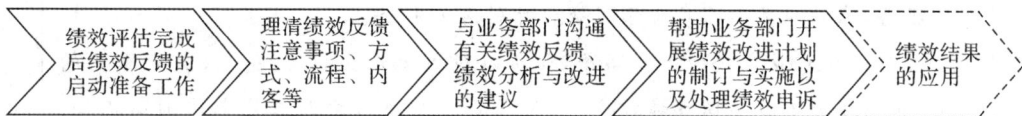

图 3-11　项目实际工作过程

2.理论学习场景

同学们,在以下内容的学习过程中,请注意"工作过程与学习场景"矩阵,其表明了学习内容知识点与工作过程场景的链接点。"√"表示纵向表格中的学习内容知识点是支持对应的横向表格中的工作过程的。请注意在学习过程中进行思考,并有意识地在社会实践中检验、练习。

201

表 3-15 工作过程与学习场景矩阵

学习场景	工作过程			
	绩效评估完成后绩效反馈的启动准备工作	理清绩效反馈的注意事项、方式、流程、内容等	与业务部门沟通有关绩效反馈、绩效分析与改进的建议	帮助业务部门制订绩效改进计划并指导实施,处理绩效申诉等
组织战略反馈与绩效反馈	√		√	√
绩效反馈的目的与原则	√			
绩效反馈的方式与内容	√	√		
绩效分析、诊断与改进		√	√	√
问题一:如何实施绩效反馈?			√	
问题二:如何实施绩效改进?			√	√
问题三:如何处理绩效申诉?				√

(二)组织战略反馈与绩效反馈

绩效反馈是绩效管理其中的一个环节,指评估者与被评估者通过沟通交流,评估者将评估结果告知被评估者,向其解释评估结果,让被评估者了解自身绩效水平并实施双向交流,商讨制订被评估者改进计划和发展规划的管理行为。

让我们来看一个笔者的真实企业经历。

> 某年,笔者作为一家中外合资集团公司某地区公司的企业负责人。当年年初市场发展部门拓展了一家重点客户(key account,KA)。该客户要求在春节前运营其大型水上娱乐项目。该项目需要在冬季提供热水。我公司负责提供能源供应工程及服务。工程部门负责施工管理包括外包施工队伍的项目监控等,供应部门负责物料采购及运输供应等,市场发展部门负责与客户对接,提供售中、售后服务,客户服务部门负责项目交付后的客户服务。
>
> 春节是该重点客户的业务高峰期,所以对方急催交付。迫于该重点客户的压力,市场发展部口头同意提前交付,但是在工程进展中与其他部门沟通不佳,再加上外包施工队伍春节前人手紧张,物料运输由于天气问题又造成拖延,对方大为不满……经公司高层出面与该重点客户沟通,集团兄弟公司出手相助,最终才被动地完成了项目交付。
>
> 事后,公司上下进行了深刻的反思和检讨。公司对相关部门和人员按绩效计划承诺书进行了绩效扣分,有关责任人受到公司通报批评等处罚……

请同学们阅读以上案例,思考整个事件是否包括绩效管理四个环节。在绩效监控与反馈方面,公司应该如何开展相关工作呢? 有什么经验教训?

(三)绩效反馈的目的与原则

绩效反馈是绩效管理循环中必不可少的重要环节。绩效反馈符合管理的基本原则,从绩效反馈的内容来看,它包括结果反馈、绩效改进、员工发展、反思调整、处理申诉等。做好绩效反馈工作有利于企业完善现代企业管理制度,有利于建立适宜、公正、公平、上进的企业文化,激励广大员工不断挑战新的目标,形成企业与员工双赢的局面。

1.绩效反馈的目的

企业可以通过绩效反馈工作,提高绩效管理的透明度,宣传公司的管理理念,传播公司文化,让员工增强自我管理意识,充分发挥员工的潜能。绩效反馈的目的是多方面的,具体包括以下几个方面:

(1)让各级员工了解自身的绩效情况和改进方向。

(2)改进绩效。员工得到上司对其绩效的反馈后,了解不足然后改进。

(3)传递组织期望的重要手段之一。

(4)加强管理者与员工的理解与沟通,形成一个有战斗力的团队。

(5)激励员工不断挑战业绩目标,与企业实现双赢。

2.绩效反馈的原则

同学们必须注意,当我们在学校学习绩效反馈的理论知识时,它通常被作为绩效管理的最后一个环节,是一个独立的模块。而在企业实践中,绩效反馈是随时随地发生的管理行为。为什么? 请同学们思考。

为了学习方便,我们在这一模块单独学习绩效反馈内容,并且主要围绕一个绩效周期结束后的绩效反馈来讨论。

在绩效管理过程中,企业必须建立相关的制度规范,必须坚持绩效反馈的原则。

(1)反馈全面,包括员工业绩与任务完成、能力和技能提升、行为与工作态度等。在反馈过程中管理者与员工双方不偏激,不走极端。

(2)双向交流,绩效反馈不是管理者的一言堂和往下施压,也不是员工的单向接受或发牢骚。

(3)针对事实,绩效反馈不能搞人身攻击或报私怨,而应着眼于问题产生的原因与未来的改进措施。

(4)正确引导,绩效反馈不是秋后算账,不是抓小辫子,而是复盘、反省、分析与改进。

(5)共同成长,管理者虽然与员工角色不同,职责不同,但不是对立的关系,而是同一条业绩"大船"上共同的任务承担者。双方只有明白这个道理,方能在绩效反馈中站好位置,共同为部门、公司的业绩提升做出贡献。

(6)适度保密,绩效考核反馈会涉及员工的部分隐私。尊重和保护员工的隐私,是直接关系到结果反馈效果的一项重要的原则。只有为员工保密,才能给员工提供一种心理安全感,减轻他们的心理负担,使其愿意敞开心扉。员工的隐私又往往是员工个人问题所在,只有顺利深入地了解产生问题的原因,才能提供有效的解决问题的方法。

思考并讨论:请回顾某次你与班主任沟通你的学业情况的情形。该行为适用于绩效反馈原则吗?请对其进行分析和评价。

(四)绩效反馈的方式与内容

1.绩效反馈的方式

选择合适的绩效反馈方式是绩效反馈成功的前提。常见的绩效反馈方式有一对一、一对多、多对多绩效面谈,集体绩效面谈,会议反馈,电话反馈,邮件反馈,部门公示,线上视频同步反馈平台,等等。每一种反馈方式都有不同的特点和适用场景。下面就几类主要的绩效反馈方式进行讨论。

1)一对一绩效面谈反馈

该方式指管理者与员工进行一对一的绩效面谈。采用该方式,双方最好提前约定时间,选择合适的时机和安静的环境,双方都应为面谈提前做好充分准备,包括收集各项考核数据、工作记录等。

2)集体绩效面谈

集体绩效面谈是指由一名管理者与多名员工或多名管理者与一名员工或多名员工进行的绩效面谈。集体绩效面谈可以作为一对一绩效面谈的补充或先导,也可以邀请其他相关部门员工进行座谈。采用集体面谈方式,有利于部门成员之间进行充分交流,沟通效率高,涉及范围广,并可形成正式的会议纪要,为部门新的绩效计划的制订与实施提供依据。

3)电话反馈

这种反馈方式适用于双方对绩效考核结果已经基本达成共识、沟通难度较小的情形。如果双方身处异地,时间又特别紧急,就适合采用电话反馈的方式。

4)邮件反馈

这种方式通常用在正式的绩效面谈之前,双方通过邮件交流一些不方便在面谈中进行正面沟通的内容,为绩效面谈的顺利展开做铺垫。在一些特殊的情况下也需要采用这种方式进行沟通,如考核双方不在同一座城市、工作时间有冲突等。

5)部门公示反馈

管理者与员工就双方考核结果达成一致意见后,有些企业会将考核结果在部门内部进行公示。这种反馈形式对员工的刺激较大,激励效果比较明显,但风险也比较大,对管理者的把控能力有较高的要求。在企业工作实践中,有的企业只公布评分处于前列的员工名单,有的企业只在一定范围内公示。绩效反馈是否采用公示的形式,与管理者把控力、企业文化、领导风格等有关。

6）线上同步视频平台

线上同步视频效果与邮件类似。年轻员工习惯使用新媒体，但对于绩效反馈这种正式的组织行为，新媒体的方式还是显得不够严肃。

在以上几种绩效反馈方式中，以一对一的个人绩效面谈方式为佳。集体绩效面谈、电话反馈、邮件反馈、线上同步视频等作为一对一绩效面谈的补充，多种方式结合起来使用，效果会更好，但需考虑时间成本以及企业文化等因素。

需要说明的，以上讨论的是企业正式的绩效反馈，其实管理者对员工的绩效反馈可以说是"随时随地"的。我们可以从两方面理解：一是绩效反馈存在于整个绩效管理环节中；二是在平时工作中，管理者要及时、敏锐地发现员工工作进度与问题，及时进行反馈与指导。所以，企业一般都规定了正式的绩效反馈和非正式的绩效反馈两种形式。非正式的绩效反馈就比较随意。如有的外资企业利用"咖啡时刻"（coffee break）来进行上下级的交流与反馈，有的企业采用突击检查、现场抽查、走动管理、午餐会等形式。

比如，华为提出"一杯咖啡吸收宇宙能量"，咖啡不是一种饮料，也不是一个地点，而是指信息的互通、思想的碰撞、智慧的交流。不局限于级别，不囿于场合，咖啡成为一种成本最低的沟通语言。任何的探讨和交流都可以吸收宇宙的能量，这就是华为独有的"咖啡哲学"。

2.绩效反馈的内容

绩效反馈主要围绕员工在上一个绩效周期的工作表现来展开，其内容一般包括以下五个方面。

（1）工作业绩。包括员工业绩指标和关键任务的完成情况。

（2）工作能力。包括员工能力的发挥、工作技能的提升。如果企业实施了"能力模型"管理制度，那么就是员工的能力等级实现情况。

（3）工作态度。包括行为表现、企业价值观遵守、工作态度表现等。

（4）改进措施。包括上一绩效周期确定的改进计划的实现情况，本期业绩、能力、态度三方面的改进计划与具体措施等，还包括为实现改进计划所需的资源和相关支持等。

（5）新目标及工作计划。指员工下一绩效周期应达到的新目标以及工作计划等。

思考并讨论：试对比电话反馈与面谈反馈的异同。小组讨论后再交换有关信息。

（五）绩效分析、诊断与改进

我们知道，绩效管理制度的运作总体上按"公司—部门—个人"三个层面展开，因此，绩效分析、诊断与改进也分为三个层面。即董事会对于高管层（公司业绩）、总经理对部门经理（部门业绩）、部门经理对员工（员工绩效）三个层面的绩效分析、诊断与改进。实质上，以上三个层面的绩效管理最终还是落实到"人"，故我们本模块的内容主要以部门经理对员工（员工绩效）为例来讨论。

当管理者与员工就绩效考核结果达成共识后,分析绩效、找出问题所在以及制订改进计划就是接下来双方要做的重要工作了。

1. 绩效分析与诊断

1)概述

员工的绩效改进第一步就是绩效分析,即通过对员工绩效表现的主观和客观两方面进行分析,分析绩效表现好与不好的真实原因是什么,受到什么因素影响,等等。

绩效诊断与分析是指通过各种方法,发现与分析引起绩效问题的原因的管理过程。其作用在于,管理者与员工能迅速聚焦绩效问题,从而为形成有效的绩效改进计划和行动方案打下良好的基础。

员工绩效诊断常用的工具很多,如"盖洛普 Q12""行为工程模型"等。这里介绍绩效改进之父汤姆斯·吉尔伯特(Thomas Gilbert)的行为工程模型,即"behavioral engineering model"——行为工程模型,简称 BEM。

2)行为工程模型(BEM)

吉尔伯特在其出版的著作《人的能力》一书中,希望帮助人们找到影响绩效表现的关键因素,进而实现绩效改进。在调研了 1000 多家工厂和企业之后,吉尔伯特认为,"环境因素"对于个人的绩效表现起着关键作用,影响占比超过 75%。他提出的 BEM 模型分为六个部分,其中前三个部分主要从环境因素入手,进行"技控";然后从后三个个体因素入手,进行"人控"。模型将影响员工绩效表现的因素分为环境因素和个体因素。该研究表明,这两方面的因素对绩效改进的影响分别占到了 75%、25%(见表 3-16)。

表 3-16 BEM 行为工程模型

环境		个人	
分类	占比	分类	占比
信息	35%	知识/能力	11%
资源	26%	素质	8%
奖励/后续结果	14%	动机	6%

BEM 在世界 500 强企业中被广泛用作改进绩效的一种重要工具。它不仅适用于大型企业,也适用于中小型企业、团队乃至个人。通过运用 BEM,企业可以系统地识别和分析影响绩效的关键因素,并制定相应的改进措施,从而提升整体绩效水平。

该模型把环境因素分为以下三个部分。

第一部分,信息、数据、反馈。

比如,管理者清楚地陈述对员工提高绩效的期望,对如何开展工作提供相关的指导,对员工绩效是否有足够相关且连续的反馈等。吉尔伯特研究发现这一部分对绩效的影响占到 35%。

第二部分,资源。

比如为了满足员工实现绩效的工具、经费、时间、渠道、人力资源、工作过程、高效流程等。吉尔伯特研究发现,这部分对绩效改进占到26%。

第三部分,激励。

比如说根据绩效表现而给予员工的物质奖励、非物质激励、个人职业发展前景、肯定等,对绩效过差的员工实行惩罚性政策等。

吉尔伯特行为工程模型显示,个体层面的技能、知识、天赋潜能、动机期望,对绩效改进而言只占25%。

当然,这是一般情况下的研究结果,对于具体特定的企业和员工个体来说,要具体问题具体分析。不过,BEM带给了管理者一个很好的启示。

2.绩效改进与计划

在VUCA的商业世界中,企业保持领先的关键在于持续改进与提升绩效。绩效改进是部门和个体为了改善个体绩效,根据个体的绩效表现情况,结合绩效反馈中个体存在的问题和优秀的表现所采取的管理行动。其作用在于,通过制订员工《个人绩效改进计划》提升各级员工的绩效水平,从而提升整个组织的绩效。员工《个人绩效改进计划》是绩效结果应用最直接、最重要的成果,是改进员工绩效的行动指南。

请小组思考并讨论:上网搜寻阿里绩效反馈的"Review"制度,试进行分析评价。

二、问题导学

【看理论与实践前沿】

阿里是如何做负面绩效反馈的?

在阿里,HR部门一项非常重要的工作就是提升业务领导们的员工管理能力,小到如何欢迎新员工、如何与员工进行绩效谈话,大到如何与员工"say goodbye"等。现在我们来看阿里是如何对员工进行负面反馈的。共分为五个步骤。

第一步,控制环境;

第二步,定义问题;

第三步,刷新动作;

第四步,设定反馈点;

第五步,完成重启。

下面是每一个步骤的含义及在使用过程中需要注意的问题。

第一步,控制环境。

首先,要第一时间批评,不能过后"翻旧账"。大家不妨做个换位思考:如果你负责核算员工工资,不小心把一位员工的工资算错了,这时候,你的上级并没有马上批评你,而是在一个月以后,突然提起这茬,你怎么想? 大部分人可能觉得领导是想秋后算账吧。

所以,一定要在问题暴露的第一时间进行批评。如果因为担心引起冲突,在该批评的时候不批评,反而不利于团队成员之间的团结。

其次,尽可能缩小批评的范围,尽可能一对一批评。

这点非常好理解,批评要私下,表扬要公开。

但在实际操作中我们会看到,有的领导却往往反其道而行之。表扬员工的时候,生怕员工会翘尾巴,含含糊糊,偷偷摸摸;批评员工的时候,恨不得全公司都知道,因为在他们看来,这是个让其他员工"不犯同样错误"的学习机会。

这种情况,只能说是无知者无畏。

有一种情况另当别论。领导把A和B都叫来,当B的面,对A进行严厉批评,看似在批评A,实际是在批评B,让B能内省。当然,这种操作,非高手不建议使用。

第二步,定义问题。

定义问题,就是把问题彻底搞清楚。我们不仅要知道真相,而且要知道得比当事人更多,这样的批评才会有理有据。

这里要提醒的是,即使我们做了全方位的调查,也要和当事人确认事情真相。

首先,开门见山表达令你感到不满的行为。常用的句式:今天我找你来,是有件事情和你沟通;我对你的×××行为不满意,我想和你谈谈。

这里注意,千万不要使用"三明治"法。

说完第一句话后,可以紧接着问:当时发生了什么? 当对方讲完之后,可以接着问:你怎么看这件事?

这句话问完后,当员工意识到自己的问题了,就不应该批评了,而教他怎么做对就好了。如果员工没意识到是自己的问题,就要继续发问:你都试了什么办法? 需不需要我做什么? 还有吗?

第三步,"刷新"动作。

所谓"刷新"动作,就是告诉员工怎么做才对。

搞清楚了问题,员工也意识到了是自己的问题,接下来,就要告诉他,怎么做才能做对,帮助他实现"刷新"。

如果说前面几个步骤是"软实力",那么这个步骤考验的是管理者的"硬实力",一句话总结就是,必须能有效指导下属。

第四步,设定反馈点。

"刷新"只是帮助员工找到了扣动的"扳机",还要看他能不能把"子弹""打到靶子"上,"打到靶子"上了,给肯定给表扬,没"打到靶子",继续辅导。

所以,我们一定要做的一件事是:设定反馈点。

比如，"我会密切观察你这两周的表现，两周之后，你提醒我，我会就你两周的情况，再给你反馈一次"。

这时候，如果他改正了，就给他一个正反馈，帮助他把行为建模；如果没改正，就重新进入辅导环节。

这里还要提醒的一点是，设定好反馈点后，一定要多说一句，让员工来找你。这样能更好地帮助员工建立责任感。

第五步，完成重启。

走到这一步，表明批评的工作基本完成了。这一步，是个加分项。

人都是感性动物，再艺术的批评方式，被批评的人多多少少都会感到沮丧。这个时候，管理者对对方离开那个瞬间的情绪就显得尤为重要，我们把这个瞬间叫作"重启"。

这个"重启"怎么做呢？

有一个窍门：批评的最后一句话，一定要让他来说。比如，你可以问问他：这是现在的情况，你来说说自己的想法。

我们要把这件事变成对方的理解，让对方找到掌控感，当他说出自己的想法时，他就重新找到了掌控感，而掌控感最终会让他变得更加自信地去完成目标。

最后的话：

批评被很多人认为是贬义词，很多人认为"挨批"是一件很没面子的事情。但作为管理者，绕不开、也不能绕开这个词。

富有建设性的批评，不仅不会伤感情，反倒能帮助对方成长，只要你能掌握以上的这些基本动作。

也许有一天，我们可以用"刷新"来代替"批评"。当你要批评别人的时候，你可以说："来来来，咱们来'刷新'下。"当然你也可跑到领导那去说："来来来，想请领导帮我'刷新'下。"

你看，人与人之间的关系，就因为这么一个"词"被重新定义了。

（资料来源：笔者根据网络资料整理）

（一）问题一：如何实施绩效反馈？

绩效反馈工作是管理者与所属员工的绩效情况进行正式沟通的过程，是规范的企业管理行为，强调其正式性与严肃性。故其相应的准备工作就显得十分重要。

1.绩效反馈的准备工作

在实施绩效反馈前，管理者应做好以下准备工作。

1）时间安排

原则上，在公司统一安排的基础上，管理者应与员工协商确定为佳。最好选择员工工作压力不太大、情绪较为稳定之时。实践经验告诉我们，在部门或个人取得好的业绩或获得正面信息如客户表扬、能力提升等之后，即安排绩效反馈更好，特别是对于绩效评估结果不太理想的员工。

有些公司的绩效反馈面谈是安排在员工绩效奖金确定后一起展开。在员工的工作努力得到物质上的肯定后再进行面谈,气氛会更加融洽。

2)地点安排

一般来说,绩效反馈面谈地点选在管理者办公室或公共会议室。管理者应安排好自己的工作,中间不应有打扰。

3)知会员工

至少提前一天通知员工,让员工做好准备。

4)座位安排

对座位的合理安排对于绩效反馈面谈影响很大。座位安排应根据面谈的级别、内容、双方身份等决定。绩效反馈面谈的座位安排一般如图 3-12 所示。最好以下面 A、B、C 三种形式为佳。但 D 是现实中很常见的形式,由于考虑到场所的限制、工作习惯与便利等因素,管理者与员工在日常的工作沟通、交流、辅导大都采用这种形式。

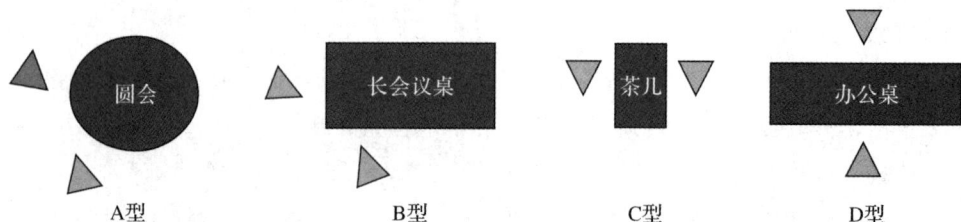

图 3-12　绩效反馈面谈中的一对一座位安排

5)资料准备

面谈所需资料的完备在面谈准备工作中最为关键。绩效反馈双方都应准备好面谈材料。管理者应准备员工签订的《绩效计划承诺书》、绩效评估表、员工平时表现记录、关键事件、业绩数据、客户反馈等资料。

(1)管理者应提前思考的问题。

管理者应提前思考以下问题方能与员工进行有效沟通。

①员工工作表现的好坏、能力发挥的高低,是否与其本身某些优势或缺点有关?比如与性格或天生资质有关。

②员工表现优异的原因是什么?若员工表现不佳,其真正原因是什么?是缺乏工作动机,还是能力不足?如果是能力不足,是因为个人的问题,还是公司提供的培训不足?

③员工是否有某些局限或缺陷难以改变?这些局限或缺陷会影响他的工作表现吗?如果这些局限或缺陷已经影响到团队,那么是否应该慎重考虑调整员工的岗位或工作?

④员工是否有某些潜能仍未完全得到发挥?该如何帮助其发挥特长?

⑤员工对于自身发展的需求是什么?个人特征是什么?等等。

(2)员工应提前做的准备工作。

员工应准备自己的业绩表现证据、能力表现情况、工作较大的失误及反思、自己的下一步工作打算以及需要上司提供的支持等资料。

同样,对于员工来说,也应该准备以下问题。

①过去的绩效周期,自己取得的最大成就是什么? 是什么原因? 是个人的努力还是团队的成功?

②自己从中学到了什么? 对下一步工作有何启示?

③最挫折或失败的事情是什么? 从中获得了哪些经验教训?

④希望下一步作何改变或有何工作上的打算?

⑤自己所在团队工作情况如何? 自己在团队中的地位与作用是什么?

⑥需要上司提供什么样的支持?

⑦其他需要与上司沟通、反馈的事项。

2.绩效反馈的方式选择

1)传统绩效管理模式下的绩效反馈

绩效反馈包括绩效辅导的内容。绩效辅导的各种形式也适用于绩效反馈。前面我们讨论了常见的绩效反馈方式。一般从效果来说,一对一面谈效果最佳。表 3-17 列出了各种形式的绩效反馈的简要对比。管理者可根据部门员工实际情况、公司的绩效文化等因素选择使用。

表 3-17 绩效反馈方式的选择

绩效反馈方式	简述	特点	选择使用的条件
一对一面谈	管理者与员工一对一单独进行面谈	最常见且最佳的方式;成本相对较高	最理想方式
一对多面谈	管理者与同工种或同职能员工一对多进行面谈	节省时间,效率高;相互干扰,针对性较差	时间紧张,在多名员工绩效表现相差不大的情况下使用
多对多面谈	一般是同一部门多名管理者与多名同工种或同职能员工进行面谈	沟通效率较高,信息丰富;交流面广;相互干扰,针对性差;个人问题无法交流	需要扩大交流信息面,多名员工的绩效表现相差不大,在以正面的反馈信息为主的情况下使用
多对一面谈	一般是同一部门多名管理者与一名员工进行多对一面谈	员工收获的信息丰富;有利于全面地评价员工。员工压力大;成本较高	员工属特别的面谈对象,一般是工作表现好与坏两个极端的员工,或者是对高潜力人才的面谈

绩效反馈方式	简述	特点	选择
部门公示	所有员工的考核结果在部门内进行公开展示	方便、效率高。 对员工刺激大,管理风险也高; 缺乏面谈	不能单独使用,可作为其他反馈形式的补充。 在部门内所有员工工作绩效相对优异的情况下使用,但须慎重考虑
电话反馈	通过电话进行结果告知与考核反馈	对于语言表现要求高; 深入的交流不适用	员工身处异地,无法面谈的情况下使用
邮件反馈	通过邮件进行结果告知与考核反馈	较为简便,较正式; 缺乏面对面交流	员工身处异地,无法面谈的情况下使用。最好配合电话或线上交流为佳
新媒体反馈	通过新媒体进行结果告知与考核反馈	年轻人习惯,较友好; 与邮件类似缺乏面对面交流	员工身处异地,无法面谈的情况下使用。最好配合电话或线上交流为佳
线上会议反馈	通过线上会议平台进行结果告知与考核反馈,可以是一对一,也可以是一对多等形式	效率高。 无法深层次接触; 较面对面交流效果较差	员工身处异地或特殊情形下,无法面谈的情况下使用。一对一效果会更好

2)OKR 模式下的绩效反馈

在 OKR(objectives and key results,目标与关键成果)模式下,绩效评价的焦点发生了转变:不再单纯依赖于目标完成率这一传统指标,而是更加注重员工对组织绩效的实际贡献。这种评价方式体现了 OKR 模式的创新思维,即重视结果的影响力和完成结果的过程而非仅仅关注目标达成的程度。OKR 更关注成果对组织战略和整体成功的实质性贡献。因此,OKR模式下的绩效评价更加关注员工的工作质量和对组织目标推进的实际影响。

传统绩效管理模式下,绩效辅导是管理者的特权,管理者给员工提供辅导,员工一般被动接受辅导。实际中,如果管理者缺乏辅导和反馈技术,就会使绩效辅导变成了例行公事。OKR 倡导开放、平等的工作文化,目标对全员公开,每个员工都能看到其他人的目标和进展情况,包括 CEO 的目标及进展情况,且每位员工都可以评论与点赞。对于被评论的人来说,其他人的评论就是一种非正式的绩效反馈或辅导,这种情况可称为"社交化反馈",数字化平台的加持更提升了这种反馈的效率与反馈信息的丰富度,如此不但增加了趣味性,也增加了绩效反馈和辅导的深度。

3.绩效反馈面谈的流程

在企业实践中,由于被评估者的个人成长经历、性格特征、文化背景、智力水平、自我防卫机制、发展需求等不同,管理者以同样的方式反馈会有不同样的反馈效果。因此管理者在进行员工绩效反馈之前,要有意识地针对不同的员工,确定不同的反馈方式或采取不一样的反馈流程。下面主要就一般意义上的一对一绩效反馈面谈来讨论面谈的流程。如图3-13所示。

图 3-13　绩效反馈面谈的一般流程

1)告知员工考核结果

告知绩效结果,可使员工明确其绩效表现在整个部门中的水平或位置,特别是其在能力发挥方面与优秀员工有什么差距,以激发其提高绩效的意愿。此时,管理者要关注员工的长处,耐心倾听员工的意见和建议,并做好记录。在这个阶段有些员工容易激动,特别是宣布其不太理想的考核结果时。管理者要对此突发状况提前有所准备,包括绩效材料、事实依据、谈话技巧等。

在这一阶段,管理者最好与员工就考核结果达成共识。

2)客观分析员工绩效差距

绩效管理的目的是通过提高每一位员工的绩效水平来促进企业整体绩效水平的提高,因此管理者都负有协助员工提高其绩效水平的职责。所以管理者要记录员工的关键行为,包括高绩效行为与低绩效行为,并通过表扬与激励,维持与强化员工的高绩效行为,还要通过对低绩效行为的归纳与总结,准确界定员工绩效差距,在绩效反馈时反馈给员工,以帮助其改进与提高。

同时在该阶段,管理者应与员工一道制订改进计划,要求员工制订推进计划的行动方案,以作为下一绩效周期绩效辅导的基础内容。

3)商讨工作任务与目标

管理者应对员工就公司、部门上期业绩、当前情况作一简要告知,并就本部门下一绩效周期的任务和目标作一简短陈述。以此为基础,对员工的绩效目标和任务作一安排,为下一绩效周期开始后的绩效计划承诺书的签订打下基础。

4)提供资源和精神支持

管理者应在明确绩效目标和任务的同时确定相应的资源支持,并在精神上给予员工支持,这对管理者与员工来说是一个双赢的过程。

5)结束谈话

管理者和员工的有效沟通,能够让双方围绕员工在评估周期内的绩效表现进行有益的沟通和交流,以增进双方的理解与信任。此阶段管理者应以鼓励与鼓舞为主,以积极向上的话语、期待的眼神、有力量的肢体语言来表达管理者对员工的期待与信心,最后结束绩效反馈面谈。

一次高效的绩效反馈是一次管理者与员工双方都获得成长的过程。绩效反馈面谈结束之后，管理者应就面谈的效果进行评估与复盘，为以后的绩效反馈面谈提供借鉴与参考。绩效反馈面谈后应主要思考以下问题：

(1)此次面谈对员工有哪些帮助？

(2)此次面谈存在哪些遗漏或不足？

(3)下次反馈面谈时应该如何改进面谈的方式、内容等？

(4)对此次面谈有何总体评价？

下面我们来看企业实践。

谷歌的绩效面谈

绩效校准会议结束之后，在公司层面，意味着公司审核批准了每个员工的考核结果，接下来的事情是经理要把考核结果跟员工进行面谈。谷歌把绩效面谈中分为两次，第一次是绩效结果面谈，侧重员工的职业发展；第二次是加薪和晋级面谈。因为在谷歌公司看来，一个过于关注薪资和晋升的员工，未必是个好员工，所以他们把这两个分开来谈。两次面谈时间间隔为一个月左右。

在国内，很多公司把考核结果和加薪、晋级结合在一起面谈。为了保证绩效面谈的有效性，谷歌公司通常会对经理进行培训，告诉经理应该怎么谈，谈论的主题是什么，怎样才能更和谐地沟通，以及改进绩效计划，实现计划目标。

(资源来源：HR案例网，www.hrsee.com)

4.绩效反馈面谈的技术

绩效反馈面谈是一门沟通的技术，也是一门沟通的艺术。需要管理者不断学习、反思和提升。在绩效评估中，管理者的角色是裁判(judge)；在绩效反馈指导阶段，则转换为咨询者或建议者(counselor)的角色。

在实际工作中，员工认为管理者掌握了绩效评估的主导权，而自己只能被迫处于被动的角色，也因此容易产生防卫的心理。不利于双方绩效反馈面谈。为此，哈佛商学院教授麦克·毕尔(Michael Beer)认为，建立"向上评估"(upward appraisal)的管道是非常重要的，不仅只是员工接受评估，主管也同样要接受员工的评估。评估不一定要有正式的表格，主管也可以主动提问，请员工给出一些建议。例如：你认为主管可以为你更好完成目标做些什么？你认为主管可以改善哪些管理方式？等等。

除了平衡彼此的权力关系之外，更重要的是，管理者需从员工的角度了解自己与员工之间的互动情形。管理者与员工在平时可能积累了一些"误会"或"不快"没有化解，或是在工作沟通上已存在问题而没有说出来。任何小小的不愉快、不信任，都会影响双方未来的工作。除了平时沟通之外，管理者更应该利用正式的绩效反馈面谈环节，重新修补或是强化彼此之间的信任关系。

在实际工作，管理者可以采用以下技术来实施绩效反馈。

1)汉堡包原理

汉堡包原理主要是针对失效的、错误行为进行的绩效反馈。汉堡包原理的内容是,第一块面包指出某人的优点,中间的牛肉是指还存在哪些需要改进的项目或方法,最下面一块面包是鼓励和期望。两块赞赏的"面包",夹住批评的"馅",员工吃下去就不会感到太生硬。

该原理起作用的原因在于,一是它让员工保留了"面子",二是让员工去掉了防卫心理,三是让员工去除了后顾之忧。如图 3 - 14 所示。

图 3 - 14　汉堡包原理

上层,首先对被评估者表现积极的地方进行表扬,给予真心鼓励;

中层,对其需要改进的工作进行批评指正;

下层,以肯定和支持结束反馈。

例如,销售部的王经理对销售员小李就其上个月的绩效表现进行了反馈面谈。

王经理:"小李,你上个月在客户市场调查和客户拜访方面做得都不错,调查做得很及时,也没发现错误,客户反馈很好,工作积极主动,希望你能够继续保持这种状态,争取下个月签下合同。"

王经理:"好成绩要继续发扬,但我在你的工作中也发现了一些需要改进的地方,比如调查表的设计需要进一步加强。另外,在手头潜在客户比较多的情况下,要学会抓重点,做好计划,有条不紊地开展工作。一定要重视起来。我想听听你对这个问题的看法。"

小李:"哦,王经理,我是这么想的……"

王经理:"好的,不错不错,我同意你对这个问题的想法,另外,我建议你也可以请教一下那些老员工。嗯,那我们把你的改进想法列入你的改进计划,好吗? 加油! 小李,让我们一起努力!"

汉堡包原理的作用在于提醒管理者,绩效反馈的作用在于帮助员工改善绩效,而不是抓住员工的错误不放。因此,表扬优点,指出不足,然后肯定和鼓励,才是最佳的面谈方式。

2)BEST 反馈法

BEST 反馈法主要用于领导者基于员工行为,积极听取员工建议与心声,着眼未来的面谈反馈。

该方法又称"刹车原理",主要包括四个步骤:B——描述行为;E——表达后果;S——征求意见;T——着眼未来。

步骤一:B(behavior description),描述行为或过程。具体描述对方存在不足的行为,而不是人本身。注意是客观描述而不是评论。

步骤二:E(express consequence),表达后果或影响。客观、准确地告知对方的行为带来的后果,避免指责对方——指责会引起抵触或反抗。

步骤三:S(solicit input),征求意见或建议。从对方的角度,以积极倾听的态度听取对方的看法。

步骤四:T(talk about positive outcomes),支持鼓励与期待。即展望未来的积极的一面,达到鼓舞士气的效果,从而引导到积极的行动上来。

3)如何有效地赞美与批评

在工作中,管理者在对员工进行绩效反馈时,有时最难的不是批评员工,而是如何适当地赞美员工。无论是赞美或批评,最重要的是依据具体事实。好的部分给予肯定,并鼓励员工追求更好的表现;不好的部分,则必须找出背后真正的原因,才能对症下药,达到帮助员工持续学习与改进绩效的目的。

第一,赞美要具体、真诚,最好能描述具体的事实。例如,员工的某一项成就为公司带来了什么样的正面影响;或相较于过去,员工已经有了什么样的改变与进步。这样才能让员工明白自己到底好在哪里或具备哪些优势。

第二,提供进一步改进表现的建议。再优秀的员工也不是百分之百完美的,都有进步的空间以及成长的潜力。主管可以建议员工该如何做才能做得更好,或为其提供更大的发挥空间,赋予其新的挑战与机会,否则员工会以为自己已经表现得很好了,从此自满,不再追求进步。

第三,表扬与赞美不要储存。表扬、赞美与批评一样,不要像把钱存银行一样,等着年底来算总账,而应是随时随地的,要体现及时性,这样才具激励意义。

4)区分被反馈人情况

公司员工的业绩表现、能力高低、学识与经验、性格特征、工作动机等各异,管理者在应用以上各类绩效反馈技术方法时,应注意根据员工的个体情况予以权变调整。一般来说,可以将从业绩和意愿性两个维度把员工分为四类。下面分别是四种情况的详细说明。

A. 业绩好,态度好:重点使用,提拔使用。

B. 业绩好,态度不好:控制使用或舍弃不用。

C. 业绩不好,态度好:培养使用。

D. 业绩差,态度差:坚决不用。

对于 A 类员工,绩效反馈面谈双方最轻松自在。管理者可以压任务、多授权,双方更易形成愉快的工作共同体。

对于 B 类员工,绩效反馈面谈气氛较为紧张,员工可能"恃强为傲",也可能满腹抱怨,管理者要找到其态度不好的原因所在,方能对症下药。若是人品或价值观方面存在问题,则更要慎重,严肃处理。

对于 C 类员工,绩效反馈面谈气氛较为沉闷,管理者应有一定的耐心,找出员工业绩不好的原因,分析是能力、环境还是其他因素。总之,对于这类员工,管理者要给予一定的机会,多鼓励与提供支持等。

对于 D 类员工,管理者则应下定决心严肃处理。

请小组思考并讨论:"皮革马利翁效应"及其在绩效反馈中的应用。

(二)问题二:如何实施绩效改进?

本模块我们主要讲述员工层面的绩效改进。组织与部门层面的绩效改进,我们将在项目四中学习。

1.绩效改进的原则

国际绩效改进协会(International Society for Performance Improvement,ISPI)梳理出进行绩效改进时应遵循的顺序:优化环境因素在先,重塑工作流程居次,发展个人能力置后。绩效改进核心法则为:先技控,再人控。

同样,根据吉尔伯特行为工程模型原理,对绩效改进最有效的方式往往来自企业和部门层面所做的努力,绩效改进的原则是先改进环境因素,再改进个体因素。

另外,一些普遍的反馈原则包括管理者与员工平等性原则。管理者切忌居高临下,以指责的态度要求员工制订绩效改进计划;发挥员工自我驱动的自主性原则;着眼于员工未来提升与发展的发展性原则。

2.绩效改进的流程

我们可以借鉴质量管理的改进工具 PDCA 来实施绩效改进。PDCA 是全面质量管理的思想基础和方法依据。PDCA 循环的含义是将质量管理分为四个阶段,即 Plan(计划)、Do(执行)、Check(检查)和 Act(处理)。在质量管理活动中,要求把各项工作按照做出计划、计划实施、检查实施效果,然后将成功的纳入标准,不成功的留待下一循环去解决——这一过程去做。这一工作方法是质量管理的基本方法,也是企业管理各项工作的一般规律。PDCA 即经过明确问题、掌握现状、分析问题产生的原因、拟定对策并实施、确认效果、防止问题再发生并标准化、总结等几个阶段来实施,改进质量。

1)分析绩效结果

管理者与员工一起分析员工的绩效考核结果。结果包括两方面,一方面是找出员工绩效中存在的问题,另一方面是找出员工表现优异的最佳实践。二者的主要内容都是围绕工作业绩、工作能力和工作态度三方面展开。采取的方法有以下几种。

(1)目标比较法,即将考评期内员工的实际工作表现与绩效计划的目标进行对比。

(2)横向比较法,即将考评期内员工的实际工作表现与同类员工做对比。

(3)纵向比较法,即将员工本次考评期内的实际工作表现与本人上一期的工作表现进行对比。

2)查明产生差距的原因

通过吉尔伯特行为工程模型的学习,我们知道了员工绩效问题的多个方面以及其影响程度排序,有利于我们找到问题的主要方面。也可以应用质量改进工具"鱼骨图"或"问题树"等分析绩效表现,如图 3-15 所示。

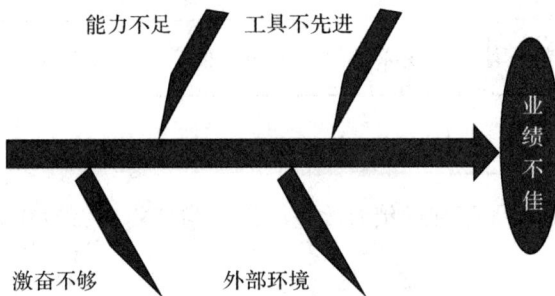

图 3-15 鱼骨图分析绩效表现

其他质量改进工具如帕累托图(Pareto chart)也是常见的分析工具。它是将出现的质量问题和质量改进项目按照重要程度依次排列而采用的一种图表,是以意大利经济学家帕累托(V. Pareto)的名字来命名的。帕累托法则往往称为"二八原理",即百分之八十的问题是百分之二十的原因所造成的。帕累托图用在绩效改进方面,则是找出影响员工绩效表现的因素,以及根据帕累托法则分析哪些是重要的少数因素,从而可以更好、效率更高地处理这些影响因素。

3)制订相应计划

针对存在的问题,企业应制定合理的绩效改进方案和行动计划,并确保其能够有效实施,如资源支持、个性化的培训等。

4)对绩效改进结果进行评估

可采用柯氏四阶段评估法对绩效改进结果进行评估。另外,在下一阶段的绩效辅导过程中,落实已经制定的绩效改进方案,尽可能为员工的绩效改进提供知识、技能等方面的帮助。

3.绩效改进计划的制订与执行

绩效改进计划是管理者与员工双方根据员工绩效表现不佳之处或有待发展提高的方面所制订的在一定时期内完成有关工作绩效、工作能力和行为改进与提高的系统计划。

绩效改进计划是指导绩效改进实施的标尺,必须要有可操作性,应符合 SMART(specific, measurable, attainable, relevant, time-based)原则,做到具体、可衡量、可达到、相关联和有时限。为了实现改进计划,还必须针对计划事项制定具体的行动方案与配置相关资源等。

精心制订的绩效改进计划和行动方案需要在员工的日常工作中得到有效执行。为此,管理者承担着至关重要的角色——他们不仅要作为计划的制订者,更要成为执行过程中的监督者和辅导者。在员工开始实施绩效改进计划时,管理者应确保各项行动方案得到遵循,并在实际工作中发挥作用。

为有效实施绩效改进计划,组织还应建立适用的绩效面谈与改进记录表和绩效改进计划表。一份完整的绩效改进计划表至少应包括以下重要内容:①改进目的;②改进项目;③改进方式;④改进计划;⑤目标期限;⑥资源支持。

表3-18是团队和个体的绩效改进计划表示例。

表3-18 绩效改进计划表

被考核者		部门		职位		时间		年　月　日
考评者		部门		职位		数据提供部门		

一、优异绩效表现及分析:

二、不良绩效描述(包括业绩、行为表现、工作能力、工作态度,分别用数量、质量、时间、费用及顾客满意度等标准进行描述)

不良绩效原因分析(从工作能力、工作态度及外部资源与环境等方面进行分析):

绩效改进计划:

绩效改进计划开始日期:　　　　　　　　　　　　　　　绩效改进计划结束日期:

直接上级:　　　　　　　　　被考核人:　　　　　　　　　日期:

改进计划实施记录:

直接上级:　　　　　　　　　被考核人:　　　　　　　　　日期:

周期结束评价
□优秀:出色完成绩效改进计划
□达标:完成绩效改进计划
□尚待改进:与绩效改进计划目标有差距
具体评价说明:

直接上级:　　　　　　　　　被考核人:　　　　　　　　　日期:

绩效周期结束签字
被考核人:　　　　　考评人:　　　　　直接上级:　　　　　HR专员:

表3-19是笔者在企业实际工作中的相关绩效改进计划。

表3-19　市场营销中心月度绩效检讨问题及改进计划

序号	存在问题	解决方法	预期效果	配合部门	实施时间及状态											
					1月	2月	3月	4月	5月	6月	7月	8月	9月	10月	11月	12月
1	欠缺对专业工具、器具的了解,对较专业的客户提出的问题无法回答	安排到各品牌厂家参观学习,或者由厂家到我司培训	了解器具制作、构造分解、优缺点,从而丰富专业知识,更有效地说服客户	市场部												
2	新员工对安装、维修的工序不了解	定期安排新入职的员工参与安装、维修,参加外出学习	加深新员工对安装维修工序的了解,从而提升新员工的业务水平	客户服务部												
3	部分员工服务意识薄弱	安排服务用语、主动打招呼、主动向客户提出询问等学习培训内容	加强员工的主动服务意识	市场部												
4	服务不到位,导致客户投诉	定期进行专业知识考核	加强专业知识学习,让每位客户都感觉到我们提供的是专业的服务	市场部												
5	日常遇到较难缠的客户	专业谈判技巧培训、行动学习	增加营业员谈判技巧	人力资源												
6	新、老员工水平参差不齐,影响整体服务水平	新、老员工共同列出日常工作中遇到的难题,让新员工自行找出解决方法,然后以总结解决方法的形式进行培训	提升新员工的业务水平,从而平衡整体服务水平	市场部												

续表

序号	存在问题	解决方法	预期效果	配合部门	实施时间及状态											
					1月	2月	3月	4月	5月	6月	7月	8月	9月	10月	11月	12月
7	不了解客户的购买心理,不能在与客户沟通中很快了对方购买需求,欠缺销售技巧	销售技巧培训,或者将成功的销售经验以内联的形式向各位推荐	提高员工销售技巧	市场部												
8	新入职员工较多,对优质服务流程和标准不了解	进行初级培训	加深各员工对优质服务和流程方法的认识和了解	SQS培训												
9	消防意识薄弱	安全知识培训——消防演习	加强消防意识	风险管理												
10	危机感薄弱	危机处理演习(当客户中心发生抢劫事件)	加强保护意识	风险管理												
11	店长欠缺一定的管理能力	安排店长参加领导力与人事管理和顾客服务与管理的培训	提升店长的管理能力	人力资源												
12		检讨有关激励制度的有效性。访问部门和员工、客户,制定相应的制度	加强各部门间的沟通	各部门												
13	欠缺团体精神	定期组织各小组成员进行服务经验分享,定期组织各部门一起学习	加强团队的凝聚力能更好地提高服务素质	市场部												
14		定期安排维修和安装知识交流,倡导共享共创共成长的企业文化	加强各部门间的沟通	市场部、客户服务部												

> 请小组思考并讨论：质量管理工具 PDCA 在绩效反馈中的应用。

（三）问题三：如何处理绩效申诉？

绩效申诉是指部门或员工对公司所做出的绩效评估结果提出异议并请求重新审查的行为。员工对于绩效考核有意见其实很正常，管理者不必过于紧张。员工申诉的有效处理不仅能使绩效评估工作顺利进行，而且能促使企业不断完善相关制度，提升管理水平，塑造良好的企业形象。因此当绩效考核遭到员工投诉或申诉时，管理者要认真妥善地处理，以免导致成员工对企业绩效考核制度丧失信任。

1. 申诉类型与处理原则

1）申诉类型

员工对于绩效的申诉大致分为三大类。第一类是对于绩效结果的申诉，第二类是对于绩效评估过程的申诉，第三类是对绩效结果应用的申诉。对于第一类，管理者应着重复查结果的公平、公正性，核查员工实际表现依据的完备性等；对于第二类，管理者应检查绩效评估过程是否合理、公正；对于第三类，管理者应检查结果运用是否按有关制度运作，过程是否合理、公平、公正。

一般来说，员工对于结果的不满导致其质疑绩效评估过程的不公，在绩效考核申诉中占比最高。这是因为绩效考核最终的结果与员工的奖金收入、晋升提拔、个人发展等利益息息相关，最受员工重视。因此管理者应按制度规定对整个绩效评估过程予以检查，到底是员工因为不了解评估过程而造成误解，还是公司的绩效评估过程真的存在问题。

2）申诉处理的原则

绩效申诉的处理应遵循以下原则：

（1）严肃认真、理性对待原则。有关部门处理员工申诉应当持慎重态度，客观、认真、理性。

（2）公正、公平、透明原则。处理过程及结果应公开透明，处理方式应公正公平。

（3）及时、有效原则。过程应及时、有效，避免拖延或敷衍。

（4）尊重、保密原则。处理过程中应尊重员工的合法权益，保护员工的隐私。

2. 处理流程

绩效申诉是员工在绩效评估过程中的一种权利，员工应当了解公司的绩效评估标准和流程，并在规定的时间内向 HR 部门提出申诉。HR 部门应当严格按照公司的制度和规定，对员工的申诉进行处理，以便员工能够得到公正、客观的评估结果。

为了公平、公正地解决员工的绩效申诉，企业应该设立相应的绩效申诉处理流程，即申诉受理、申诉调查、申诉处理。企业处理绩效申诉一般要经过员工书面申请、受理与审核、面谈、决定与通知等几个环节，如图 3-16 所示。

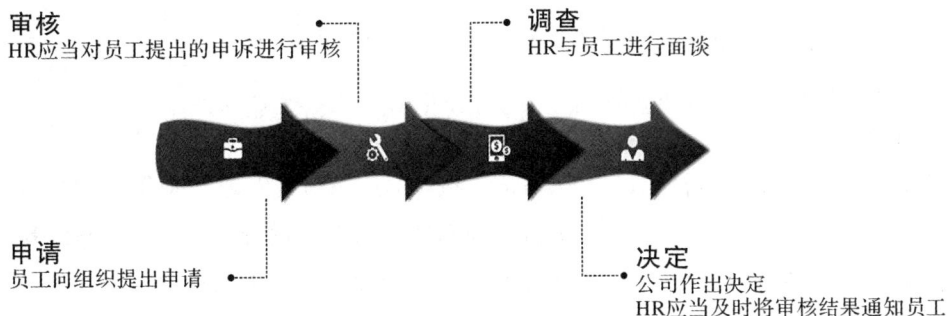

审核
HR应当对员工提出的申诉进行审核

调查
HR与员工进行面谈

申请
员工向组织提出申请

决定
公司作出决定
HR应当及时将审核结果通知员工

图 3 - 16　员工绩效申诉流程

1）提出申请

员工若对自己的绩效考核结果或其他方面有异议，应及时与上级沟通，了解绩效管理制度规定如考核标准和评价方法，首先消除由于其自身的原因造成的误解。其次，员工在与上级沟通无果之后，可以以适当的形式向公司人力资源部门提出绩效申诉。

一般来说，各企业的人力资源部都设有申诉邮箱或其他形式，员工的绩效申诉应该以纸质文件或邮件的形式提交到人力资源部，并填写绩效考核申诉表，写明申诉的详细内容，包括申诉原因等。

2）受理与审核

负责处理申诉的工作人员应当以严肃认真的态度，重视每一个绩效申诉，认真倾听员工的心声，不要对员工表现出质疑，不断地解释和反问。详细记录员工的申诉内容，告知员工绩效申诉的程序与时间，让员工感到公司处理问题的诚意。

（1）认真了解申诉内容，了解员工为什么要申诉，是对绩效制度和方式不满意，还是对绩效结果或绩效结果的应用不满意，并详细询问是否存在其他特殊情况。

（2）分析员工申诉动机。判断员工是认真对待绩效申诉，还是恶意中伤，无中生有。

（3）听取并记录员工可接受的方式。即员工想要得到什么样的结果，想要如何解决等。

（4）做好申诉记录，包括申诉内容、申诉原因、期望解决方式等信息，为接下来的申诉调查与处理提供相关的参考依据。

（5）明确告知反馈时间。向员工说明申诉的处理时间及结果获取期限，安抚员工的不满或激动情绪，并向员工表达处理问题的诚意。

3）申诉调查

公司应由专门的工作人员（一般是 HR 人员）对员工申诉内容进行调查，以此来判断申诉问题产生的原因。分析是公司制度存在问题，还是考核指标与方式不合理；是员工的自身原因，还是由外部力量导致的；是个案，还是共性问题；等等。工作人员需要组织相关人员进行会议讨论，商定申诉解决方案。

在申诉调查阶段，为了保证调查的客观性与真实性，需要注意以下几点：

（1）应持同理心与客观务实态度，对事不对人；

（2）调查的关键是找出问题产生的原因，如制度、流程、沟通、方法等；

（3）调查过程中应注意保密。

4）决定与通报

公司的申诉调查结果出台后，工作人员应以坦诚的心态与员工进行沟通。如果经过调查，员工的绩效结果并没有问题，就需要就调查过程和结论向员工进行正式的沟通和解释。如果相关部门的处理过程或制度、流程上确实存在问题，应及时修订、更正并向员工致歉，同时，公司相关部门要做好善后工作。

3.制度建设

为了更好地处理员工的申诉，公司应建立相应的申诉制度。

以下是某公司员工申诉制度示例。

员工申诉制度及流程

第一条　目的

为了维护公司与员工的合法权益，及时发现和处理隐患问题，保障员工与公司管理层的沟通，提高员工工作的积极性，从而建立和谐的劳动关系，增强企业凝聚力，提高员工满意度，特制定本制度。

第二条　适用范围

本制度适用于公司所有在职员工。

第三条　原则

申诉人应根据事实，按照本制度的规定进行申诉，如经查证表明申诉人有欺骗行为，公司将依据相关规定进行处罚。申诉受理人应在保密的原则下对申诉事件给予严肃认真对待，保证员工的正当利益不受侵害。

第四条　申诉范围应在人事行政部的职能范围内，包括但不仅限于以下情形：

1.对绩效考核及奖惩有异议的，依据《员工绩效评估反馈及奖惩申诉管理办法》；

2.对岗位、职等职级的调整有异议的；

3.对招聘、培训方面有异议的；

4.对薪酬、福利、考勤方面有异议的；

5.对劳动合同的签订、续签、变更、解除、终止等方面有异议的；

6.对用餐、用车等行政后勤方面有异议的；

7.认为受到上级或同事不公平对待的；

8.申诉人有证据证明自己权益受到侵犯的其他事项。

第五条　申诉渠道及方式

1.公司成立申诉处理委员会，由申诉人直属主管、所在的部门经理及人事行政部相关成员

（包括员工关系助理、员工关系及薪酬福利专员、招聘培训专员、绩效专员及人事行政部经理及分管副总）组成。

以上申诉受理人均可在权限范围内对申诉事项进行解答，如果申诉人接受该答复即可终结申诉。如果申诉受理人无法对申诉作出解答，可按照本制度第六条的申诉处理程序进行处理。如果申诉提交到了人事行政部，人事行政部各模块专员将负责调查、取证、提出初步处理意见、参与研究、反馈答复意见等工作。

2.申诉时效为10日（法定节假日顺延），即申诉人应在申诉事件发生10日内申诉，因不可抗力而致逾期者，应向申诉处理委员会申明理由，申请延长申诉期限，但延长期限不得超过10日。

3.申诉人申诉时需填写人事行政部提供的员工申诉书（附件一），描述相关事项。

4.申诉受理人应记录好员工申诉书，记录完成后应要求申诉人签字确认。

5.申诉人在等待申诉事件处理期间应严格遵守公司相关规章制度，保证正常上班。

第六条　申诉处理的程序

1.申诉人应在申诉事项发生之日起10日内到人事行政部领取员工申诉书，并尽快填写完毕交给申诉受理人，即自己的直属主管。申诉人不可代理申诉，且不得越流程作业。

2.申诉受理人应在接收员工申诉书后详细分析申诉事项是否符合本制度申诉范围的要求，如不符合要求，应当场告知申诉人终止申诉并在员工申诉书上注明。如果申诉事项符合要求，申诉受理人应立即告知申诉人自己能否对申诉事项作出解答，如果不能作出解答则应明确告知申诉人，并应在员工申诉书上写明由申诉处理程序的后一级进行解答。

3.在申诉人的直线经理和部门经理两个层面上，二者均可直接对申诉事项进行调查、处理，申诉人对处理结果满意的即可终结申诉；如果申诉人对二者的处理结果均不满意可继续向人事行政部提出申诉，人事行政部各模块专员负责对申诉事项的调查、取证、反馈等工作。

4.涉及多个模块的，各模块专员应齐心协力共同配合完成。若申诉人对处理结果不满意，可继续向人事行政部经理提交申诉，任一申诉处理人员均应在10日内对申诉事项做好调查、取证等工作并得出最终结论。如果申诉人对人事行政部经理给出的结论仍不满意，可以在得到申诉结论之日起10日内提出再申诉，10日内不提出再申诉即表示申诉人接受该结论。再申诉时，人事行政部分管副总将负责主导工作，申诉处理委员会所有成员应积极讨论，以最终结果为申诉事件的最终结论，申诉人应无条件遵守，不得再申诉。

5.涉及跨部门的申诉，由相关部门申诉受理人积极讨论，待达成共识后解决。

第七条　申诉答复

申诉处理结果应记录为一式叁份的员工申诉书（附件一）。一份交申诉人保存，一份存申诉人人事档案，一份由人事行政部员工关系组汇总并保存。

第八条　保密

在整个申诉处理过程中,相关人员应保守秘密,如有泄密者,将依据相关规定进行处罚;如有对申诉人打击报复者,将根据相关规定从重处罚。

第九条　跟踪与监督

申诉结论得出后,由人事行政部员工关系组负责对结论的执行情况进行跟踪和监督。

第十条　制度实施

1.本制度自　年　月　日实施;

2.本制度最终解释权及修改权归崇正电子人事行政部。

附件一　员工申诉书

注:

1.表中任一申诉受理人都有对申诉事项进行调查并得出结论的权利。

2.申诉处理委员会不直接接收申诉,但根据申诉处理程序申诉到达申诉处理委员会时,它作出的结论为最终结论,申诉人应无条件遵守。

3.本申诉书一式三份,申诉人持一份,公司持两份。

附件二　员工申诉处理流程表

(资源来源:HRD学堂 https://zhuanlan.zhihu.com/p/662327288)

课堂微PBL:自主阅读本模块问题导学之【理论与实践前沿】中的案例,写下你的思考与启发,至少提出一个问题。如员工的个人特点如性格会影响五步反馈法的效果吗? 等,然后与你的小组成员分享并提出问题的解决方案。

三、业务决策者的责任

作为业务决策者(主要指负责业务职能部门的直线经理),他们是绩效管理项目重要的干系人,在本模块工作上应负的责任是:

(1)按制度规定与员工进行相关绩效反馈与面谈工作;

(2)主动分析本部门与员工的绩效问题,提出改进计划与措施;

(3)主动提供有关员工绩效反馈面谈情况以及发现的问题,与HR部门一道解决这些问题;

(4)积极参与HR部门举办的有关培训、会议。

【学习小结】

关键能力	通过角色扮演或案例分析培养学生的表达与沟通力□ 提升学生的问题分析与判断力□ 通过小组活动培养学生的领导力、协作力□			
核心素养	通过绩效改进、分析与诊断的学习，培养学生不断进取、改进工作的精神□ 通过国内企业相关案例的学习，培养学生精益求精的工匠精神、创新突破的意识□			
必备知识	了解绩效反馈的原则、流程、方式与内容□ 了解绩效改进、诊断的原则、流程、方式与内容□ 掌握绩效反馈、改进、诊断的方法与计划的执行□ 掌握绩效申诉的处理流程□			

模块四 绩效反馈

基本知识：
- 实际工作过程与理论学习场景
- 组织战略反馈与绩效反馈
- 绩效反馈的目的与原则
- 绩效反馈的方式与内容
- 绩效分析、诊断与改进

问题导学：
- 问题一：如何实施绩效反馈？
- 问题二：如何实施绩效改进？
- 问题三：如何处理绩效申诉？

自我回顾所学，然后：
在教材中找到支持"关键能力/技能、核心素养和必备知识"的相关内容；
对于相关学习目标的掌握程度进行自我评价；
评价完后请在左边的小方框"□"中打上"√"

【看企业实际运作】

【绩效反馈案例】

年底了，怎么跟绩效不佳的员工谈话？

在大多数组织的绩效评估中，至少有90％的员工绩效被认为高于平均水平。这在统计学上是不可能的，但在情感上是不可避免的。老板不喜欢给出坏消息，团队成员也不喜欢得到坏消息。因此，人们幻想大多数人的绩效都高于平均水平。

但是，在某些时候，领导者必须处理现实的问题，即并非每个人的绩效都达到预期。

一些公司的极端反应是每年解雇表现最差的10％的员工。不过采取这种方法的公司会发现，它是助长分裂和办公室搞政治的"好方法"。这也是失去人才的"好方法"：即使是表现最好的人，也会在某一段时间因为很多原因（包括运气不好）表现很差。

01

先理解，再判断

如果你认为一个团队成员的表现没有达到预期，你应该先寻求理解，再做出判断。一旦做出判断,你就会找出大量的证据来支持你最初的偏见。

确认性偏差让我们盲目:我们不可能看到与我们的判断相矛盾的证据,或我们会找到理由驳回这些证据。一开始有帮助的是理解力,而非判断力。

你可以通过在以下四个方面提出问题促进理解。

1. 照照镜子

人们很容易把信心误认为能力,把缺乏信心看作缺乏能力。更危险的是,人们很容易不喜欢在工作中遇到不同或不寻常风格的人。如果你通过一个充满不喜欢的有色滤镜看待某人的表现,那么就很容易对这个人和他的表现做出负面评价。

问问自己,你是否喜欢你正在评估的团队成员。如果你喜欢他们,你会给出正面的评价;如果你不喜欢他们,那就是一个警告信号。抛开你的个人偏见,倾听第三方对他们的看法,并尝试客观地了解他们的表现。

2. 了解情况

我们都时时面对挫折,但很少有领导能声称自己从未经历过挫折。当我们遇到挫折时,我们会找到很多原因。

- 我被赋予了完全不合理的目标。
- 我没有得到管理层的支持。
- 供应商、其他部门和同事让我失望。
- 我没有足够的预算和资源。
- 我在错误的职位上。
- 我的家庭情况非常困难/我患有严重疾病。

总的来说,我们经常会找到很多理由来解释未达成期望不是我们的错。当我们找借口时,它们是完全有效的理由;当一个团队成员提出同样的借口时,我们会对他不承担责任感到愤怒。这将是一场在模棱两可的灰色地带进行的对话。

抛开你的个人偏见,在适当的时候,从团队成员的角度看世界。他可能有一个合理的情况,在这种情况下,你需要专注于改变情况,而不是改变这个人。

3. 了解过程而非结果

每个人都有一些灰暗时刻:世界几近崩溃,一切都是错的。在这些时刻,无论作为团队成员还是团队领导,你都可能得出完全错误的结论:你可能认为团队成员不能胜任这项工作。

如果你所做的只是看灾难性的结果,你就很难对绩效得出一个积极的结论。这是退后一步观看整个过程,而不只是看结果的时刻。如果你或你的团队成员能在遇到困难时退后一步,你们就会发现这是一个有用的应对措施。

当你回顾整个项目时,看看你或你的团队成员在过去一年、两年或三年中的进步。如果你发现项目没有进展,或者不断被卡住,那么这显然是一个警告信号。但更多时候,你会发现项目已经取得进展。与观看灾难性的结果相比,回顾整个过程将为你提供一个更积极和富有成效的视角。

员工明显的"职业死亡"历程有一些经典的模式。

• 一再未能遵守最后期限或达成最终目标,随后恳求改变最后期限或目标,并否认这些最后期限或目标首先是公平的、可实现的或明确的。

• 不承担责任:责怪他人。

• 当事情出错时沟通不畅,进行"他说/我说/她说/我说/他们说"的讨论。

• 变得隐形:在最后阶段,病假和其他缺勤时间增加。

• 同事们的投诉越来越直接。

如果这是你正在经历的事情,那么现在是时候让该团队成员在组织内或组织外寻找一个不同的岗位了。这是一场你必须面对的艰难对话,因为最终,组织的生存优先于个人的生存。

4. 评估反应

最优秀的专业人士会把挫折看作学习和重新定位的绝佳机会。他们不会逃避挫折,他们会向前一步并从中学习。向前一步意味着他们将承担责任、清晰地沟通、保持可见性并解决问题。这样做的团队成员更有可能成功而不是失败。

相比之下,那些逃避责任、分散责任、满是借口且未能及时采取行动的人,正是仍在挣扎且将来也可能挣扎的人。一个人对待挫折的反应,将决定你是要与他开展一场更进一步的积极对话,还是开展一场请他离开的艰难谈话。

02

艰难的谈话

没有人喜欢艰难的谈话。艰难意味着人们经常回避这类谈话,而问题也会因此持续发酵。如果幸运的话,问题会自行解决;更多的时候,问题会愈演愈烈,谈话变得更加艰难。领导者不能一直高枕无忧,他必须及时、适当地处理好艰难的问题。

下面提供了十条建议,帮助你将艰难的谈话变得富有成效。

1. 明确目标

通过谈话明确你想要实现的目标。你应该预判谈话的结果:谈话结束后会有什么改善或改进? 发泄你的愤怒、斥责别人或义愤填膺可能会让你感觉更好,但这些无助于改善你们的关系,也不会提升业绩。

2. 做好准备

努力了解情况:从同事那里寻找正确的数据或观点。由于误会,很多艰难的谈话会变得更加艰难。因此从一开始就要消除误会,然后确保你选对时间和地点开展谈话。

所谓正确的时间,是指在当事人记忆仍然清晰的时候开展谈话,当然也不能选择大家的情绪还没有完全平静下来的时候。找到合适的地点,在私密的场合进行,也就是只有你们两个人的地方。

3. 阐明议题和目标

谈话最艰难的部分就是开始。说明议题，切中要害，保证谈话有一个建设性的结果。你可以这样开始："我们的重要客户在上次会议上的反响很糟糕。我们谈谈该怎么应对，以便在将来得到满意的反馈。"

避免这样的开始："你让客户很失望，谈谈这是怎么回事吧。"这种说法不会产生积极的结果，只会导致冲突。

4. 争取理解

避免误会，从问题开始。开放式问题会鼓励对方做出充分的回答。例如"谈谈事情的经过，还有你是怎么看的"，你可能还需要确定问题是否真的存在，因此要说"你想在这个会议上达成什么目标"。你还可以用封闭式问题进一步推动对方，比如："这真的是你想要的结果吗？"

5. 不要离题

当对方开始否认（"没有什么问题呀"）、回避（谈论其他问题或计划）或争论（"我说/她说/但是他没有/我的意思是/他们不愿意/那你为什么不"一类的辩解）时，艰难的谈话会变得更加艰难。关键在于让谈话围绕未来的目标：你要紧紧围绕目标，不要离题。

6. 保持尊重

永远不要贬低任何人，尤其在形势紧张的情况下。不要带有个人情绪，如果有人变得情绪激动，甚至流下眼泪，那就休息一下，让对方平静下来，这样讨论才会更加理智，更有成效，也可以避免别人说你乘人之危。

7. 注意言行

注意你的语言、语气和肢体语言。避免过度自卫、带有侵略性或情绪化的状态；一旦你表现出这样的倾向，谈话就无法完成。谈话之前静静地想一想，以便你能为谈话做好准备，沉着冷静地开展谈话，表现出专业水准。

8. 共同解决问题

如果你已经想到自认为完美的解决方案，不要说出来，而是询问对方会怎么办。他们有可能想到更好的解决办法，如果办法是他们自己的，他们会更投入，努力将其变为现实。如果你把想法强加给他们，他们可能会努力证明你的想法多么愚蠢且无效。

9. 确保达成一致意见

一个常见的错误是交谈结束后，双方看起来都很开心，但是没有达成一致意见。结果你发现你们离开时仍然各持己见，谈话的效果瞬间土崩瓦解。谈话结束时，询问对方接下来会怎么办。如果他说的和你期待的一样，你们就达成了一致意见，否则，你就应该知道你还要做更多工作。

10. 一定要开展谈话

这是最关键的一点。不要回避任何艰难的谈话，不要将问题推给上司或同事。这种谈话永远都不会完美，但是你经历得越多，你就越擅长，越能让谈话变得富有成效。

并非所有艰难的谈话都是公开的。如果你要宣布关于薪酬、奖金、晋升、任务或工作前景的坏消息,那么就没有必要进行虚伪的公开讨论。你需要做好准备、保持尊重、注意言行。

但是你要快刀斩乱麻,直截了当地宣布坏消息。避免过多地解释或讨论,否则只会让问题变得更加复杂,也给了别人和你讨价还价或跟你装可怜的机会。只有等大家明白并接受了你的决定后,你才能做出解释或继续下一步。

如果想成为领导者,你就必须应对艰难的事务。可喜的是,你经历得越多,处理它们就越容易,越得心应手。

(资源来源:Jo Owen.框架领导力[M].北京:人民邮电出版社出版,2024.)

> 理论
> 链接
> 实践
> 指引

案例:绩效考核实施之——如何做好部门间绩效的平衡?

扫描二维码,阅读文章中案例,分析问题,评价文中给出的解决方案,并给出你自己的观点。

【项目的工作场景】的回顾

【项目的工作场景】

书接上一回,话说国内某中大型民营高科技企业"小豆"公司的HR总监雷小军同学和他的团队解决了关于制度制定、工具选用、与其它部门协同以及数字化平台的引入等问题后,但他又遇到新的挑战:公司绩效管理制度的具体实施。

问题:
1. 如何建立与实施链接公司战略制定的各层次、各级别的绩效计划呢?
2. 如何建立与实施链接公司战略实施的各层次、各级别的绩效监控、纠偏、辅导与调整机制呢?
3. 如何建立与实施链接公司战略评估的各层次、各级别的绩效评估机制呢?
4. 如何建立与实施链接公司战略反馈的各层次、各级别的绩效反馈与结果运用机制呢?

同学们,让我们一起回顾本项目开篇导入的工作场景中提出的四个问题。本项目所学习的内容包括但不限于以上四个问题,希望同学们在老师的指导下进行思考与讨论,尝试回答这些问题,并调研企业实践,在调查中观察是否存在这些问题以及企业是如何解决这些问题的。

模块五　实训、探究与成效检验①

【实训操作与成效检验】

一、关键能力提升

(一)读书报告

阅读以下短文,思考并回答以下问题:

(1)如何理解文中的"原则性领导"?

(2)"原则性领导"对于当今新时代、新生代、新技术背景下的公司绩效管理有何启示?

(3)可以以小组形式讨论,写出简短的《读书报告》并在班上宣读,接受其他小组的评价。

原则性领导

郭士纳认为,人可以分成四类:"积极采取行动促使事件发生的人;被动接受所发生的事件的人;对事件持旁观者心态的人;什么事也不关心的人。"对员工,郭士纳秉持的方法是原则性领导。为什么要原则?因为所有高绩效的公司都是通过原则而不是通过程序来进行领导和管理的。

郭士纳通过三个步骤来实现他的原则性领导:

第一,确立了八个新的原则;

第二,确立十四项行为转变的要求;

第三,确立了员工晋升的新途径。

(资源来源:百度百科)

(二)小组讨论

阅读以下文章,进行小组讨论。讨论的重点问题是:

(1)你同意文章中的观点吗?

(2)除了文章中提到的观点,你还想到了什么?

作为管理者,在刚开始布置任务时,要向员工说明自己期望他做什么,做出什么样的结果。

1.结果

管理者应该让员工知道自己到底期望从他们那里得到什么。有时候,人们对相同的话有

---

① 本模块的设计思路是:结合应用型本科的特点,以社会、企业所需的素质要求以及大学本科国家质量标准(人力资源专业),回溯设计训练内容,这些训练内容具有理论性与实战性兼顾的特点,目的是让同学们在学校里培养这些素质,以达到大学本科毕业生的素质和社会的要求,同时也为同学就业做准备。

不同的理解,所以在和员工讨论期望的结果时,不要只使用抽象的字眼,还要用看得见、听得见、摸得着的东西来描述,以便让员工真正理解自己的意思。

2.尺度

管理者要告诉员工完成任务应该遵循的基本准则,给他们一个广泛的、可操作的尺度,即指导方针,并提醒他们要按照价值观行事。当然,管理者不需要详细讲解完成任务的每条措施和细节,否则,员工会觉得自己没有真正被委以责任。

3.影响

管理者要向员工说明他们的个人行为将会对完成任务做出什么样的贡献,完成或者没有完成任务的影响和后果是什么。员工在了解了这些后,会为完成任务而付出努力。

4.资源

经理人要了解员工有多少可用资源,包括物质资源、财务资源、人力资源和时间资源。在许多组织中,最宝贵的资源是时间,因此你对员工的最大帮助是多给他们一点时间完成任务。如果你不能肯定员工完成工作所需的资源,就是在使他们走向失败。

5.负责

确定员工会对任务负责。管理者要让员工知道,他们将在什么时间、什么地点以及以怎样的方式来向你汇报工作进展。管理者要注意的是,员工应该对结果负责,而不是对方法负责,他们具体用什么方法完成任务由他们自己决定。

6.放手

在明确了以上五件事情之后,管理者就要接受一个大考验,放手,让员工独立完成任务。不要经常在背后监视别人,这不光有损信任,还会打击别人的自信心。如果工作任务重大,你可以和员工一起,对任务的不同责任阶段加以回顾。你一定要在开始工作之前,就和员工商定好要举行如此会议的时间。当员工需要你的时候,你才能出面助他一臂之力,而无事时不应干涉他的工作。

(资料来源:中国人力资源开发网)

二、核心素养培养

(一)思考与讨论

阅读以下新闻,思考以下问题:

(1)结合新闻并查询资料,从国产品牌比亚迪在全球电动车市场上的强势崛起,感受"中国速度"与"中国力量",并分析其成功的因素。

(2)了解什么是ESG,其指标考核企业什么表现?是哪一层次的绩效监控?ESG对当今企业的影响是什么?

(3)分析新闻中ESG各指标表现会对比亚迪今后可持续发展有何影响?你认为比亚迪应采取何策略来应对?

2022年汽车行业主角非比亚迪莫属。

2023年3月28日,比亚迪发布了2022年全年业绩,营业收入4240.61亿元,同比增加96.2%,归属于上市公司股东的净利润166.22亿,同比增长445.86%,扣非净利润156.38亿元,同比增1146.42%。销量方面,2022年比亚迪汽车销售1868543辆,全年同比增长152.5%。

比亚迪业绩继续狂飙突进,让世界为之侧目。

此前青蛙大数据曾于2022年10月撰文分析比亚迪业绩之外,在可持续发展方面面临诸多挑战。如今,距上次分析已过半年,比亚迪也发布了2022年的ESG报告。那么,比亚迪2022年的ESG绩效表现如何呢?

青蛙大数据2023年整车制造行业ESG大数据研究显示,比亚迪2022年度整体ESG绩效仍旧大幅落后于同行,但改善效果显著。

青蛙大数据继续沿用2021年度的研究框架,对15家上市车企的ESG数据进行了整理研究。研究内容包括资源消耗、温室气体排放、污染物排放三大维度,共计34项核心指标。结果显示,随着2022年度比亚迪汽车产销量大幅增长,其资源消耗总量、温室气体排放总量、污染物排放总量相应出现较大程度的涨幅,而各项密度指标仍旧高于同行平均水平,但是密度指标的降幅大于行业均值。

比亚迪2022年度温室气体排放等总量指标大幅增长。

青蛙大数据研究显示,比亚迪在资源消耗、温室气体排放、污染物排放三大维度的10项核心总量指标中,有8项指标出现较大幅度的增长,但水中化学需氧量、氨氮两项指标的排放总量出现下降。在全年生产量大幅增长的背景下,资源消耗总量、温室气体及污染物排放总量出现增长也在情理之中。而水中两项污染物总量指标出现下降,表明比亚迪在水污染物治理方面取得了较大进步。

比亚迪2022年度多项排放密度指标改善显著,综合能耗密度改善幅度落后于同行。

青蛙大数据以百万元营收对应的资源消耗量、温室气体排放量、污染物排放量(产生量)对整车制造厂商进行了分析评估。结果显示,虽然整体排放密度水平仍旧远高于同行,但比亚迪在核心密度指标方面的改善力度较大。

以温室气体排放密度为例,比亚迪 2022 年度百万元营收温室气体排放密度为 19011 千克,远高于同期行业平均水平 9617 千克。

但相较于 2021 年度的数据,比亚迪百万元营收碳排放密度由 24147 下降至 19011,下降幅度为 21%,而行业均值下降幅度为 14%。除温室气体排放密度外,比亚迪在水资源消耗密度、化学需氧量、氨氮、VOCs 排放密度、一般工业固废、危险废物产生密度等方面的改善幅度均领先于行业平均水平。唯一不足的是,比亚迪在百万元营收综合能耗密度方面的改善幅度落后于行业平均水平。

综上所述,比亚迪 2022 年度整体 ESG 绩效仍旧落后于同行平均水平,尤其在综合能耗方面与同行差距较大。虽然相较于 2021 年,比亚迪多项指标的改善幅度较为显著,甚至领先于同行,但整体水平仍旧落后于同行,改善空间巨大。当然,能在各项业务高速增长的背景下,实现密度指标的大幅改善,也证明比亚迪在努力提升自身的可持续发展水平。假以时日,比亚迪的整体 ESG 绩效达到行业领先水平也是完全有可能的。

注:文中数据摘自各上市企业年报、社会责任报告,由青蛙大数据统计整理得出。

(资料来源:https://zhuanlan.zhihu.com/p/650543847)

(二)观点辩论

就以下观点先思考,必要时查阅资料,然后与同桌或同学进行对话、讨论,甚至辩论。

观点一:在实施 OKR 的公司里不需要绩效监控。

观点二:目前中国企业的绩效管理成熟度比较低。

三、必备知识巩固

(一)单选题(选出你认为的最佳选项)

1. 中央纪委国家监委网站消息,根据党中央关于巡视工作统一部署,截至 2023 年 10 月 20 日,二十届中央第二轮巡视完成进驻工作。15 个巡视组将对 26 家中管企业和 5 家职能部门开展常规巡视,对国家铁路局党组、中国国家铁路集团有限公司党组开展巡视"回头看"。若从绩效管理角度,你认为中央开展常规巡视工作,这是( )。

A. 绩效考核工作　　B. 绩效反馈工作　　C. 绩效监控工作　　D. 绩效计划工作

2. 以上哪项不是绩效过程辅导的主要形式?( )

A. 会议沟通　　　　B. 面谈交流　　　　C. 绩效报告　　　　D. 微信交流

（二）多选题（选出至少两项你认为合适的选项）

1. 以下判断正确的是（　　）。

A. 绩效管理是企业实现战略目标的强有力抓手

B. 绩效管理的首要职能就是支持企业的战略

C. 没有以战略为导入的绩效管理可以说是失败的绩效管理

D. 人力资源管理者必须从战略视角重新看待绩效管理

E. 企业做好了绩效管理就是达到了支持战略管理的目的

2. 绩效监控的主要内容是（　　）。

A. 资源、预算费用的安排　　　　B. 项目执行进度与里程碑任务完成情况

C. 绩效指标值实现程度　　　　D. 各部门、各级员工绩效计划推进过程中遇到的问题

E. 各级员工在工作中的工作表现，如专业技能、综合能力的表现等

【课外修学与我的探究】

一、悦读秒扫

（一）课外悦读

《中共中央 国务院关于全面实施预算绩效管理的意见》

（二）行业了解

用微信搜索"HR 赋能工坊"，查阅相关文章。

（三）前沿话聊

迎战 2024，"战略解码"你做对了吗？

过去一年，你的企业战略规划目标实现了吗？还是制定后束之高阁，规划方向与实际计划两张皮？时值岁末年初，又到了很多企业重新审视和规划新一年战略目标与业务重点的时候了。在这个过程中，如何让更多的人参与到这一过程中"知其然，亦知其所以然"，最终推动战略规划落地？战略解码是企业可能的选项之一。那么企业应该如何召开战略解码会议推动战略分解与落地呢？和君集团战略与集团管控研究中心结合多年集团型企业战略规划咨询服务案例，提出以下战略解码思路：

1. 对标行业找差距

企业要根据自身所处行业，深入开展行业研究工作。具体来看，一方面，要开展行业研究。要全面了解行业政策趋势、行业市场空间、行业集中度、行业增长潜力、行业主要问题及行业发展趋势方向，只有全面了解行业，才能知晓企业发展的前景如何。另一方面，要实施标杆分析。寻找行业内领先的头部企业，剖析其核心优势、增长态势、商业模式、发展趋势，并选取核心指标与标杆企业进行差距分析，为下一步靶向提升指明方向。

2. 扫描企业优劣

系统全面地对企业的发展基础、发展资源、发展优势、发展不足进行总结，找出制约企业发展的核心问题、推动企业成功的关键因素、支持企业持续增长的业务机会，并进一步梳理在未来发展过程中还存在哪些变量还要关注、哪些问题需要解决才能确保企业持续高质量发展。

3. 战略谋划定方向

结合前面的行业研究、优劣分析，企业要对自身的发展愿景、战略定位、企业价值观进行检查，判断它们是否符合企业未来发展方向。同时，要系统优化业务布局结构，统筹好核心业务和战略性业务、统筹好营收业务和利润业务、统筹好市场业务和民生业务、统筹好盈利业务和亏损业务，推动构建结构合理、目标清晰、路径可行的业务体系。

4. 目标分解订计划

将战略规划确定的业务方向、财务指标、重点工作根据轻重缓急、进度安排进行合理分解，将具体指标与公司总部、各业务板块、各子企业年度工作计划进行衔接，细化制定各项指标的工作内容、进度要求、完成时限、完成标志、责任归属，将高瞻远瞩的战略规划落地为可执行、可监督、可考核的工作计划。

5. 强化考核保落实

由企业总部牵头与责任部门、业务单元签订年度目标责任书，将重点工作指标纳入 KPI 进行绩效管理，通过进度跟踪、支持赋能、强化督导推动相关工作顺利实施。年终由考核部门进行绩效考核，通过战略解码闭环管理逐步实现企业既定战略目标。

（资料来源：和君咨询官网：https://www.hejun.com/page92？article_id＝2591）

二、我的探究

(1)回顾课前"带着问题来课堂"我提出的问题,学习完本章后,我的思考是＿＿＿＿＿

＿＿＿＿＿＿＿＿＿＿＿＿＿＿＿＿＿＿＿＿＿＿＿＿＿＿＿＿＿＿＿＿＿＿＿＿＿。

(2)回顾"项目工作场景",我的收获是＿＿＿＿＿＿＿＿＿＿＿＿＿＿＿＿＿＿＿

＿＿＿＿＿＿＿＿＿＿＿＿＿＿＿＿＿＿＿＿＿＿＿＿＿＿＿＿＿＿＿＿＿＿＿＿＿。

(3)学习本项目后,我想与老师或同学们探讨的问题是＿＿＿＿＿＿＿＿＿＿＿

＿＿＿＿＿＿＿＿＿＿＿＿＿＿＿＿＿＿＿＿＿＿＿＿＿＿＿＿＿＿＿＿＿＿＿＿＿。

(4)经过我的社会实践,我的观点是＿＿＿＿＿＿＿＿＿＿＿＿＿＿＿＿＿＿＿

＿＿＿＿＿＿＿＿＿＿＿＿＿＿＿＿＿＿＿＿＿＿＿＿＿＿＿＿＿＿＿＿＿＿＿＿＿。

每位同学填写好以上"我的探究"后,建议与其他同学分享、交换观点。

思考可以与他人讨论

收获可以当众分享

问题可以与同学共商

观点可以与他人交换

项目四

绩效结果的应用

【本项目知识图谱】

项目四
绩效结果的应用

模块一：
员工层面的应用

基本知识
- 实际工作过程与理论学习场景
- 应用原则
- 应用方向

问题导学
- 问题一
如何将绩效管理结果应用于员工薪酬激励？
- 问题二
如何将绩效结果应用于员工晋升发展？

模块二：
组织层面的应用

基本知识
- 实际工作过程与理论学习场景
- 应用原则
- 应用方向

问题导学
- 问题一
如何将绩效结果应用于组织问题分析与诊断？
- 问题二
如何将绩效结果应用于组织绩效改进？

模块三：
实训操作、探究与成效检验

实训操作与成效检验
- 关键能力提升
- 核心素养培养
- 必备知识巩固

课外修学与我的探究
- 悦读秒扫
- 我的探究

【带着问题来课堂】

在上课前，我自主预习了本章知识。通过我的思考，我发现的问题是

239

【项目工作场景】

接上一回,话说国内某中大型民营高科技企业"小豆"公司的 HR 总监雷某和他的团队很是欣慰,因为各业务部门对公司绩效管理制度持支持态度,并且在具体实施过程中也积极配合HR 部门的工作。快到年底了,问题又来了,公司即将根据绩效管理制度实施绩效评估并且要应用这些评估结果。如何更好地发挥绩效评估结果的作用呢?

问题:

(1)公司如何从制度上规范绩效评估结果的应用?

(2)各部门应用绩效评估结果时应考虑公司哪些具体情况?

(3)作为高科技公司,员工都是高知识、具有高成就欲的年轻人,了解他们的需求对于做好评估结果应用有哪些启发?

(4)公司做好绩效评估结果的应用对于打造新时代学习敏捷型组织有何作用?

模块一 员工层面的应用

【学习目标】

关键能力	通过绩效结果应用方案设计的学习,培养学生理论应用于实践的能力; 在小组讨论与分享过程中,培养学生协作力、领导力与逻辑思考、分析力
核心素养	通过学习绩效结果应用有关知识,培养学生"以人为本"的意识以及爱才、惜才的用人理念; 通过学习中国优秀企业管理案例,增强学生运用"中国智慧"解决中国自己问题的信心
必备知识	了解绩效结果应用的基本原则与应用方向; 掌握将绩效结果应用于薪酬激励、福利安排以及晋升发展的方法与内容

一、基本知识

疫情促使"Z世代"和"千禧一代"重新看待工作与生活的关系。近一半的"Z世代"和大多数"千禧一代"认为工作对他们来说至关重要,但工作与生活的平衡也不容忽视,也是他们选择雇主时首要考虑的事项。同时,他们希望在工作地点和工作时间上都拥有灵活性。希望雇主能为兼职员工提供更好的职业发展机会,推出更多的兼职工作,并允许全职员工有更多灵活工作的选择。"生活成本"仍是受访者最为关切的问题,工作压力和职业倦怠令"Z世代"和"千禧一代"不堪重负。

——德勤咨询《2023年"Z世代"与"千禧一代"调研报告》

2023年6月25日,德勤咨询发布了《2023年"Z世代"与"千禧一代"调研报告》。对于"新新人类"员工的职业发展、薪酬福利等方面的需求有详细的调查分析。给新时代的管理者在绩效结果应用方面提供了有益的启示。

(一)实际工作过程与理论学习场景

1.实际工作过程

【项目工作场景】中所述的雷某,在解决了项目一中的难题后,又遇到了难题。那么作为一名人力资源管理者,在真实工作场所中,按"事前—事中—事后"的逻辑思路,他的工作思路如图4-1所示。即首先明确绩效结果的应用方向与应用原则,然后明确绩效结果应用从个体与组织两个层面展开,最后检讨现有的相关制度,制定绩效结果应用的具体细则并有序实施。

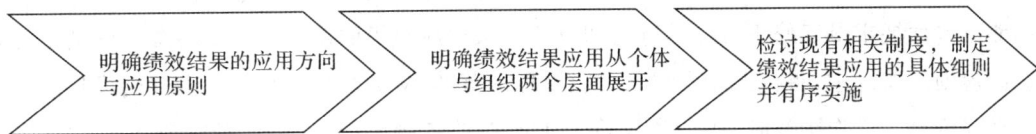

明确绩效结果的应用方向与应用原则　　明确绩效结果应用从个体与组织两个层面展开　　检讨现有相关制度,制定绩效结果应用的具体细则并有序实施

图4-1　项目实际工作过程

2.理论学习场景

在以下内容的学习过程中,请注意"工作过程与学习场景"矩阵,它表明了学习内容知识点与工作过程中场景的链接点。如表4-1所示,"√"的表明纵向表格中的学习内容知识点是支持对应的横向表格中的工作场景的。请注意在学习过程中有意识地链接思考,并有意识地在社会实践中检验、练习。

表 4-1　工作过程与学习场景矩阵

学习场景	工作过程		
	明确绩效结果的应用方向与应用原则	明确绩效结果应用从个体与组织两个层面展开	检讨现有相关制度,制定绩效结果应用的具体细则并有序实施
应用原则	√	√	√
应用方向	√	√	√
如何将绩效结果应用于员工薪酬福利?		√	√
如何将绩效结果应用于员工晋升发展?		√	√

(二)应用原则

1.以人为本,促进员工发展

绩效管理的最终目的,是调动员工积极性,实现整体的组织目标。人力资源部应该收集员工的所有评价,向部门负责人提交完整的评价报告及人力资源部的建议。部门主管要选择合适的机会,及时向员工本人反馈评价结果。反馈评价结果要坚持"以人为本"的原则,采取真诚并以员工能接受的方式,使员工了解自己的成绩与需要改进的地方,清楚自己的优势、特点和欠缺之处,让员工明白今后努力的方向和改进工作的具体做法,促进员工发展。

2.员工与组织共同成长

组织的发展有赖于每一位员工个体的成长。组织应将员工个体和组织紧密联系起来。组织不能单方面要求员工修正自己的行为和价值观来适应组织的需要。组织要参与到员工的职业生涯规划的管理中,将员工发展纳入组织管理的范畴,从而实现组织与个人共同成长。

在评价员工工作绩效时,要注意评价员工所在的各级组织的绩效,既要避免个人英雄主义,也要避免极端的集体主义思想,兼有全局观念和正确评估员工个人能力,使员工意识到个体的高绩效与组织的高绩效紧密相关,个人的成长与组织成长联系在一起,进而明白个人的目标和组织的目标是紧密联系的,个人应为组织实现目标做出贡献,在组织发展中得到成长。

3.综合应用,科学管理

组织对员工的招募、培养、薪酬管理、岗位调整、升职或降职、解聘和奖励惩罚,都可以参考绩效评价的结果。组织以绩效评价结果为抓手,规范和强化员工的职责和行为,建立完善的竞争、激励和淘汰机制,优化员工选聘、留用或解聘、培训、晋升、奖惩政策,全面推进人力资源管理工作。

让我们来看一个笔者的真实企业经历。

某年,笔者任职某中外合资集团公司地区分公司的 HRD(人力资源总监)。集团业务遍及全国,集团有完备的后备管理人才培养计划与制度体系,也建立了管理者领导力素质模型和多通道晋升机制。

在经过年度业绩考核后以及管理人才能力测评后,集团给出两个职业发展方向让我选择,一是调往集团总部任 HR 负责人(本省另外一个市),二是调往外省一地区分公司担任管业务的 COO(运营总监)。令我兴奋之余又有点犯难了……

请小组思考并讨论:阅读以上笔者案例,如果笔者是你,你会如何选择?说出你的理由。

(三)应用方向

绩效结果应用,是把绩效评价的最终结果应用到相关人力资源管理中。根据“目标—承诺—结果—应用”的流程,确定绩效评价结果后,各级主管根据组织绩效管理制度中预先设置的相关规则,进行相应的应用。

绩效结果的应用包括员工和组织两个层面,这里我们只讨论员工层面的应用。评价结果除了应用在绩效诊断与绩效改进之外,还应该应用于人力资源管理其他子系统。绩效结果的应用领域十分广泛,包括员工绩效改进、薪酬管理、人员配置、培训需求、福利安排、职务晋升等多个方面。目的是有效激励员工,提升员工素质能力,合理配置人员,优化组织结构,达成组织绩效目标。

1.绩效改进

推动绩效持续改进是绩效管理的主要目的。传统绩效评价侧重于对已完成工作任务的评价,而现代绩效管理的立足点是绩效的持续改进,关键在于“以评促改”,最终推动员工为组织创造更高的价值。绩效改进是一个系统化的过程,是指通过对现有绩效状态的诊断,找出与理想绩效之间的差距,制定并实施相应的干预措施来缩小绩效差距,从而提升员工绩效水平的过程。

绩效改进可以分为绩效诊断、绩效改进计划的制订、绩效改进计划的实施与评价三个阶段。

2.薪酬管理

此处的“薪酬”仅指经济性薪酬,包括工资、奖金等。绩效结果应用最常见的是核定绩效工资(奖金)、年度调薪幅度,部分公司还有股权激励。

1)绩效工资(奖金)

现代管理要求薪酬分配遵守公平与效率两大原则,这就必须对每一名员工的劳动成果进行评定和计量,不但要按岗位支付报酬也要按绩效支付报酬。绩效评价结果能够为报酬分配提供切实可靠的依据。

薪酬体系基本可以分为两大部分——固定部分和动态部分。岗位工资、级别工资等决定了员工薪酬中的固定部分即基本工资,而绩效则决定了薪酬变动的部分,如绩效工资、奖金等。

2)年度调薪

绩效调薪是将基本薪酬的增加与员工所获得的评价等级联系在一起的绩效奖励计划。根据员工的绩效考核结果,对下一年度的基本工资进行调整,调薪的比例根据绩效考核结果的不同有所区别。

3)股权激励

这是企业为了激励员工、平衡企业的长期目标与短期目标而采取的一种长期激励形式。绩效结果可以作为股权激励的重要依据,对象是对企业战略和未来发展有长期价值的重要岗位的员工。

3.人员配置

绩效考核结果应用于人员配置,包括内部招聘、外部招聘、岗位调整,员工淘汰等。

4.员工福利

员工福利通常可以分为两类,一类是法定福利,另一类是非法定福利。绩效结果在员工福利中的应用主要集中在非法定福利。它通常是以企业对绩效达到一定程度的优秀员工发放的额外福利的形式出现的。

5.员工培训

绩效管理结果可以应用于员工培训需求的挖掘和培训项目的开发、调整。通过对员工绩效管理结果进行分析,可以发现员工在哪些方面做得不好,需要接受何种培训,以及现有培训计划要做出何种调整,等等。

6.职业发展

绩效结果在员工职业发展中应用的主要表现形式是个人发展计划。个人发展计划是一个帮助员工进行职业生涯规划的工具,是一张描绘员工未来职业生涯发展的地图。

7.员工荣誉

绩效结果在员工荣誉管理中最常见的方法,是把对员工的荣誉与绩效结果相关联。如有的公司评选年度最有价值员工(most valuable person,MVP)、年度优秀员工等。

8.惩罚依据

员工管理应该以奖励为主,惩罚为辅。奖惩结合历来是组织管理中的激励原则。通过绩效评价,对绩效低下者给予惩戒,防止低绩效行为蔓延,才能真正鼓励员工向优秀者学习。

请小组思考并讨论。阅读中共中央组织部、人力资源和社会保障部发布的《事业单位工作人员考核规定》,分析事业单位与企业在绩效结果应用方面的异同点。

二、问题导学

【看理论与实践前沿】

"新生代职场画像"——《2022 新生代员工职场现状调研报告》发布

为更好地了解新一代职场青年就业现状,8 月 25 日,国内领先的人力资源服务商前程无忧发布了《2022 新生代员工职场现状调研报告》(以下简称《报告》)。此次调研走近职场新生力,洞察新老员工的心理诉求和价值主张,从就业现状、职场冲突等方面切入,找寻彼此接纳的对话方式,试图呈现真实的"新生代职场画像"。调查表明,36.3%的新生代员工处于被动求职状态,离职率呈明显代际递减趋势。

《报告》表明,49%的新生代员工对职场现状比较满意,42.3%的受访者觉得一般,仅有8.7%的人对职场整体状况不太满意。满意度是工作客观条件和从业者主观感受的总和,综合体现了从业者对工作的获得感程度。从行业来看,来自计算机、互联网、通信、电子行业的职场人对工作满意度最高(占比 21%)。

在参与调研的新一代职场青年中,九成受访者目前正处于在职状态,处于离职、灵活就业、创业状态的人员占比 8.7%。《报告》发现,在职的新生代人员中,有 29.3%在主动寻找新的工作机会,其中,物流、运输行业(占比 40%)比例显著高于平均水平(占比 29.3%)。还有36.3%的员工处于被动求职状态,随时考虑其他的合适机会。

有调研显示,"80 后"的第一份工作平均三年半一换,"90 后"则是 19 个月,"95 后"更是缩减到七个月。《报告》发现,在入职一年以内的新生代人群中,已有 35%拥有两段及以上的工作经历。由此可见,随着时代发展,职场人第一份工作的平均在职时间呈现出代际显著递减趋势。44.7%职场新人受同事关系困扰,"拒绝画饼""搞钱"成高频词。

《报告》显示,半数职场人对于工作的态度是"完成领导交代的任务,实现稳步晋升"。与拥有 1~3 年工作经验的前辈们(占比 8.8%)相比,刚步入职场的"00 后"(占比 13.2%)选择"对工作内容感兴趣比较重要"的占比更高。还有 18.1%的职场新生代在工作中"追求理想和自我实现",而拥有 3~5 年工作经验的职场人"追求理想"比例仅为 9.4%。

有多位"90 后"老员工在访谈中表示,新生代员工普遍拥有主见,希望能在工作中追求自我价值的实现。在访谈过程中,"WLB"(work life balance)、"搞钱""拒绝画饼"等词则是"00后"员工口中的高频词。显然,他们的自我性更明显,个性释放和自我价值的实现是一个重要的心理诉求。

据前程无忧《2022 职场人心理状态洞察报告》显示,受访者在职场中面临困境与挑战较为普遍。在具体的困扰情绪中,焦虑(占比 31.7%)是最凸显的负面情绪。虽然刚进入职场不久,但"00 后"也会被职场问题所困扰。此次调研结果显示,困扰新生代员工最多的是职场人际关系和薪酬待遇问题。

(资料来源:北京青年报官网,2022 年 8 月,有删节)

(一)问题一：如何将绩效结果应用于员工薪酬激励？

员工的绩效结果只有与其个人切身利益如薪酬、奖金、职务升迁、培训需求及个人职业发展联系起来,方能确保考核效力的发挥,同时也是组织进行有效人才管理的重要手段。当下企业的绩效结果一般应用在以下几方面。

1.薪酬激励

这里的薪酬是指经济性薪酬,主要包括基本工资、绩效工资和绩效奖金。将绩效考核结果直接应用于绩效工资与绩效奖金的发放及基本工资的调整是企业最常见的做法。有的企业的某些岗位有绩效工资(工资的一部分),有的并没有,只有绩效奖金。但是,由于不同岗位的性质不同,其绩效工资与绩效奖金在薪酬体系中所占的比例也不相同。如销售人员与行政办公人员的绩效工资在薪酬中所占比例差别就很大。绩效结果应用于薪酬主要体现在两个方面:一是基本工资的调整,二是绩效奖金(工资)或年度业绩奖金的分配。

1)基本工资调整

除了职位晋升和其他较为特殊的情形以外,企业一般是以年度为周期做出基本工资的调整决策。

绩效结果在工资调整中的应用主要是企业根据员工的绩效考核结果对其基本工资进行调整,调薪的比例根据绩效考核结果的不同而有所区别。一般员工绩效考核结果评分越高,加薪的幅度也就越大。绩效水平比较低的员工,加薪的幅度就小或者不进行加薪,具体详情如表4-2所示。

表4-2　调薪幅度示意

绩效考核等级	A(优秀)	B(良好)	C(合格)	D(有待改进)	E(差)
绩效加薪幅度	7%	5%	3%	1%	0

对于以上加薪幅度,在实际操作过程中,企业在做人工成本预算时,一般都有年度加薪幅度的控制,即事先确定当公司业绩达到一个预定的目标时的公司加薪总额。有的公司是以"梯度控制",即不同的业绩目标达成度对应一个加薪总额。故所有员工的加薪总额应不超过董事会批准的加薪总额。

也可以用加薪幅度来确定总额。企业给全部员工基本工资的增加幅度,通常以当前员工基本工资的总和为基数来计算。例如,一个企业董事会批准了6%的绩效加薪预算,当前员工基本薪酬总和为2000万元,那么绩效加薪预算就是120万元。

另外,企业加薪还要考虑以下几点:

第一,考虑员工薪酬的内、外公平性;

第二,考虑部门之间的平衡;

第三,考虑某些岗位员工的工资过高或过低的历史问题;

第四,考虑当地经济发展水平、消费者物价指数等。

2)绩效工资发放

有的企业员工实施的是年度考核,那么这些企业员工的工资中没有绩效工资(有的企业称为月度奖金或季度奖金等)这部分。有的企业中,某些岗位实施的是月度或季度考核,那么这些企业将员工月度或季度工资分为两部分,一部分是基本工资,另一部分是绩效工资。这种考核一般适用于销售或绩效周期较短或需要即时奖惩、即时激励的岗位。

绩效工资或奖金是"以绩取酬"。企业利用绩效工资或奖金对员工薪酬进行调控,以刺激员工的行为,通过对绩优者和绩差者收入的调节,鼓励员工在工作中做出符合企业要求的行为,激发每个员工的积极性,努力实现企业目标。

一般来说,企业有两种方法确定绩效工资或奖金。

第一种方法是按绩效工资基数乘以绩效考核设定的系数来确定,即绩效工资＝绩效系数×绩效工资基数。如表 4-3 所示。

表 4-3　绩效工资的计算示意(一)

绩效考核等级	A(优秀)	B(良好)	C(合格)	D(有待改进)	E(差)
绩效系数	130%	115%	100%	80%	50%

第二种常用的方法是某岗位既定的绩效工资(占某岗位总的基本工资的一定比例)按考核结果(换算成系数)计算。

如表 4-4 所示,某企业设计了五个档位的绩效等级。假设一个员工的薪资组成是"80%基本工资＋20%绩效工资",那么 B 档员工,人数占比为 70%,领取全部 20%的绩效工资,即 B 档员工当季度绩效工资不加也不减,全额发放;S 档是优秀员工,人数占比为 5%,绩效工资发放比例是 30%;D 档是后进员工,人数占比为 5%,绩效工资发放比例是 10%。依此类推。

表 4-4　绩效工资的计算示意(二)

考核结果	D	C	B	A	S
人数占比	5%	10%	70%	10%	5%
绩效工资发放	10%	15%	20%	25%	30%

3)年度业绩奖金分配

年度业绩奖金又称年终奖,是根据公司整体业绩完成情况由董事会批准的公司整体业绩奖金。

绩效结果对员工的年终业绩奖金产生影响的机理如同绩效工资的分配。企业一般都是按"公司业绩—部门业绩—个人业绩"三层次逐层计算与分配业绩奖金。即公司董事会根据公司年度业绩,结合当年的公司业绩目标的达成情况确定所有员工的奖金总额,然后根据部门的业绩目标完成度确定各部门的年度奖金总额,最后再根据员工个人的业绩完成情况分配个人奖金。所以,从这个分配逻辑来看,员工个人的年度业绩奖金的多少首先取决于公司和所在部门年度奖金总额,其次才是员工个人的业绩表现。具体用法如以下案例所示。

某企业的年终奖金以公司整体年度奖金为基准,同时参考员工所在部门的年度绩效结果、员工个人的年度绩效结果以及个人年度的出勤情况(有的公司还考虑岗位系数),计算和发放员工的年度奖金。计算公式如下:

年终奖＝部门员工平均奖金额×部门年度绩效结果对应系数×个人年度绩效结果对应系数×(员工年度实际出勤天数÷企业规定员工年度应出勤天数)

2.福利安排

我们在这里主要讨论企业自选福利即非法定福利。自选福利是企业根据自身情况自行规定的福利,属于激励性质的福利和非全员普惠性福利。

各企业的自选福利都有自己的特色。比如员工个性化的培训发展项目、购买商业补充保险、允许员工带薪学习、节假日发放钱或物、加强员工休闲娱乐的设施建设等。

绩效结果在企业自选福利中的应用主要以企业对绩效达到一定程度的优秀员工发放额外福利的形式出现。

比如,某企业规定年度绩效结果为 A 级的员工,可以享受企业集体组织的出国旅游一次;连续两年绩效评定结果为 A 的员工,企业可以给员工发放一部分子女教育学费补贴等。

如果企业设计了自助餐式的福利计划,可以将各种额外福利分配确定为福利分数值,然后由员工用获得的绩效分数兑换需要的福利项目。

企业自选福利的设置体现了企业管理的艺术化和创新性,是有效激励员工的手段,也是企业吸引人才、留住人才和激励人才的重要方式。

3.其他应用

1)绩效改进计划

对于此部分内容,我们在项目三的模块四中已讨论过,在此不再赘述。

2)评优奖励

企业实施员工绩效结果应用方面的物质层面的激励,能够满足员工的基本生活,但各类荣誉给员工提供了精神层面的满足,能够更好地激发员工的创造力和积极性。

对于评估奖励,最常见的方法是企业把对员工的荣誉与绩效结果相关联。绩效结果越好,员工评优的机会就越多,评优的档次也越高;绩效结果越差,员工评优的机会就越小,评优的档次也越低。

绩效结果在员工荣誉中最常见的应用包括但不限于如下几项:

(1)评选年度优秀员工或先进工作者等。

(2)发放奖状、证书或荣誉称号时根据绩效考核结果的高低排序。

（3）对为企业做出某项特殊贡献、绩效比较突出的员工给予通报表扬或给予特殊称号。

（4）请绩优员工做各类竞赛的评委或内部培训师。

（5）由某员工主持发明的产品或技术，以该员工的名字命名。

（6）企业定期举办员工技能比赛，绩效达到一定标准的员工可参加。

（7）绩效好的员工在绩效公示中获得一个好标识。如有些企业评选年度最有价值员工等。

比如在海尔，完善的绩效工资制度充分发挥了员工的工作积极，每一份努力都会换来相应的物质回报。如用发明者或改革者的名字来命名生产工具或工作流程。海尔的做法注重员工的充分参与和自我实现，激发了员工的创造力。在公司内部开展各项劳动竞赛、评选劳动竞赛明星、设立海尔奖等一系列活动和奖励，成为海尔人拼搏向上的巨大动力。

3）股票期权激励

股权激励是企业激励员工的一种中长期激励形式。激励对象一般是以企业战略目标为导向，对企业战略和未来发展有较大影响和长期价值的关键岗位人员。

股权激励可以使企业和个人形成利益共同体，激发员工的内在驱动力，有效地吸引和留住人才。

员工的绩效考核结果可作为股权激励的重要依据。股权激励的实行方式一般都会与企业的经营业绩挂钩：一与企业的整体业绩状况有关，二与个人考核的结果有关。

股权激励的形式多样，但主要针对两类人员，一类与岗位性质或员工人力资本价值有关，另一类与当期业绩考核结果有关。

（1）股票期权。

股票期权是指企业给激励对象一种权利，让其可以在规定的时期内以事先约定的价格购买一定数量的本企业流通股票，当然如果到了那个时期，激励对象发现行权并不合适，也可以选择不行权。行权条件一般包括以下三个方面：

①时间方面。需要等待一段时间，如2～4年。

②企业方面。需要达到企业的某项预期，比如，企业业绩达标。

③激励对象方面。需要满足某项条件，比如，通过了企业的绩效考核。

（2）限制性股票。

限制性股票是指事先给激励对象一定数量的股票，但对于这部分股票的获得条件和出售条件等会有一定的限制。比如，只有当激励对象在本企业服务满五年，才能获得这部分股票；五年后企业的经营业绩提升一倍，激励对象才可以卖出这些股票变现。具体的限制条件，可以根据不同企业的实际进行设计，灵活性较强。

（3）虚拟股票。

企业向激励对象发放虚拟股票，事先约定如果企业业绩较优或实现某项目标时，激励对象可以按此获得一定比例的分红。但如同它的名字一样，虚拟股票其实不属于法律意义上的股权激励，不具备实际的所有权，不能转让或出售，通常也不享有表决权。在激励对象离开企业时,虚拟股票将返回企业,由企业保留或再分配。

企业通过虚拟股票向激励对象兑现的奖励可以是现金、福利、等值的股票,也可以是可选的组合套餐。因为其本质只是以股份的方式计算员工奖金的一种方法,不涉及真实的股票授予,所以激励效果相对以真实股票为标的物的方式较弱。

(4)直接持股。

直接持股是当激励对象达到某项条件时,企业直接将股票转让给激励对象,在股价提高或降低时,获得账面价值的增长或减少;在股票溢价卖出时,获得收益。转让的方式可以是直接赠予,可以是企业补贴购买,也可以是激励对象自行购买。

(5)年薪虚股制。

年薪虚股制是将企业中高端人才年薪中的奖金划出一部分以虚拟股票的形式体现,规定给激励对象一定的持有期限,到期后,按照企业业绩一次性或者分批兑现。这种方式会将激励对象和企业的利益捆绑在一起,将收益的时间战线拉长。激励对象可能会因为企业业绩持续增长而获得巨额的奖金,也可能因为业绩的持续下降而赔光当时的奖金。

(6)账面价值增值权。

账面价值增值权是指通过激励对象在期初按照每股净资产购买一定数量的企业股份,在期末时,再按照每股净资产的期末值回售给企业。在实务中可以有两种操作方式,一种是激励对象真实购买,另一种是虚拟购买,过程中激励对象甚至不需要支付资金,期末由企业直接根据每股净资产的增量计算收益。

(7)股票增值权。

与账面价值增值权的原理类似,通过股票增值权的方式,激励对象可以从期初认购股票的价格与期末股票市价之间的增值部分中获益。当然,为了避免股票价值降低的风险,利用这种方式时,激励对象并非实际购买股票,而是获得了这部分股票增值后的收益权。股票增值权行权的方式同样可以是现金、福利、实际股票或几种方式的组合。

通常企业用到最多的股权激励形式是股票期权、限制性股票和虚拟股票三种。其中股票期权和限制性股票在上市企业中应用最为普遍。虚拟股票在非上市企业中应用比较普遍。

请小组思考并讨论:美国知名经济学家肯尼斯·阿罗在其《不确定性和医疗保健的福利经济学》一文中认为,"医生提出的任何治疗建议应该与自利无关",意味着医生薪酬至少应避免与短期业务收入挂钩。因此,综合而言,医生的薪酬激励制度设计,需要弱化短期激励,增强长期激励。

(二)问题二:如何将绩效结果应用于员工晋升发展?

1.晋升调配

员工职位晋升与岗位调配包括两个方面的工作。

1)晋升

晋升对于员工来说兼具两方面的激励,一是以职位等级为代表的精神层面的激励,二是晋升以后所对应的职位物质待遇上的提升。

员工的职位晋升一般要满足以下条件:

(1)企业战略与发展的需要。企业战略需要是员工职位晋升的前提。企业有关键职位的要求,有对员工能力进一步提升的要求,员工才能有职位上的晋升。

(2)员工工作态度、价值观匹配企业的相关要求。这是指员工的"德要配位",几乎所有企业对员工在"德"方面的表现是实施"一票否决"的。如阿里公司的价值观考核。

(3)员工能力符合要求。员工能力达到晋升后职位的要求是其晋升的必要条件。当员工的能力达到某职位要求时,才能在该职位上发挥价值。能力不达标的员工即使企业硬性晋升到某职位,员工也会因为不胜任该职位而造成企业和员工双方的损失。我们所熟知的"彼得原理"讲的就是这个道理。

(4)员工业绩达到或超过标准。员工业绩达到一定程度同样是员工晋升的要件。如果企业晋升一位业绩没有达标的员工,即使该员工能力再优秀,也会给其他员工造成一种企业不仅可以容忍低绩效,而且即使低绩效也还可以得到企业奖励的误解,这样就打击了其他员工追求绩效的积极性。

另外,员工晋升要遵循企业的晋升制度规定的流程。一般企业会规定一定期限的岗位试用期,经考核通过后方可正式聘任新岗位。

2)调配

调配主要指对员工岗位的调整与配置,一般包括平级调动、晋级聘用与降级任用三类。对于降级任用,各企业的情况不同,比较复杂。即人岗不匹配,可能的情况是业绩不好、能力不匹配岗位、工作态度、价值观等不符合企业要求等。

2.培训发展

培训发展一般可分为两方面来应用绩效结果,一方面是员工绩效考核后的培训计划的制订与实施,另一方面是根据企业有关人才素质要求进行的培养与发展项目,即组织人才筛选与培养。

1)培训计划的制订与实施

对于此部分内容,我们已在项目三的模块四学习过了,在此不再赘述。

2)潜力人才的筛选与培养

我们常说"事在人为",组织绩效的诊断与改进的应用措施最终都会落实到"人"的身上。

组织绩效应用的另一个重要的方面就是通过组织绩效诊断后,识别、筛选人才并培养人才,所采用的工具以"人才盘点之九宫格"工具应用为代表。

如国内许多著名的公司实施的个人发展计划(individual development plan,IDP)就是一个帮助员工进行职业生涯规划的工具,它是一张描绘员工未来职业生涯发展的地图。

个人发展计划能够协助员工对自身的优势、兴趣、目标、待发展能力及相应的发展活动有一个较为完整的画像,能帮助员工在企业和个人都认可的时间内获取需要的技能以实现员工个人的职业目标。企业在面临留住优秀人才流失的压力下,个人发展计划也成为提升企业整体人力资本的重要方式之一。

实施个人发展计划的意义如下:

(1)有助于员工增强对工作的控制能力;

(2)有助于员工持续不断地实现自身价值;

(3)有助于员工提高工作的积极性和创造力;

(4)有助于员工较好地处理工作和生活的平衡关系。

员工个人发展计划内容一般如表4-5所示。

表4-5　员工个人发展计划内容

员工发展回顾	个人能力:沟通能力、时间管理能力等; 管理能力:项目管理、激励下属等; 专业技术能力
企业对员工未来发展建议	业绩改进计划(短期),职业发展规划(长期)
员工未来发展需求	发展方向:个人能力、专业技术能力、管理能力; 实现方式:自我提高、培训、轮岗、换岗、参加更多项目

课堂微PBL:上网自行阅读有关华为"人才盘点九宫格"的文章。试分析员工绩效考核与人才培养的能力素质考核的异同。

三、业务决策者的责任

作为绩效管理项目重要的干系人,业务决策者(主要指负责业务职能部门的直线经理)在本模块工作中应负的责任如下:

(1)提出所属员工绩效考核结果应用的建议或方案,并按制度规定与员工面谈沟通;

(2)在绩效考核结果应用过程中及时总结,发现问题及时与HR部门沟通解决;

(3)提出部门未来绩效考核结果应用的建议。

【学习小结】

关键能力	通过绩效结果应用方案设计的学习，培养学生理论应用于实践的能力□ 在小组讨论与分享过程中，培养学生的协作力、领导力与逻辑思考、分析力□	模块一：员工层面的应用	基本知识	实际工作过程与理论学习场景	自我回顾所学，然后： 在教材中找到支持"关键能力/技能、核心素养和必备知识"的相关内容； 对于相关学习目标的掌握程度进行自我评价； 评价完成后请在左边的小方框"□"中打上"√"
				应用原则	
				应用方向	
核心素养	通过学习绩效结果应用的有关知识，培养学生"以人为本"的意识以及爱才、惜才的用人理念□ 通过学习中国优秀企业的管理案例，增强学生用"中国智慧"解决中国自己问题的信心□		问题导学	问题一：如何将绩效管理结果应用于员工薪酬福利激励？	
必备知识	了解绩效结果应用的基本原则与应用方向□ 掌握将绩效结果应用于薪酬激励、福利安排以及晋升发展的方法与内容□			问题二：如何将绩效结果应用于员工晋升发展？	

【看企业实际运作】

打出股权激励组合拳——华为 TUP 模式对激励体系构建的启示

华为作为我国民营企业的典范，其激励体系受到企业界的高度关注，是很多企业研究借鉴的范本。2014 年华为公司推出的 TUP（time-based unit plan，基于时间单位的计划），让其激励机制体系进一步迭代升级，引起业界人士的进一步思考和借鉴。

华为 1987 年开始创业，如今成为企业翘楚，其成功的因素是多方面的，但其中基于任正非所秉持的分配理念而推行的不断升级的股权激励机制，是助力华为成功的重要因素。

接下来我们就来详细分析华为的激励体系，以期从中得出激励体系建设和完善的宝贵借鉴。

一、华为激励体系的发展历程

首先来回顾一下华为激励体系的发展历程。

· 1990 年，在《华为基本法》出台前，以任正非的管理理念为基础，初步探索实施员工持股的激励机制。

· 1997 年，在《华为基本法》出台后，以《华为基本法》管理哲学为引领，完善激励机制，推行员工持股，基本特征是工会代持。

· 2001 年，在原有体系基础上，学习和借鉴国外经验，实施虚拟股权机制，在让员工分享企业成长的同时，保持股东的控制权不受影响。

• 2014年，在实行多年的股权激励的基础上，原有激励机制的弊端逐渐显现出来，即持股员工会出现"吃老本"的现象。这与任正非倡导的"让内部动力机制不断处于激活状态"相悖。于是推出了对原有激励体系修正和完善的TUP。

TUP，从其内涵来讲，可以翻译成"有时间限制的单位激励计划"。TUP本质上是一种无偿授予的收益权，激励对象获得TUP后，享有相应的分红权，计划结束时享有增值权，激励对象不需出资购买。

二、详细拆解华为TUP

（一）TUP的基本方法

• 根据绩效及配股饱和度每年授予TUP；

• TUP占饱和配股额度，与虚拟股权享有同等分红权和增值权；

• 有效期五年，从获授的第二年开始，逐年递增分红权；

• 第五年结算增值，并先于虚拟股权分红与奖金一同发放。

（二）举例说明

假如2020年授予员工甲100000个单位。

2020年（当年），没有分红权；

2021年（第二年），拥有100000×1/3分红权；

2022年（第三年），拥有100000×2/3分红权；

2023年（第四年），拥有100000个单位的100%分红权；

2024年（第五年），拥有100 000个单位的100%分红权，并另外结算增值收益，同时计划结束。如果经过五年，每个单位增值6元，则第五年的部分收益为：100000个单位的分红权＋100000×6。

（三）TUP的基本特点和作用

1. TUP是一种中期激励工具。采取这种以五年为限的中期激励工具，华为形成了月度工资＋年度奖金＋五年TUP＋长期虚拟股权的激励体系"组合拳"。

2. 采取收益递增的方式。这种分红权收益逐年递增的方式，使激励对象在一到五年的时间里，工作时间越长收益越大，起到"金手铐"作用。以五年为期的方式也支撑了华为动态人力资源管理的理念，避免了人才的固化。

3. 稀释虚拟股权，持续激活内部动力。TUP先于虚拟股权分配，起到了稀释虚拟收益的作用，有效解决了老员工躺在功劳簿上"吃老本"的问题，起到了持续激活内部动力的作用。

三、华为推行TUP的启示

通过以上阐述，相信读者对于华为TUP已经有了比较清楚的了解。方法虽好，但生搬硬套是行不通的，每个企业都有自己的特点，激励体系需要根据自身情况来量身定制。不过，我们可以从华为推行的TUP中得到一些思路启示，从而应用于自身的激励体系建设。

（一）有效利用"组合拳"，可以建立一个相互补充的激励体系。股权激励有多种模式，如虚股与实股组合、现股与期股组合、购买与赠送组合等，以及短、中、长期激励工具的组合，形成有效的捆绑，从而发挥激励的最大效果。

（二）建立激励体系，必须有明确的管理哲学和理念为指导

《华为公司基本法》提出：

1.我们认为，劳动、知识、企业家和资本创造了公司的全部价值。

2.华为主张在顾客、员工与合作者之间结成利益共同体。努力探索按生产要素分配的内部动力机制。

3.我们实行按劳分配与按资分配相结合的分配方式。按劳分配与按资分配的比例要适当，分配数量和分配比例的增减应以公司的可持续发展为原则。

4.我们实行员工持股制度。一方面，普惠认同华为的模范员工，结成公司与员工的利益与命运共同体。

华为的激励体系构建正是在上述《华为公司基本法》中与激励政策相关原则的指导下不断完善的。没有这些管理哲学和理念的指导，就不会有华为今天的激励体系。

企业管理没有一劳永逸的方法，必须不断探索。华为从1990年开始实施股权激励，到2014年推出TUP，前后用了24年的时间不断探索、改进、迭代升级激励体系。相信在不久的将来，华为的激励体系还会高招迭出。

四、结语

正如孙子兵法所言：色不过五，五色之变不可胜观也；音不过五，五音之变不可胜听也；味不过五，五味之变不可胜尝也；战不过奇正，奇正之变不可胜穷也。

企业激励体系建设没有现成的万能良药，以明确的管理哲学为指导，因企施策，灵活应用，不断探索完善，是激励体系完善不变的要诀。

（资源来源：AMT咨询，https://zhuanlan.zhihu.com/p/132623248）

理论
链接
实践
指引

员工绩效结果应用过程中的常见问题及对策

员工绩效考核结果确定以后，就是绩效结果的应用环节。企业实践中，这一环节更为重要，原因是，在本质上，员工心理上认为最重要的不是考核结果，而是其背后的应用。绩效考核结果在实际应用中常常存在以下问题，需要管理者高度重视。

一、考核结果应用单一

目前，大多数企业的绩效考核结果的应用集中在个体的年度奖金分配、年度加薪方面，有的企业也有应用在员工岗位调动、年度评选先进员工等方面，普遍缺乏规范的制度性安排。在

组织层面的绩效分析与绩效改进方面,企业应用绩效考核结果需要提升。这方面的工作需要组织发展(organization development,OD)方面的专业人员参与。但在许多企业中没有专门负责这方面工作的职位,有的企业将此职能并入了人力资源部。但由于能力、精力等原因,加上组织不重视,人力资源部门普遍做不好该工作。

另外,据笔者企业实践与观察,有相当企业的绩效结果应用没有考虑企业自身独特的企业文化,而是照搬标杆企业或是行业领先企业的相关做法,这无疑会给企业带来很大的风险。企业文化并非一成不变的,也具有阶段性与具体性特征。阶段性是指企业在某一阶段具有特别的战略考量,要求其文化支持;具体性是指某一企业特别是较大规模的集团企业,各事业板块、各部门都有不同的"亚文化"。绩效结果的应用必然要考虑到这些因素。

二、考核结果与员工培训与发展结合不足

如上所述,除了对考核结果进行"物质绑定"外,在精神层面应用也不尽如意。在员工的培训与职业发展方面有欠缺。为此,有的企业应用"人才盘点九宫格工具"进行人才盘点与区分就是一种较好的实践。人才盘点结果与企业的"能力模型"相链接,从而做好员工特别是优秀员工的职业发展,以便最大限度地用好绩效考核结果。

三、考核结果缺乏促进员工绩效改进的措施

绩效结果的应用很重要的一方面就是促进员工的绩效改进,但这方面许多企业在开完年度总结会和团年晚宴后就忘记了。突出的问题表现在主管部门没有将此制度化,各业务部门没有将此工作融入日常工作中,员工绩效改进也缺乏监督,处在"自生自灭"的状态。比如,有的企业采用的"积分模式"就有趣且有用。所谓积分式是指对人的"综合表现、核心价值、团队贡献"用奖分、扣分进行量化管理的模式,并通过即时激励、综合评价,旨在全方位调动人的主动性、创造力,建立积极、正面、快乐的绩效文化。

四、组织考核结果与来年的组织战略分析没有很好地链接

绩效考核最重要的作用就是为组织的战略实现服务。对这方面的认识,管理者常常处于"失忆"状态。经常会坠入绩效考核的"小树林"中,而忘记了绩效考核与应用最终是为企业战略服务的这个"大森林"。

为此,一方面,作为绩效管理主管部门的人力资源部理应承担起这个大任,建立制度性的规范,另一方面,整个组织应培育绩效改进的文化,并将此融入日常工作中。

总之,考核结果的应用创新不能等到年度绩效考核结束后才进行考虑,企业须在平时做好需求调研,采用"标杆研究"等方法开展这一工作,应将此当作一项战略性的任务来对待。

模块二　组织层面的应用

【学习目标】

关键能力	通过绩效结果应用方案设计的学习,培养学生理论应用于实践的能力; 能正确应用组织绩效改进工具解决问题; 在小组讨论与分享过程中,培养学生协作力、领导力与逻辑思考、分析力
核心素养	通过学习绩效结果应用的有关知识,培养学生不断学习、创新的意识; 通过学习中国优秀企业的相关创新行动,增强学生用"中国智慧"解决中国自己问题的信心
必备知识	了解组织绩效结果应用的基本原则与应用方向; 掌握将组织绩效结果应用于组织绩效改进的方法与内容; 掌握将组织绩效结果应用于人才筛选与培养的方法与内容

一、基本知识

"善为政者,弊则补之,决则塞之。"

——西汉·桓宽《盐铁论·申韩》

善于治理国家的人,发现了弊端就会立刻补救,看到了漏洞,就会去堵塞。《盐铁论》为西汉桓宽据著名的"盐铁会议"而撰述之史书,记述了汉昭帝时政治、经济、军事、外交、文化的一场大辩论,是以桑弘羊为首倡导的官营专擅与民间自由经济之争论,对后世影响深远。

对于每个组织来讲,在充满竞争的商业浪潮中搏击,必须正确地分析自身的优劣势,清醒地认识自己的成功与失败之原因,及时做出有效改进,并在绩效分析与结果应用过程中有效筛选与培养人才。

(一)实际工作过程与理论学习场景

1.实际工作过程

在【项目工作场景】中,雷某在解决了项目一中的难题后,他又遇到了难题。那么,作为一名人力资源管理者,在真实工作场所中,按"事前—事中—事后"的逻辑思路,他的工作思路如图4-2所示。即首先要明确绩效结果的应用方向及原则,然后确定绩效结果应用在组织层面的方法与工具,最后建立并完善相关制度,实施组织层面的绩效结果应用。

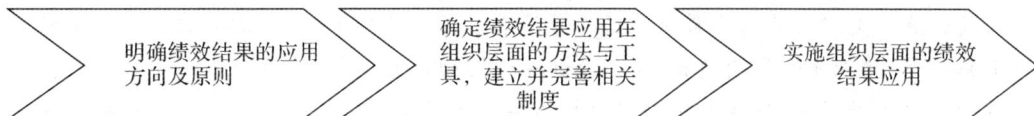

图4-2　项目实际工作过程

2. 理论学习场景

同学们,在以下内容的学习过程中,请注意"工作过程与学习场景"矩阵,如表4-6所示,它表明了学习内容知识点与工作过程中场景的链接点。"√"表示纵向表格中的学习内容知识点是支持对应的横向表格中的工作过程场景的。请在学习过程中进行思考,并有意识地在社会实践中检验、练习。

表4-6 工作过程与学习场景矩阵

学习场景	工作过程		
	明确绩效结果的应用方向及原则	确定绩效结果应用在组织层面的方法与工具,建立并完善相关制度	实施组织层面的绩效结果应用
应用原则	√		
应用方向	√		
如何将绩效结果应用于组织问题诊断与改进?		√	√
如何将绩效结果应用于组织绩效改进?		√	√

(二)应用原则

彼得·德鲁克说过:"管理决策中最常发生的错误是只强调找到正确的答案,而不重视提出正确的问题。"企业在绩效考核结果的组织层面最重要的应用就是"组织诊断与改进"。

【开篇案例】

让我们来看一个笔者的真实企业经历

　　某年,笔者作为中外合资集团公司某地区分公司的市场发展总监,公司规模不大,主要业务集中于工业、商业用户。民用市场规模虽然较大,但销售收入规模占比位列工业和商业客户市场之后,承担着民生重任。

　　所在的市场发展部分工业分部、商业分部、民用分部和客户服务中心四个单元。市场发展部有两个特点:一是集市场与销售功能于一身;二是集项目工程设计和售前服务与售中、售后服务于一身,既要懂技术还要会分析市场,又要强于销售攻关,对员工的能力素质要求较高。

　　负责工业市场的员工签单周期较长,工业市场对于公司来说获益最大,但需要付出很大的努力方能签下一单;商业市场较分散,大大小小的商业客户需求各异,很费精力;负责民用市场的员工工作量较大,接到的投诉也最多,在收益方面较工业和商业客户为小。四个单元的员工都是"90后"为多,他们个性化特征明显,个人需求多元。由于笔者是从人力资源部门转岗而来,故深谙"90后"员工的特征。在年度考核结束后,工业市场影响最大,当年外部环境影响是因素之一,商业市场特别是餐饮客户销售业绩最好,民用市场和客户中心销售居中,如何做好绩效考核结果的应用成了管理者最重要的事情。

一般来讲,组织诊断与改进的原则有以下几方面:

(1)全局性原则。企业进行组织诊断与改进,应全面考虑影响组织绩效达成的影响要素。从价值链的整个环节出发,包括外部和内部环节如市场客户、组织结构、战略定位等。

(2)科学性原则。企业应有效应用相关理论和方法,通过对组织内部状况的真实了解和数据支持,以及定量化与定性化分析等方式,对组织进行客观有效评估,确保组织绩效改进活动始终服务于组织的整体战略。

(3)以人为本原则。企业应关注员工的职业发展与有效激励,在组织诊断与改进中关注人的因素。鼓励全员参与,让各个层级的人员参与到组织诊断和改进过程中来。

(4)可持续发展原则。企业对于组织诊断和改进不是一次性的活动,应当建立常态化的机制。通过定期监测、评估与调整,不断推动组织能力的提升和变革。企业实施改进后,必须要有完善的反馈机制和评估体系,以追踪改进措施的实际效果。

国际绩效改进协会(International Society for Performance Improvement,ISPI)对于绩效改进总结了四项基本原则(RSVP原则):关注结果、系统思考、增加价值和伙伴协作。

1.关注结果

关注结果(R:focus on results or outcomes)是指以终为始,以结果为导向,强调经营管理和工作的结果(经济与社会效益、客户满意度等),以及经营管理和日常工作中表现出来的能力、态度均要符合结果的要求,否则就没有价值和意义。

2.系统思考

系统思考(S:take a systemic view)的特别之处体现在两个方面:第一,将组织看作系统;第二,系统的方法。

1)将组织看作系统

一个系统,是由功能上有关联的多个单元相互连接的复杂体。每个单元的效用依赖于它如何适合整体,而整体的效用则依赖于每个单元发挥的功能。

2)有系统的方法步骤

在绩效改进中,系统的方法步骤共有六步,具体如下:

(1)系统化地分析需要或机会。在这一分析中需要研究各种层面(社会、组织、流程或工作小组)的现状,以识别带来影响的内外压力。在研究现状的基础上,需要判断该情境是否值得行动或进一步研究。在这一步中,结果就是产生一份说明:描述目前的状况、计划的未来状况,以及是否采取行动的基本原理或商业企划书。

(2)系统化地原因分析。原因分析需要判断为什么期望和现状之间会存在绩效差距。一些原因是明显的,比如新雇佣的员工缺乏必要的技能来完成所期望的工作。那么,解决方案必须消除该差距。原因分析的结果是要陈述:为什么缺乏某些绩效,或者在没有一些干预措施的情况下,为什么某些绩效就是不会发生?

(3)系统化地设计。设计其实就是要识别解决方案的关键点。设计的结果就是向别人描述解决方案的特色、属性、基本要点以及实现该方案所需要的资源。还要能识别并详细描述对于一个或更多的解决方案都需要什么来开发和实施,更倾向于哪种方案,以及为什么。

(4)系统化地开发。开发就是要创造解决方案的一部分或所有的元素。开发的工作可以由个人或团队来完成。其输出是一种产品、过程、系统或者技术,例如培训、绩效支持工具、一个新的或者重新设计的流程、重新设计的工作场所,或者薪酬与收益计算方式的改变。这一步就是关于创造或者获得解决方案的部分或整体。可以自己来完成这个部分,或者以团队的方式来做,或者也可以将其外包。

(5)系统化地实施。实施就是部署解决方案,并管理用以支持该方案的变革。实施的结果就是行为的改变,或者采取了可以产生预期结果或获得预计收益的行为。该标准就是要帮助客户,采取新的行为或者使用新的工具。可以开发一个实施计划,其中包括:我们或客户将如何追踪改变,识别并应对问题,以及交流结果。

(6)系统化地评估。评估是企业要测量所做事情的内容(做什么)和方式(如何做)的效果与效率,并测量该解决方案所产生的结果的满意程度,组织可以以此对比所花费的成本和所获得的收益。这一步就是通过系统化的过程来识别机会并采取行动。

3. 增加价值(V:add value)

绩效改进不仅要带来员工个体绩效的提升,更应该关注长远目标和利益,以及对社会的贡献与价值。这一切都是绩效改进为企业所带来的价值,也是绩效改进价值的体现。

4. 伙伴协作

伙伴协作(P:partnership)要求绩效改进顾问(公司内可能是 HR 专业人员)在项目过程中与客户或专家建立起合作的关系,仔细倾听客户或专家的意见,充分信任与尊重相互的知识和能力。

协作是指在达成的最终结果上,以及过程中每个阶段的决策和实施上,大家是共同分担责任的。这就意味着,在整个过程中的每个阶段做出决策的环节,都应当让所有的利益相关者尽量参与。同时应该让相关领域的专家们,在他们擅长的领域和范围内,参与到绩效改进的实际工作中来。这样才能对解决方案做出最好的选择。

伙伴协作这一原则也可以通过以下具体动作来实现:

(1)识别出利益相关者;

(2)判断是否需要其他的内容专家,若需要,召集其他内容专家;

(3)指出合作共事的益处,吸收利益相关者、专家作为小组成员,建立合作关系;

(4)增加合作者们共同开展工作的期望;

(5)预计可能发生的一些事件和出现的障碍,并做出恰当的反应;

(6)应用上述合作者的技能和其他影响力以增加价值;

(7)赞扬并认可合作伙伴的支持、认同和贡献。

总之,组织诊断与改进是一个组织全面"体检"的过程,遵循以上原则有助于组织有效地发现问题、解决问题并持续优化其运营效能。

请小组思考并讨论：结合以上组织诊断与改进原则，讨论【开篇案例】，如何考虑绩效结果的应用？

（三）应用方向

组织绩效结果的应用方向是指，组织绩效考核结果出来以后，如何有效地应用。企业实践中，本模块主要从"组织效能改进与提升"角度来讨论组织绩效结果的应用。

组织绩效结果的应用方向可分为两个层面，一是整个公司层面，二是部门层面。无论是哪一个层面都包括两方面的主要工作，一是组织绩效诊断，二是组织绩效改进。

诊断就是透过现象看本质，从界定制约或影响企业绩效提升的"痛点"出发，思考如何有效提升企业核心竞争力和发展效能。

改进就是对组织绩效进行科学诊断后，制订绩效改进与提升计划并实施的过程。这是一个遵循 PDCA 循环的管理过程。

公司层面与部门层面的组织效能改进与提升的主要内容如下：

（1）公司或部门目标实现情况的分析；

（2）造成绩效不佳的原因；

（3）采用什么工具来进行分析与诊断？

（4）改进的计划是什么？

（5）需要什么资源？

请小组思考并讨论：调查某企业的绩效结果在组织层面的应用有哪些，你有哪些新的发现？与同学们分享你的发现。

二、问题导学

【看理论与实践前沿】

深圳市统计局
2022 年度政府绩效满意度调查项目绩效评价报告

(一)问题一:如何将绩效结果应用于组织问题分析与诊断?

2023年12月上影的职场喜剧电影《年会不能停!》是近五年豆瓣评分最高的喜剧。该剧一上影即引起行业的共鸣。在影片里,众和集团经过三十多年的发展,成为了一家颇具规模的大型公司。但企业经营遇到问题,甚至遭遇了现金流危机。问题的核心在哪里呢? 在缺乏全面的组织诊断前提下,众和集团决定开启"财源(裁员)广进计划"。对于该公司遇到的问题,"财源(裁员)广进计划"不一定是最佳解决方案。这就涉及科学地进行组织绩效诊断与改进了。

1.组织绩效分析

一般来说,经过一个绩效周期,任何一个组织都应对其自身的绩效(包括战略目标)的实现情况进行了解与分析。组织绩效分析就是组织基于关键指标、关键任务的绩效差距等维度的横向或纵向的绩效分析,最后形成《公司年度绩效分析报告》的管理过程。

2.组织绩效诊断

组织绩效分析往往包含在组织绩效诊断之中。分析是诊断的前提,诊断具有判断、定论的意思。组织绩效诊断是指组织系统、科学地对组织的现实绩效和期望绩效进行检视,发现异常,形成《绩效诊断报告》的管理过程。诊断报告要具备结构合理、逻辑清晰、观点明确、论据充实的特征。一般来说,企业的组织绩效分析与诊断报告是合并在一起的。

不同的组织其绩效不佳的呈现内容各异,如现金流吃紧、市场份额降低、生产效率下降、质量缺陷、员工积极性降低、客户流失增大等。为此需要通过现象找到本质原因。

1)诊断思维

层层递进、抽丝剥茧地透过现象看本质,应是组织绩效诊断的基本思维。组织绩效诊断最主要的就是找到影响企业战略目标、业务目标实现的"痛点",只有找到现象背后的问题,才能真正地解决问题。

2)诊断流程

组织绩效诊断流程一般可以如图4-3所示来设定。即问题分析与确认、绩效诊断、拟定改进目标和形成诊断与改进报告四个阶段。

第一阶段:问题分析与确认。

企业在一个绩效周期结束后进行绩效评估,就会从定量和定性两类指标的完成情况发现企业绩效存在的问题。这些绩效问题,多数是围绕当前的绩效产出形成的,如在收入、利润、市场份额、产品质量、进度、成本、客户满意度等方面没有达到预期目标。这种低绩效也反过来导致了组织目前的困

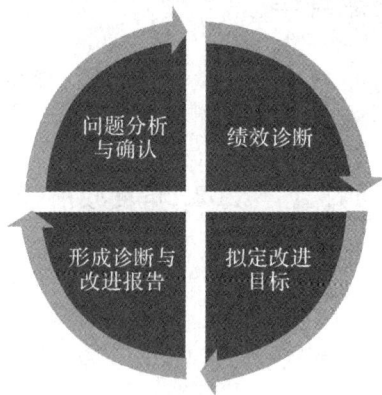

图4-3 组织绩效诊断流程

项目四 绩效结果的应用

境,如员工士气低落、工作流程低效等。因此,企业必须将绩效不佳的问题本身和它表现出来的现象做出区分。

第二阶段:绩效诊断。

组织对其绩效的诊断一般是通过具体的经营或管理报表、报告、数据等,采用合适的诊断方法或工具,结合访谈、问卷调查的方式来进行。

第三阶段:拟定改进目标。

组织实施绩效诊断,应明确自身绩效改进的目标。即企业绩效改进应在什么方面、什么时间内拟达到什么样的程度。组织需要确定与组织、个人两方面相对应的绩效产出。

第四阶段:形成诊断与改进报告。

组织绩效改进分析后的成果是诊断与改进报告,并且要形成可执行的绩效改进计划和方案。诊断与改进报告至少应该包括以下三个方面的内容:一是相对绩效差距。通过自身纵向比较,也可以通过与竞争对手比较,明确当前绩效和期望绩效的差距及与希望达成的改进绩效目标的差距。二是实施措施及建议。三是实施措施后的收益预测。

3)诊断方法

诊断的方法与工具很多。举例如下:

(1)国际绩效改进协会(ISPI)正式提出了绩效改进解决问题的操作性过程模型。

(2)麦肯锡 7S 模型。关注七个维度,分别是结构(structure)、制度(system)、风格(style)、员工(staff)、技能(skill)、战略(strategy)、共同的价值观(shared values)。

(3)ETA 问卷。ETA(expectancy theory assessment)的底层逻辑和麦肯锡 7S 模型基本一致,不过在维度上略有差异。ETA 即从战略规划、组织与流程、制度、人员、人力资源管理、企业文化、变革基础等方面进行系统调研。

(4)华夏基石诊断金字塔从战略空间、竞争要素、价值主张、实现路径、竞争基础等五个维度、十个方面进行系统思考。

(5)美世"六大体系、两个视角、一个平台"的端到端数字化解决方案。六大体系是指从战略体系、基石体系、组织体系、人才体系、激励体系、驱动体系深入洞察表征问题与本质问题的关联关系。两个视角是指从管理者和员工角度充分探讨公司与员工关系、管理者与员工关系、员工与员工关系相关的组织氛围。一个平台是指通过"美世组织脉动"数字化平台提供端到端的诊断数字化旅程。

(6)美国合作伙伴公司 Robinson 的 GAPS 模型。差距分析(gap analysis,又称缺口分析、差异分析),是战略分析方法之一。该方法用于对公司制定的目标与公司预期可取得的结果进行比较,或者对公司制定的目标与公司实际取得的结果进行比较,分析两者之间是否存在差距。若存在差距,进一步分析造成差距的原因并制定措施(如改变目标、改变战略等)来减少或消除差距。

①G=go for the should 明确目标;

263

②A＝analyze current situation 分析现状；

③P＝pin down the cause 确定根本原因；

④S＝select the right solutions 正确的解决方案。

该模型的主要诊断步骤是：先确定组织绩效诊断的需求。分别从业绩需求、员工层面需求、工作环境需求和能力需求等方面确定，然后确定优先诊断次序，分别是日常例行工作层面、战术性工作、战略性工作。其次选取原因分析模型，分别从内部因素、外部因素和个人因素三方面寻求原因。再次，应用上面的 GAPS 模型分析目标标准与当前绩效进行比较，来描述组织成员的实际绩效。最后，找出原因制定解决方案。

比如，业务层面的差距分析可以从外部环境与经营战略差距（宏观环境与经营战略差距、行业环境与经营战略差距、行业竞争对手与经营战略差距）、内部环境与经营战略差距（能力、组织文化、领导力、员工能力、流程效率等）与经营战略差距、公司业绩与经营战略差距、主要利益相关者与经营战略差距等方面考虑。公司层面的差距分析可以从公司（总体）战略与公司已有的核心竞争力差距分析以及公司（总体）战略与公司业绩差距分析等方面考虑。

请小组思考并讨论：

1.讨论【看理论与实践前沿】案例，设计其绩效结果的应用。

2.请同学们查询你家乡的当地政府有没有类似的做法并分享之。

（二）问题二：如何将绩效结果应用于组织绩效改进？

1.组织绩效改进的流程及方法

下面以国际绩效改进协会（ISPI）的绩效改进分析模型为例来学习组织绩效改进的流程及方法。该模型将绩效改进的流程分为以下四个大的阶段。

1）绩效分析

绩效分析可以从两方面来讨论。

（1）系统化地分析需要或机会。这一步主要由三个部分组成：组织分析（识别组织需要）、环境分析（研究组织现状）、差距分析（找到组织差距）。

①组织分析。组织分析关注的是组织的核心问题。包括愿景、使命、价值、目标、战略以及推动变革的关键问题等。组织分析的目的是寻找方向，找到组织及其领导者希望实现的绩效和前景的方向，并为他们期望或理想的绩效设定标准。

②环境分析。环境分析是为了了解组织的实际状态。环境分析会对组织所处的内外部环境进行评估，帮助参与绩效改进项目的人员理解组织的内外部环境是如何相互作用和影响的，以确定和区分影响绩效现状因素的优先次序。

③差距分析。差距分析的主要目的是识别实际绩效和组织期望绩效之间的差距。在这个过程中主要做以下三件事：A.判断差距是积极的、中性的还是消极的；B.确定绩效改进的机会

类型;C.区分出解决这些差距的优先次序。

（2）系统化地进行原因分析。

绩效分析的最后一个阶段,是整个绩效改进过程中特别重要的一个环节——原因分析阶段。当存在消极差距时,首先要关注已有的绩效问题,所以这时候原因分析就是要弄清楚组织为什么会出现这些绩效问题。当不存在差距甚至超过了期望状态时,则主动寻求组织发展的机会,所以这时候原因分析就是要找出阻碍组织把握住发展机会的障碍,或者是组织如何更好地把握这次机会。

2）干预措施的选择、设计和开发

（1）干预措施的选择。干预措施(intervention)是指有计划地改进绩效的活动,是削弱或消除产生绩效差距原因的具体应对办法。

（2）干预措施的设计和开发。干预措施的设计和开发就是将选择出的干预措施变为现实的过程。这一步骤需要明确干预措施或干预方案中所包含的项目,并且为干预措施的实施提供所需的材料和详细计划。

3）干预措施的实施与维护

干预措施的实施和维护就是根据干预措施设计的方案开展实际行动,将选定的干预措施付诸实践。为了保证干预措施的有效实施,通常需要做好以下工作:

（1）与组织内部各部门、利益相关者和支持者合作或建立联盟,确保大家对实施的期望和关注点的理解一致和准确;

（2）对参与实施人员的计划和进展进行有效沟通,保证项目按照设计开展;

（3）使用项目管理方法,确保各个方面能在预算之内按时完成预定目标;

（4）鼓励那些支持和巩固实施的工作,同时减少实施阻力,防止项目的实施意外中断;

（5）随时进行评估,有助于监测实施过程,并在关键节点做出正确决策;

（6）帮助人们发觉实施效果,增强改进的信心,保证项目的持续性。

对于绩效改进顾问来说,通常对绩效干预措施的长期维护没有做好充分的准备,但是大多数绩效改进工作是全面且密集的,一旦绩效干预措施成功实施,对组织而言,巩固成功的结果是十分必要的,所以需要所有参与者和领导者共同努力,确保领导层认可并适应干预措施的实施,保证实施的可持续性,以及作用和效果能够在很长一段时间内得到充分发挥。

4）评估

评估就是判断某人、某地、某物或某事的价值。在绩效改进领域中,为了使组织朝着理想的目标前进,需要通过评估来探究方法和资源的有效性,用评估来比较结果和目标,并用评估的报告结果维持组织和利益相关者(如推动者和员工)对绩效改进项目的信心。

2.组织绩效改进的案例学习

下面是某家公司的绩效改进在终端销售领域的应用案例。

随着绩效改进被引入培训领域,越来越多的培训管理者深刻地体会到绩效改进通过使用源于系统思考等多种干预措施,借助培训的形式对企业的经营绩效产生的显著效果。培训部门由原来可有可无的"花钱部门"成了各业务部门争相抢夺的"优势资源"。

为什么"革命"从业务部门开始?原因在于业务部门直接承担着从产品生产到利润实现的使命,而终端是直接实现这一转化的必由路径。绩效改进在终端的应用,使业务及市场部门的管理者可以在终端直接看到快速的、清晰的业绩改善。

绩效改进所秉持的四大核心原则"关注结果、系统思考、增加价值、伙伴协作"在终端的绩效改进中得到了最直接的体现。首先,终端是可以直接产生经营业绩的,而这种经营业绩的改善本身就可以被看作对价值的增加以及对于结果的关注。其次,由于在终端应用绩效改进时所涉及的影响因素比较单纯,因此在进行系统思考时可以更为简便地对各项因素进行针对性解决。最后,在终端进行应用绩效改进时,企业能够借助内部业务专家、培训管理者以及绩效改进咨询顾问的共同协作,弥补彼此的知识盲点,发挥个人所长,共同达成企业希望获得的业绩改善目标。

那么,绩效改进在终端究竟是怎样一步一步有序推进的呢?

作为世界五百强之一的 A 企业,多年来一直在显示器领域保持着绝对的领先地位,它生产的显示器在国内市场占有率第一的位置已经长达八年之久,但由于众多本土优秀品牌的快速崛起,显示器终端市场的竞争也越来越激烈。显示器的生产与销售逐渐进入了微利时代,各个厂家的产品同质化现象相当严重。在这种情况下,作为市场领导者的 A 品牌所受到的冲击可想而知,往往是新产品刚上市没两个月,卖场销售人员刚刚会卖这款产品,把消费者培训得差不多了,竞争品牌的类似产品也该上市了。A 品牌对市场宣传、消费者培养投入了大量费用后,却只能收获和其他竞争品牌类似的销售额,这种结果令 A 品牌陷入了困境。

有没有什么方法可以使 A 企业在新产品上市之初,竞争产品出现之前,在单品利润最为丰厚的这段时间扩大销售额?绩效改进咨询顾问应用绩效改进方法,帮助 A 品牌的业务管理者解决这一难题。"探索发现""设计开发""学习应用"以及"评估改善"四大绩效改进关键环节清晰界定了项目实施的全过程。

一、探索发现

通过多种手段的走访调研,项目组发现了一个现象:在新产品上市初期的一个月内,本应是销售员销售绩效最高的时间段,他们却不愿意向顾客推荐新产品(新品首荐率)。销售员在巨大的销售业绩压力下,为了冲营业额往往选择那些他们卖得熟的、知道该怎么卖的老产品。这样虽然单品的利润回报少了,但是对销售员来说每月的销售业绩却可以完成。这样的情况是 A 品牌不愿意看到的。但是销售员也很无奈,他们也想多卖出一些新产品,获得更高的个人回报,但却没有人及时地告诉他们应该怎么去卖。

事实也确实如此,让我们来分层次回顾一下当时的"现状"。首先,在个人层面,销售员所能够获取的资源极为有限,往往出现仅能依靠产品参数表来向顾客推荐新产品,没有形成消费者的语言,同时也缺乏与竞争品之间的横向比较。其次,在流程层面,针对销售员的新产品知识培训常滞后于新品铺货四十天以上,销售员在这一空白期的新品销售业绩难以保证。再次,在组织层面,这样的培训还需兼顾销售员的日常工作而不能全面开展,真正接受培训的销售员人数难以保证。最后,市场大环境中产品的同质化大潮步步逼近,销售员的业绩压力可想而知。新品首荐率低、品牌利润率难以保证的现象也就在情理之中了。

通过对各层面问题的分析,可以清晰地发现,除去无法干涉的市场环境中产品同质化严重这一问题,其他层面的最终原因都可以归结于对个人——终端销售员——的支持不足、不及时与不到位。如何能够形成具有针对性的干预措施以形成面向要因的干预方案,将是设计开发阶段项目组的工作重点。

二、设计开发

俗话说:"预则立,不预则废。"在完成了对现状问题的分析后,项目组如果不能够在本阶段对项目的种种实施关键点进行针对性设计,那么干预方案的实施效果也会大打折扣。项目组从"对终端销售员的支持不足、不及时与不到位"这一问题出发,通过系统思考,对包含课程开发、助销工具、讲师培养、项目组织与效果评估在内的绩效改进干预方案进行了界定。

(一)课程开发

围绕不同新产品具体的功能参数,梳理出产品核心卖点并开发消费者语言的销售话术,形成完善的销售流程以及需要重点关注的竞品信息,以保证销售员能够在面对消费者时可以应用以上知识对新产品进行推广。

(二)助销工具

开发口袋书、视频培训资料等在内的辅助资料,保证全国所有销售员都能同步获取标准化的销售方法和销售话术,形成对产品的认知统一,并可以在工作中随时使用。

(三)讲师培养

在企业内部选拔培养出一批能够满足覆盖全国数十个一、二线城市以及足够培训频次需要的讲师团队,确保培训效果的一致性,有效缩短新产品培训转移周期。

(四)项目组织

建立一套能够有效快速地执行培训项目的行政后勤系统,确保项目顺利推进。

(五)效果评估

从关注结果的角度出发,全面关注培训实施对新产品认知首荐率这一绩效改进结果的影响反馈。可以说,在设计开发阶段,形成定制化、多样化的方法设计是保证学习应用阶段顺利进行的重要前提。

三、学习应用

围绕设计开发成果,在学习应用阶段,对干预措施进行了细化与实施,这些干预措施通过系统化的整合,形成了点面结合的、线上线下结合的、工作中与工作外结合的终端绩效干预方案(见表4-4)。可以清楚地看到,传统的培训授课或是课程开发虽然仍然占据主导位置,但是其他干预措施的作用同样不可忽视。

测评项平均得分

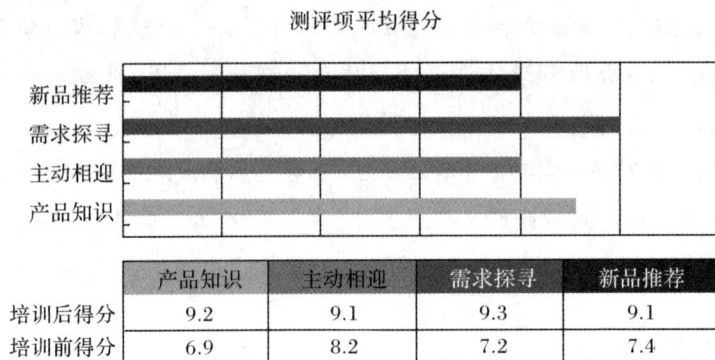

	产品知识	主动相迎	需求探寻	新品推荐
培训后得分	9.2	9.1	9.3	9.1
培训前得分	6.9	8.2	7.2	7.4

图4-4 干预措施的系统化整合

培训成果的效度与信度是企业培训管理者常常被挑战的两大方面。在"关注结果"的绩效改进应用领域,是如何真正评估绩效改进成果的?并更具评估结果持续改进的?针对这两个问题,在下一阶段大家应该能够获得一份满意的答案。

四、评估改善

在实施了众多干预措施后,对于绩效改进成果的评估是关系到该项目是否能够切实改变终端经营绩效的核心和关键,也是指导持续改进的重要指标。

项目组在设计开发阶段即规划了对于项目实施成果的评估方向。

(一)通过对产品认知率的比对,发现多元化的产品认知渠道使终端销售员对新产品认知与掌握周期,由过去的项目实施前新品认知周期约两个月,大幅缩短至12～14天。这种认知周期的大幅缩短带来的结果是销售的有效行为与市场推广周期形成了合力(见表4-7)。

表4-7 对产品认知率的比对

对比内容	项目实施前	项目实施后
新产品认知与掌握周期	约两个月	约12～14天
产品认知渠道	1.宣传单页 2.工作中的摸索 3.询问别人 4.上网查询	1.专业讲师讲授 2.现场点评样机 3.产品电子课件 4.网络学习平台 5.随身销售宝典 (用时包括以往认知形式)
产品认知准确率	经测试,小于40%	80%～90%

(二)对知识测验结果比对的结果显示:九个月内全国销售员显示器技术与新产品知识测试及格率从47%提高到81%,其中A、B级(80分以上)销售员从项目开展前的9%提高到

71%(如图4-5所示)。这意味着在全国范围内,销售员尤其是能够熟练掌握显示器技术与产品知识的销售员人数大幅度上升,他们的专业知识水平能够即时应对顾客对显示器以及A品牌新产品提出的绝大多数问题。

知识测验成绩分布图

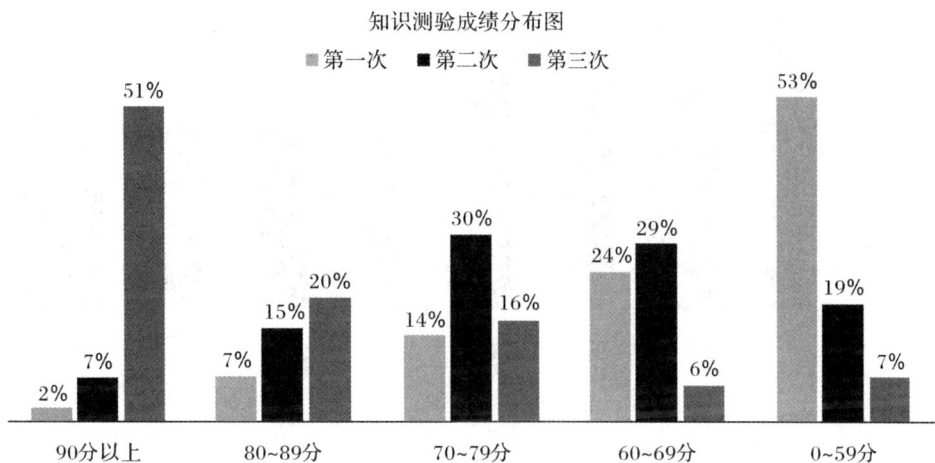

图4-5 对知识测验结果的比对

(三)通过销售行为结果的比对可以看出,在项目实施一年后,被抽测销售员在关键销售行为上获得了明显成长,其中作为衡量核心的"新品推荐"指标,在培训前后得分由7.4分大幅上升至9.1分,发生了极为明显的提升(见表4-8)。这些改善不仅仅保证了全国范围内的销售员能够相对统一地完成销售动作,同时也显示出项目涉及的多种干预措施确实能够对其行为造成长效的改善,而这一点正是我们这些培训管理者孜孜以求的。

表4-8 对销售行为结果的比对

干预措施	描述	针对问题
课件开发	围绕63款新产品,梳理产品知识开发消费者语言的销售证术、形成体验式销售流程与竞品知识在内的课程	为销售员提供更标准、更丰富的课程
讲师培养	在全国范围内选拔能够胜任覆盖全国41个重点城市以及培训任务的讲师41名	培训的及时性与有效性
培训授课	由授课讲师、辅导讲师共同完成覆盖全国41个重点城市近万名销售员的六轮培训	将课授开发的成果进行落地实施
口袋书	为全国销售员提供随身的销售备查工具	保证知识、技能随时应用
视频培训光盘	为全国销售员提供标准课程的视频培训光盘	形成对产品的认知统一
cLcarning平台	为全国销售员提供在线学习、讲师辅导、互动问答的平台	通过保证课程覆盖面与成果的延续性
News Letter	月度向销售员发送新产品卖点话术与产品异议处理资料	保证最新产品信息及时到达销售终端

（四）通过终端经营业绩的比对终于惊喜地看到，在相同区域内的培训组（A）与对照组（B）之间，虽然随着时间的推移，销售业绩发生了自然增长，但是在实施绩效改进措施的培训组（A）销售业绩发生了更为明显的改善（见图4-6）。

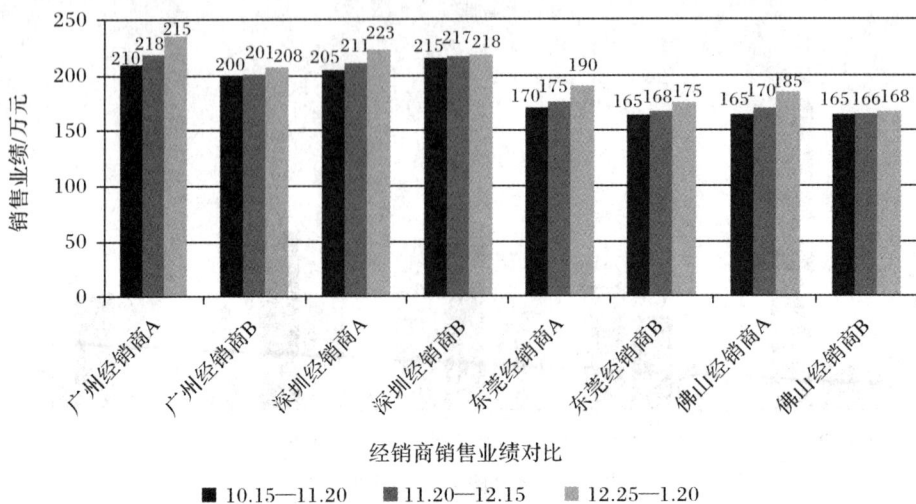

经销商销售业绩对比

■ 10.15—11.20　■ 11.20—12.15　■ 12.25—1.20

图4-6　经销商绩效改进业绩对比（A：培训组；B：对照组）

基于当年度非常明显的销售人员知识、能力、业绩改善成果，项目组在评估完成后，对方案提出了下阶段的改进措施，主要涉及以下三个方面：

1. 针对当年度培训密度过大、不利于新产品推广与人员集中的问题，项目组给出了减少培训频次，扩大培训范围的建议。

2. 针对基层经销商重视程度不够，从而影响培训效果、不利于政策的实施这一问题，项目组给出了开设金牌店店长培训，将培训作为持续的对金牌店的支持手段，帮助它们做强、做大的建议。

3. 针对项目执行阶段分工不明确，从而影响整体项目效果这一问题，项目组提出了建立责任分工明确的三级管理制度这一建议。

通过这个案例可以清晰地看到，绩效改进在企业内，特别是在企业的终端可以快速形成清晰可见的绩效改善。可以预见，随着绩效改进被越来越多的企业所认知与应用，未来终端绩效改进将会呈现出更为繁荣的景象。

（资料来源：易虹，朱文浩."技控"革命：从培训管理到绩效改进［M］.南京：江苏人民出版社，2016.）

3. 公共机构的绩效结果应用与绩效改进

政府（公共机构）的绩效评价结果有效应用关系到公共价值创造的成败。政府（公共机构）绩效评价结果的应用范围主要包括作为政府绩效改进和提升的基础、作为政府（公共机构）公共项目或部门运作预算的依据、作为人事决策的依据等。下面主要讲述绩效评价结果作为政府绩效改进和提升的基础。

推动政府绩效持续改进是进行政府绩效管理的主要目的。传统的政府绩效评价侧重于对政府已经完成的工作任务的评价,而现代政府绩效管理的立足点是对政府绩效的持续改进,关键在于"以评促建和以评促改",最终推动公共价值的有效创造。政府绩效改进是一个系统化的过程,是指通过对现有绩效状态的诊断,找出与理想绩效之间的差距,制定并实施相应的干预措施来缩小绩效差距,从而提升个人、部门和组织绩效水平的过程。政府绩效改进可以分为绩效诊断、绩效改进计划制订、绩效改进计划实施与评价三个阶段。

1)政府绩效分析与诊断

政府绩效分析与诊断是政府绩效改进过程的第一步,也是绩效改进最基本的环节,具体指用适当的方法,对个人、部门和组织等层面存在的绩效差距进行诊断与分析,找出导致绩效不佳的原因,并编制绩效诊断报告的过程。绩效具有多因性特征,只有在充分研究各种可能的影响因素的前提下,才能够找到问题的症结所在,从而对症下药。通常来讲,需要从各级公共服务人员特别是主管领导的个人履职行为、工作场所和工作气氛等内部环境、外部宏观环境影响等方面进行系统分析。

经过系统全面的分析,就可以得出政府组织、职能部门和各级公共服务人员三个层面的绩效差距,然后,根据政府的资源禀赋对各个绩效改进要点进行重要性和可行性排序,最终选定绩效改进的重点方向,并编制正式的绩效诊断报告。

2)政府绩效改进计划

系统全面的绩效诊断为政府绩效改进计划的制订奠定了基础。另外,政府绩效反馈面谈也会针对政府绩效改进进行比较充分的讨论。评价对象应该在此基础上,根据主管领导的要求,制订出详细绩效改进计划,通常包括需要改进的项目、目前的绩效水平、期望的绩效水平、存在差距的原因、绩效改进方式和完成改进的时限等内容。

一份完整的政府绩效计划应该系统回答改进什么、应该做什么、由谁来做、何时做以及如何做等问题,对这些问题的回答要尽量明确具体,要有实际可操作性。对特殊问题和重点问题,应该提出详细的改进意见。总之,要确保政府绩效的持续改进。

3)实施与评价

绩效改进能否成功,关键在于是否能有效地控制改进的过程。因此,绩效管理机关或主管领导还应该加强政府绩效改进计划实施的过程监督,并对相关公共服务人员进行评价和监督,并根据被评价者在绩效改进过程中的实际工作情况,及时修订和调整不合理的改进计划。

课堂微PBL:小组先自行上网查询什么是海尔绩效结果应用之"三工并存,动态转换",然后进行课堂分享,并接受其他小组的质疑与提问。

三、业务决策者的责任

作为绩效管理项目重要的干系人,业务决策者(主要指负责业务职能部门的直线经理)在本模块工作中应负的责任是:

(1)认真分析本部门的绩效情况,找出不足及原因;

(2)参与公司的绩效分析会议,提交全面的分析报告及解决方案;

(3)在人才筛选与培养发展方面提交本部门人才绩效状态及建议;

(4)在日常工作中融入绩效改进的计划与方案,并做好监督工作。

【学习小结】

关键能力	通过绩效结果应用方案设计的学习,培养学生理论应用于实践的能力□ 培养学生能正确应用组织绩效改进的工具解决问题□ 在小组讨论与分享过程中,培养学生协作力、领导力与逻辑思考、分析力□	模块二 组织层面的应用	基本知识 — 实际工作过程与理论学习场景 / 应用原则 / 应用方向 问题导学 — 问题一:如何将绩效结果应用于组织问题分析与诊断? / 问题二:如何将绩效结果应用于组织绩效改进与实施?	自我回顾所学,然后: 在教材中找到支持"关键能力/技能、核心素养和必备知识"的相关内容; 对于相关学习目标的掌握程度进行自我评价; 评价完后请在左边的小方框"□"中打上"√"
核心素养	通过学习绩效结果的应用有关知识,培养学生不断学习、创新的意识□ 通过学习中国优秀企业的相关创新行动,增强学生用"中国智慧"解决中国自己问题的信心□			
必备知识	了解组织绩效结果应用的基本原则与应用方向□ 掌握将组织绩效结果应用于组织绩效改进的方法与内容□ 掌握将组织绩效结果应用于人才筛选与培养的方法与内容□			

【看组织实际运作】的回顾

山东省实行绩效评价末位淘汰制

本报讯 为进一步强化绩效评价结果应用,促进绩效评价结果与预算安排紧密衔接,引导财政资源高效有序配置,近日,山东省财政厅制定印发《山东省省级财政项目支出绩效评价末位淘汰制实施细则(试行)》,对实行绩效评价末位淘汰制有关政策做出规定。

一是明确适用范围。按照应纳尽纳的原则,末位淘汰制适用于省级财政部门每年按计划开展的单项政策或项目绩效评价、省级财政或预算部门开展的专项资金或领域资金综合绩效评价以及预算部门开展的绩效自评。

二是细化实施规则。对各类别排名最后一位的政策或项目,原则上予以取消;对排名后20%的政策或项目,按照不低于10%的比例压减下一年度预算规模,其中优良等次以下的压减比例不低于20%。同时,考虑到有的资金具有政策刚性,为维护政府公信力,新办法规定,对中央和省委、省政府有明确投入要求或对公众有承诺,确实难以取消或压减的项目,应将下一年度设为保留察看期,制定整改方案,加强资金管理,确保绩效目标如期实现。

三是规范资金使用。对于财政评价实行末位淘汰制压减的资金,交回总预算统筹使用;对于部门主动开展综合评价以及按规定开展绩效自评压减的资金,原则上由部门统筹调整用于本部门或本领域的亟需支出。这样规定,既有利于收回低效无效资金,也有利于充分调动各部门积极性,促进财政资金高效使用。

四是强化质量管控。为夯实末位淘汰制实施基础,省财政厅每年组织对绩效自评质量进行抽查复核,如发现对末位淘汰制结果产生较大影响的,将收回由部门统筹调整使用的资金,并予以通报,有力推动末位淘汰制取得实质性进展。

(来源:中国财经报,"绩效新时代"专刊,2023年11月11日。)

理论链接实践指引

什么是PIP?

"Performance Improvement Plan" (PIP)

PIP全称performance improvement plan,也称为绩效改进计划,是国外很多公司绩效制度的重要组成部分。

绩效改进计划,近年来成为一个职场新词,被人们所熟知。所谓PIP是指管理者根据员工有待发展提高的方面所制定的在一定时期内完成有关工作绩效和工作能力改进与提高的系统计划。

早期PIP在众多世界500强(如GE公司)和外资企业内实施,目前越来越多的中资企业、民营企业也开始推广使用这一工具。与企业方所倡导的提升员工绩效的宗旨不同,越来越多的员工把PIP当作"裁员的前奏""糖衣炮弹""更好听的解雇前通知"等。

根据笔者的观察,员工"闻PIP而色变"有两方面的原因:一是很多执行PIP的企业将实施对象用在那些已经被定义为"不胜任的员工"身上,使得未通过PIP可能立即导致劳动合同的解除(根据劳动合同法规定,不胜任员工进行培训仍不胜任的可以解除劳动合同),让员工感受到一旦

PIP 未通过,解雇便会随之来临。二是很多企业从未实践过正面的 PIP 案例,即通过 PIP 员工实际提升了绩效表现,或者成功执行了转岗,如果众多 PIP 的案例结果不是继续履行合同而是解除合同,则无疑是在对员工传递"PIP 只是惩戒工具"的信息,因为无人能过逃脱 PIP 的魔咒。

纠正 PIP 错误的价值定位是所有管理者必须反思的问题。笔者认为,以下两条实践原则可供借鉴:

第一条,PIP 应广泛应用于绩效存在问题且经提醒仍未改善的员工身上,而非针对已经被认定为不胜任的员工,以弱化解雇导向。同时也倒逼管理者在日常工作中加强绩效管理,而非等绩效问题频出才"秋后算账"。

第二条,PIP 应首先操作成功的案例,否则不尝试失败的案例(即将 PIP 用于解雇以及其他负面目的)。

管理者应该清醒认识到,PIP 的首要目标是培养一个优秀的员工,而非将 PIP 作为淘汰员工的工具。

(资源来源:洪桂彬.管理者全程法律顾问:非 HR 经理员工高效管理指南[M].北京:中国法制出版社,2020.)

【项目工作场景】回顾

【项目的工作场景】

书接上一回,话说国内某中大型民营高科技企业"小豆"公司的 HR 总监雷小军同学和他的团队很是欣慰,因为各业务部门对于公司绩效管理制度持支持态度,并且在具体实施过程中也积极配合 HR 部门的工作。快到年底了,问题又来了,公司即将根据绩效管理制度实施绩效评估并且要应用这些评估结果。如何更好地发挥绩效评估结果的作用呢?

问题:

1. 如何从制度上规范绩效评估结果的应用呢?

2. 应用绩效评估结果时考虑公司哪些具体情况呢?

3. 作为高科技公司,员工都是高知识的年轻人,了解他们的需求对于做好评估结果应用有哪些启发呢?

4. 绩效评估结果的应用对于打造新时代学习敏捷型组织有何作用呢?

同学们,让我们一起回顾本项目开篇导入的工作场景中提出的四个问题。本项目所学习的内容包括但不限于以上四个问题,希望同学们在老师的指导下进行思考与讨论,尝试回答这些问题,并调研观察企业,看其是否存在这些问题以及是如何解决这些问题的。

模块三 实训、探究与成效检验①

【实训操作与成效检验】

一、关键能力提升

（一）网络学习

上 http://www.isodc.org.cn/introduction 网站查询有关内容，并思考以下问题：

（1）试分析组织发展与组织绩效改进之间的联系。

（2）学习组织发展（organizational development，OD）的有关知识，试分析掌握组织发展（OD）知识对于提升人力资源管理成熟度有何作用？

（二）微课学习

扫以下二维码，上网学习微课。思考以下问题：

（1）全面薪酬管理对于做好员工绩效结果应用有哪些启示？

（2）除了微课中所提到的员工薪酬激励外，当下企业还有哪些创新实践？

二、核心素养培养

（一）小组讨论

阅读并回答问题：

我们知道，在大学经管类课程中学习的绝大多数工具、模型都是源自西方经济学家或管理学家，如何用"中国智慧"解释和解决中国自己独特的问题，有待国内理论界和实业界付出更多努力。阅读下面报道，你能感受到什么？

---

① 本模块的设计思路是：结合应用型本科的特点，以社会、企业所需的素质要求以及大学本科国家质量标准（人力资源专业），回溯设计训练内容。这些训练内容具有理论性与实战性兼顾的特点，目的是让学生在学校里养成这些素质，以达到大学本科毕业的素质和社会的要求，同时也为学生就业做准备。

2016 年 6 月 8 日,在美国纽约公共图书馆 Schwarzman 大楼举办的第 86 届耶鲁 CEO 峰会论坛上,张瑞敏被授予"传奇领袖奖",成为今年唯一一位荣获该奖项的中国企业领袖。耶鲁大学管理学院领导力项目高级副院长 Jeffrey Sonnenfeld(杰弗里·桑尼菲尔德)评论道:"张瑞敏是一位真正的全球商业巨人,他令他的竞争对手、同行以及像他一样的中国商业领导人都肃然起敬。作为一个转型领导者,他汲取中西方商业实践的精华,创造了自己独特的模式。"

2020 年 9 月 20 日,第四届"人单合一"模式国际论坛在青岛开幕。本届论坛由海尔集团和加里·哈默管理实验室(MLab)联合主办,以"自创生,同进化"为主题。在论坛现场,管理发展学界最大的国际组织、全球三大认证机构之一的欧洲管理发展基金会(European Foundation for Management Development,EFMD)发布了《"人单合一"计分卡认证体系》。"人单合一计分卡"诞生于物联网时代,标志着"人单合一"模式在全球复制推广有了统一标准和进阶体系。

(资源来源:百度百科)

(二)观点辩论

先思考以下观点,必要时查阅资料,然后与同桌或同学进行对话、讨论,甚至辩论。

_____

观点:对人才全面绩效评估的用人原则:"赛马不相马。"

_____

三、必备知识巩固

(一)单选题(选出你认为最佳的选项)

1.下面哪一类人事决策不属于"调配"?( )

A.员工平级调动岗位　　　B.员工晋升职位　　　C.员工降低职级

D.员工被证明不胜任工作而被辞退

2."7S"组织绩效诊断模型是由( )提出的?

A.国际绩效改进协会　　　B.麦肯锡咨询

C.美世咨询　　　　　　　D.华夏基石咨询

(二)多选题(选出至少两项你认为正确的选项)

1.组织诊断与改进的原则有以下几方面?( )

A.全局性原则　　　　B.以人为本原则　　　　C.科学性原则

D.可持续发展原则　　　　E.客户第一原则

2.绩效考核结果在员工层面的应用包括( )。

A.培训　　　　　　　B.绩效改进计划　　　　C.奖惩

D.岗位调配　　　　　E.自选福利

【课外修学与我的探究】

一、悦读秒扫

(一)课外悦读

华为:绩效潜能矩阵不仅是人才盘点,更是人才战略

华为的人才盘点,准确地说应该是组织与人才盘点。因为它不只是对员工进行盘点,更是把人才盘点上升到了战略高度。人才盘点是为了传递企业核心价值观、匹配公司业务战略、提升企业员工效率、建设健康氛围,最后才是梳理员工发展体系。

华为的人才盘点与众不同的地方,在于它首先建立标准,再盘点队伍,最后形成机制。

华为常用的人才盘点工具有四个:绩效潜能矩阵(方格图)、学习力(潜力)评价表、工作量分析及效能提升表、岗位匹配度矩阵。绩效潜能矩阵(方格图)如图4-7所示。

用绩效潜能矩阵做人才盘点有两个维度——绩效考核和素质评估。

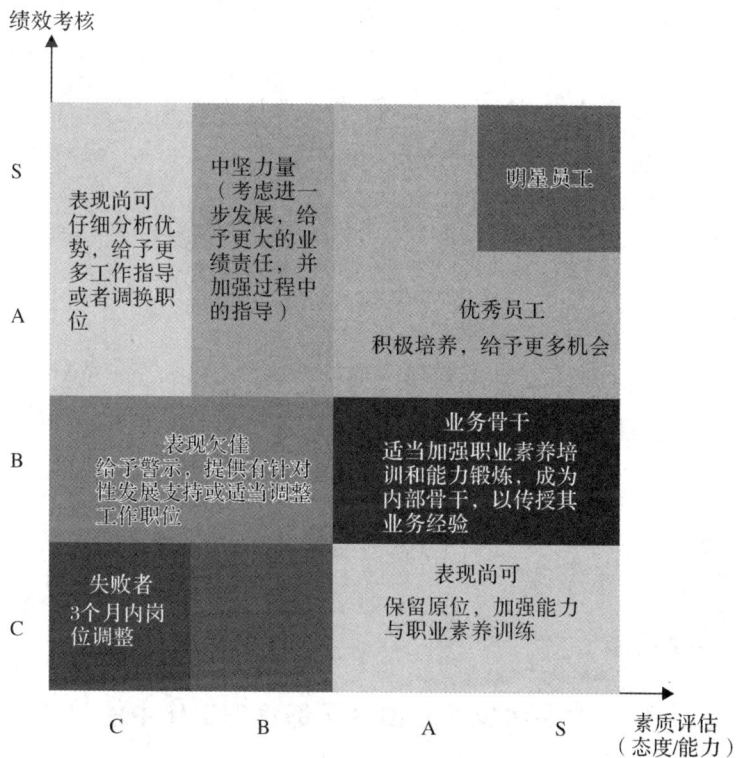

图4-7　绩效潜能矩阵

图4-7中,纵轴是绩效或KPI或一些量化的结果,横轴是行为或者素质等,它反映的是全面绩效,也就是人才在过去一年当中达到的业绩的结果和行为,或结果和过程。

通过绩效贡献考核和素质评估,了解队伍状态和人才特点,制订有针对性的培训计划,推

动上级辅导培养下属,帮助员工认识、发展自我,为人才使用提供依据。

华为在使用绩效潜能矩阵进行人才盘点时,也坚持以下使用原则:

定期检查,一般年度组织开展,多放在年度绩效评价后1~2个月内进行;主要审视绩效贡献和素质评估,也可以审视潜力;方格图的作用人群规模建议大于四十人;直接上级确定方格图位置时,需要与下属进行一对一沟通;方格图的结果及应用需要经过至少两级审核。

把人才对号入座后,如何识别关键人才,进行人才发展、晋升和激励呢? 华为有一个表可供参考:

- 高潜力 S——在 1 年之内有能力可以承担更高的职责或挑战;
- 中潜力 A——在 2 年之内有能力可以承担更高的职责或挑战;
- 低潜力 B——在 3~5 年内有能力可以承担更高的职责或挑战;
- 无潜力——未看到几年内有能力可以承担更高的职责或者挑战;
- 卓越绩效 S——每项工作都出类拔萃,成为公司甚至行业内的榜样;
- 优秀绩效 A——几乎总是能够出色完成任务,值得信赖的公认的优秀员工;
- 良好绩效 B——基本能够较好地完成工作任务,工作表现较为稳定;
- 有待改善绩效 C——较常表现工作业绩未达到要求;

应用方格盘点的结果:

- 对比盘点结果与业务要求,进行差距分析,找到关键缺失点。
- 按部门确定招聘和提拔重点,以补充关键性的能力。
- 针对共性,确定成批次的培养方案。

(资源来源:https://baijiahao.baidu.com/s? id=1720457310975458674&wfr=spider&for=pc)

(二)行业了解

中国企业联合会

(三)前沿话聊

人才盘点和人才评估技术在国企干部管理工作中的创新实践

人才盘点(talent review)是企业人才管理的一项重要流程。在这一流程中,管理者通过研讨企业内关键人才的现状,深入分析企业的人才需求与人才现状之间的匹配情况,以此制定企业人才供给计划,并指导人才选、育、管、用各项工作。

近年来,不少国有企业在干部管理工作中也引入了人才盘点技术,有的企业将人才评估、人才盘点技术与现行干部管理工作相结合,在实践中不断优化升级工具和方法;有的企业持续多年开展人才盘点,将其作为企业管理的流程和工具。本文总结了企业实践的几个典型场景,供有同类需求的企业参考借鉴。

一、年轻干部选拔培养的应用

年轻干部是干部梯队的生力军,国企通常会采用名单制进行管理,由下属单位或部门进行名单提报,总部干部管理根据报名条件进行资格审核,一般主要考察年龄、工龄、学历、绩效等硬性条件。有的国企会在名单确定之前增加人才选拔环节,通过笔试和面试等方式选拔优秀人才进入名单。

然而,上述工作模式存在一定的问题和挑战。

第一,依赖单一的业绩数据。年轻干部候选人过往的业绩表现不足以预测未来在管理工作中的表现,因为未来管理工作责任更重大,会面临很多过去没经历过的挑战,过往的成绩不足以说明一个人具备应对未来挑战的能力,因此需要补充潜质和更易迁移应用的能力评价数据辅助决策,选拔兼具高绩效和高潜质的年轻干部进入后备名单。

第二,依赖候选人在选拔环节的现场表现或下属单位的推荐意见。人才选拔环节的评委通常是第三方顾问或较高层的管理者,评委对候选人的日常表现了解较少,大多只能根据候选人的现场表现进行判断,例如某企业只为评委提供一段十分钟左右的候选人述职视频作为打分依据,评价结果太容易受候选人的演讲表现影响,有很大的偶然性。如果能提供贯穿候选人成长周期持续评价的数据,并增加评审合议的环节,可能会更充分、全面地讨论候选人的长、短板,从而获得更精准的评估效果。

某国企 A 在年轻干部选拔环节,借助人才测评和人才盘点会,有效改善了上述问题,丰富了人才评价数据,充分讨论了人才的长、短板和发展任用策略,辅助企业和管理者选对人、用好人。

国企 A 在资格审查之后,分别开展了人才测评和 360 度访谈调研,结合绩效考核结果,绘制绩效-潜力人才地图,形成每位年轻干部的人才档案。在正式名单确定之前,设置了人才盘点会环节,第三方顾问、人力资源负责人与年轻干部的隔级上级一起展开讨论(见图 4-8)。

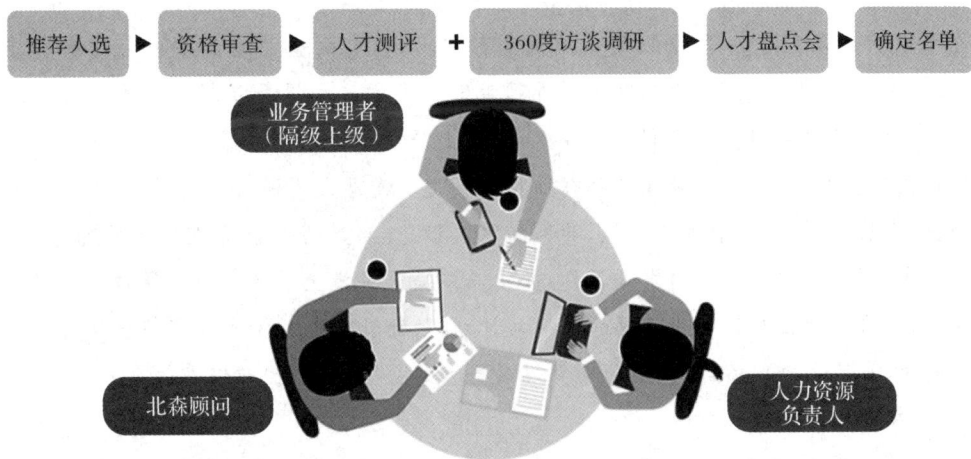

图 4-8　国企 A 年轻干部选拔流程示意图

在人才盘点会上，业务管理者会看到一张基于绩效结果和人才测评结果得出的"九宫格人才"地图（见图4-9）。与前期推荐的候选人名单相对照，如果候选人位于九宫格的5、6、8、9四格，直接进入后备人才库，侧重讨论这些人和哪些岗位适配，如何进行轮岗锻炼；对9号格准备度高的候选人则要考虑下一步的任用方向。

如果候选人不在5、6、8、9四格，就需要与业务管理者进行更深入的研讨，候选人的长短板各是什么，在工作中有哪些具体表现，更适合向管理路线还是专业路线进行培养；如果研讨中并没有扎实的证据可以证明候选人的能力和潜力，该候选人本次选拔暂时不被列入后备人才库。

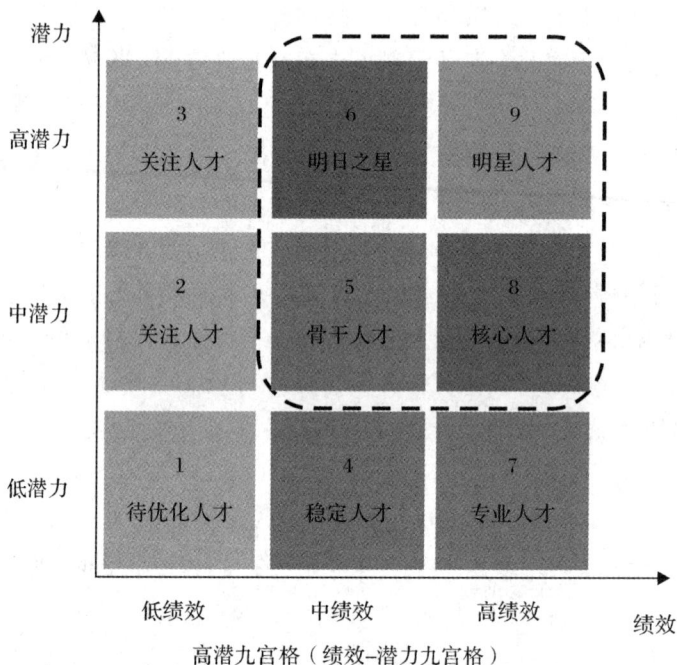

图4-9 人才盘点九宫格示意图

在年轻干部培养环节，国企以集中培训的形式为主，有的企业在此基础上设计了培养专项，通过集中培训、在岗实践、轮岗锻炼及导师带教等多种方式提升年轻干部的能力。而在岗实践期间，干部管理部门很难全程深度介入，业务上级或导师的日常辅导尤为重要。

但在实际操作中，业务领导或导师往往投入不足。借助人才评估的结果，以人才发展会等座谈会、工作坊的形式，邀请直接上级、导师和本人参与，帮助带教双方在年轻干部的能力长、短板上达成共识，明确分阶段的发展目标，并在具体提升举措上兼顾能力发展和业绩双向目标的达成，把能力提升目标转化为可落地的行动计划，从而让培养目标和内容符合学员个人发展和业绩提升、直接上级业绩达成、组织业务发展三方的共同利益，提升培养效果。

二、干部考核的应用

国企干部考核通常都有比较完备的流程，主要的评估环节包括干部述职、个别谈话、民主测评等，非常重视过程的公平、公正、公开。干部考核的目标并不只是将考核结果应用于干部的任用和激励，还应该包括能力的提升和行为的改善，从而获得更长期的业绩发展和管理优化。

但受限于现有的评估内容和评估手段,干部的能力水平难以被有效评价和反馈,而有的企业也存在着只看业绩数字的"唯结果论"误区,通过考核结果来促进能力提升、行为改善更是无从谈起。

建议可以在干部考核环节加入 360 度评估,侧重评价干部的能力水平,由真正了解本人实际工作情况的上级、同事、下属进行打分,同时向干部本人和直接上级反馈评价结果,说明哪些能力不错,需要继续保持;哪些能力存在不足,亟待改善,明确改善的方向和行动。

360 度评估的作用不仅仅是为了干部考核,也是为了干部的能力提升。所以在项目启动和内部宣导时可以着重强调能力发展,这样更能提升干部本人的参与意愿并降低其他人评价打分的顾虑。

某国企 B 在干部考核工作中进行了上述尝试,搭建了干部领导力模型,并将人才评估和人才盘点技术融入了干部考核流程中(见图 4-10),更加全面地对干部开展评价。

图 4-10　国企 B 干部考核流程设计示意图

由于是第一次尝试人才测评和 360 度评估,为了让大家减少顾虑,如实进行评价和反馈,在流程上做了两处设计:一是考核启动会上对人才测评和 360 度评估进行了介绍,并告知本次评估结果不计入最后的干部考核得分中,不影响考核结果,评估人可以如实进行打分评价,被评估人以更开放的心态接受大家的反馈;二是在原有的业绩反馈环节之后增加了对下属机构领导班子的人才测评和 360 度评估结果的反馈(见图 4-11),服务于个人能力发展,促进更好的团队协作。

图 4-11　国企 B 干部考核反馈环节示意图

反馈环节具体分为以下三个步骤:首先是业绩考核和民主测评等原有干部考察结果的反馈;接着是向下属机构领导班子一起反馈个人测评和 360 度评估的结果,剖析每位成员的能力长、短板和提升方向;最后是向下属机构一把手反馈班子成员的管理风格和角色搭配情况(见图 4-12),提出管理建议。

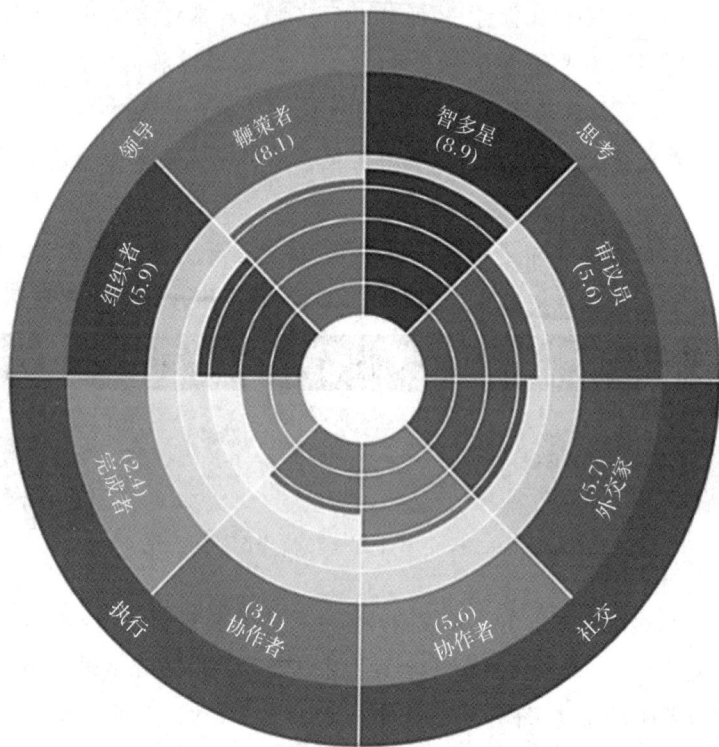

图 4-12　北森团队角色评估结果示意图

三、干部任用和调配的应用

国企改革三年行动以来,为了优化国有经济布局和产业结构,减少同质化竞争、重复建设问题,一大批国有企业进行了战略性重组和专业化整合,聚焦主责主业,清退低效无效资产,大力投入科技创新,提升企业的核心竞争力和控制力。

在企业深化改革的过程中,伴随着业务板块重组、企业兼并收购和业务转型升级,涉及较多干部任用和班子搭配的人事决策。借助人才评估和人才盘点技术,可以为人才决策提供可视化的人才分析,让决策过程更有据可循,帮助企业选对人、用好人,降低用人风险,实现更好的人岗匹配,建立应对市场化竞争的人才优势。

某国企 C 在重组整合过程中,对下属公司的领导班子及后备干部开展了人才评估和盘点工作,借助科学的人才评价工具分析人才现状,辅助用人决策。项目组从能力、绩效等维度评估了人才的长、短板和岗位适配情况,并以管理层级、事业部板块、业务前中后台等为单位分别绘制了九宫格人才地图,从人才匹配度、岗位适配性等角度展开分析,形成不同梯队人才的管理建议,提出关键人才的任用和管理策略。

与业务发展紧密结合,将盘点结果真实应用于人才选育管用各环节,解决企业人才供应问题,是当前人才盘点在企业内部深化应用的方向和趋势。

将人才评估、人才盘点等科学管理工具与干部管理工作相结合,是提升国有企业人才管理水平和干部队伍科学管理能力的有效途径,期待今后可以看到更多相关的创新实践和创新成果。

(资源来源:北森官网,https://www.beisen.com/special/153.html)

二、我的探究

(1)回顾课前"带着问题来课堂"我提出的问题,学习完本章后,我的思考是＿＿＿＿＿＿

＿＿＿＿＿＿＿＿＿＿＿＿＿＿＿＿＿＿＿＿＿＿＿＿＿＿＿＿＿＿＿。

(2)回顾"项目工作场景",我的收获是＿＿＿＿＿＿＿＿＿＿＿＿＿＿＿＿＿＿

＿＿＿＿＿＿＿＿＿＿＿＿＿＿＿＿＿＿＿＿＿＿＿＿＿＿＿＿＿＿＿。

(3)学习本项目后,我想与老师或同学们探讨的问题是＿＿＿＿＿＿＿＿＿＿

＿＿＿＿＿＿＿＿＿＿＿＿＿＿＿＿＿＿＿＿＿＿＿＿＿＿＿＿＿＿＿。

(4)经过我的社会实践,我提出的观点是＿＿＿＿＿＿＿＿＿＿＿＿＿＿＿

＿＿＿＿＿＿＿＿＿＿＿＿＿＿＿＿＿＿＿＿＿＿＿＿＿＿＿＿＿＿＿。

每位同学填写好以上"我的探究"后,建议与同学们分享、交换观点。

思考可以与他人讨论

收获可以当众分享

问题可以与同学共商

观点可以与他人交换

附录　绩效管理案例

全国管理案例共享中心

参考文献

[1]王小刚.战略绩效管理[M].北京:中国经济出版社,2011.

[2]方振邦,鲍春雷.绩效管理工具的发展演变[J].理论界,2010,4(437):204-206.

[3]三茅网.https://www.hrloo.com/news/39588.html.

[4]中共中央 国务院关于全面实施预算绩效管理的意见[N].新华社,2018-11-21(01).

[5]张莉.管理会计与绩效管理融合探究[J].现代商业,2019(7):2.

[6]曹堂哲.部门预算绩效管理:战略、预算与绩效的系统集成[M].北京:中国财政经济出版社,2020.

[7]杨雨然,张学斐.2023中国人力资源数字化企业需求分析:精准画像描摹,释放数字价值[EB/OL].ww.eastmoney.com.亿欧智库,2023.

[8]王佩军.人力资源数据分析师:HR数据化分析思维与数据建模[M].北京:中国法制出版社,2023.

[9]天津市政务网.https://cz.tj.gov.cn/zwfw/zlxz/202203/t20220328_5841165.html.

[10]朱胤.医院绩效管理[M].北京:清华大学出版社,2021.

[11]胡月星,梁康.现代领导人才测评[M].北京:国家行政学院出版社,2004.

[12]王晓欣,邵帅.管理学原理与实践[M].人民邮电出版社,2017.

[13]杨跃之.管理学原理:2版[M].北京:人民邮电出版社,2016.

[14]管婷婷.敏捷团队绩效考核[M].北京:电子工业出版社,2016.

[15]王化成.高级财务管理学[M].北京:中国人民大学出版社,2022.

[16]方振邦.绩效管理—理论、方法与案例[M].北京:人民邮电出版社,2018.

[17]马同华.老HRD手把手教你做绩效考核:实操版[M].北京:中国法制出版社,2019.

[18]关敬男.绩效考核管理工具:KPI、OKR、MBO、BSC、360度考核的实施流程与应用技巧[M].北京:人民邮电出版社,2023.

[19]付立红.税务机关绩效管理理论与实践[M].北京:中国经济出版社,2019.

[20]冉景亮.政府绩效管理:理论与实务[M].北京:中国社会科学出版社,2020.

[21]易虹,朱文浩."技控"革命,从培训管理到绩效改进[M].南京:江苏人民出版社,2017.

[22]汪延云.华为绩效管理法[M].广州:广东经济出版社,2017.

[23]陈磊.绩效管理实操全流程演练[M].北京:中国铁道出版社,2018.

[24]刘露明.研发绩效管理手册[M].北京:电子工业出版社,2012.

[25]高琪,方圆,蒲云.财政绩效评价[M].成都:西南财经大学出版社,2021.

[26]孙荣高.绩效考核与薪酬设计实操[M].广州:广东经济出版社,2022.

[27]黎小长.管理会计[M].北京:中国商业出版社,2014.

[28]任康磊.绩效管理与量化考核[M].北京:人民邮电出版社,2020.

[29]AGUINIS H. Performance Management[M].北京:中国人民大学出版社,2012.

[30]王明,洪干武.管理法则[M].北京:中信出版集团股份有限公司,2020.

[31]马海刚,彭剑锋,西楠.HR 三支柱[M].北京:中国人们大学出版社,2017.

[32]刘凤霞,彭莹莹.绩效管理理论、方法与实务[M].北京:中国人们大学出版社,2020.

[33]郑芳.资深 HR 手把手教你做绩效管理[M].天津:天津科学技术出版社,2019.

[34]任康磊.绩效管理工具 OKR、KIP、KSF、MBO、BSC 应用方法与实战案例[M].北京:人民邮电出版社,2021.

后　记

　　25年职业和创业经历后站上大学讲台，并经八年的一线教学及教研成果积累，写作的这本教材是我的职业经验、教学实践和教学研究相融合的成果，也是我绝妙的人生体验。

　　绩效管理是一个世界性难题。因为这涉及如下问题：如何有效将绩效管理链接组织战略；如何更好地处理委托-代理关系加强公司治理；如何公平、公正地评价组织和个人的业绩和能力；如何有效地激励员工、发展员工等等。

　　绩效管理是一个永恒性问题，凡是有人、有组织的地方就有绩效管理。如何通过绩效管理这个指挥棒促进组织的发展、人的成长，是组织和个人关注的重大问题。

　　今后，我与团队必将抱着不断学习、保持谦恭、持续精进的态度开展本书的持续更新与建设，也希望读者们能提出宝贵建议和意见，以期修订时精心打磨本书，为读者提供更好的服务。

　　祝愿每一位读者在职业道路上不断进步！

陈　强

2025 年 6 月 1 日